AF349212

Breve Historia de los Cowboys

BREVE HISTORIA DE LOS COWBOYS

Gregorio Doval

nowtilus

Colección: Breve Historia
www.brevehistoria.com

Título: Breve Historia de los *cowboys*
Autor: © Gregorio Doval

Copyright de la presente edición: © 2009 Ediciones Nowtilus, S.L.
Doña Juana I de Castilla 44, 3º C, 28027 Madrid
www.nowtilus.com

Editor: Santos Rodríguez
Coordinador editorial: José Luis Torres Vitolas

Diseño y realización de cubiertas: Universo Cultura y Ocio
Diseño del interior de la colección: JLTV
Maquetación: Claudia Rueda Ceppi

ISBN-13: 978-84-9763-583-7
Fecha de edición: Marzo 2009

Printed in Spain
Imprime: Imprenta Fareso S.A.
Depósito legal: M. 4.277-2009

ÍNDICE

1

TEXAS Y EL GANADO

Para los primeros tejanos, que no eran ganaderos sino cazadores de ganado, el cornilargo tejano era mucho más que un buey salvaje que se atrapa a lazo y que, a veces, se come. Para ellos poseía un significado universal, como el bisonte para el indio.

Steve Wilhelm, *Cavalcade of Hoofs and Horns* (1958).

LA LLEGADA DEL GANADO A TEXAS

Como es bien sabido, la cría de ganado ha sido y es una de las mayores industrias tejanas en los tres últimos siglos, desde la llegada de los europeos. Antes, el indio, en contraste con su extraordinario conocimiento del mundo vegetal y pese a su evidente dominio del cultivo de todo tipo de plantas, no había obtenido resultado notable alguno en el campo de la domesticación y cría de animales. Cuando los blancos desembarcaron en Norteamérica, los nativos solo habían domesticado al pavo y al perro, y a este, fundamentalmente, como animal de tiro, y a aquél por sus plumas, no por su carne.

Así siguió siendo hasta que en 1521 el marino español Gregorio de Villalobos, eludiendo una ley que prohibía el comercio de ganado en el dominio de Nueva España, partió de Santo Domingo con seis vacas y un toro y desembarcó en la colonia de Veracruz, en el actual México. Ese mismo año, el también español Francisco Vázquez de Coronado emprendió su expedición por el

Sudoeste norteamericano en busca de las legendarias Siete Ciudades de Cibola acompañado de un pequeño rebaño de bueyes, corderos y cerdos, para su consumo durante el viaje. Según las crónicas, una terrible granizada les sorprendió por el camino e hizo que los animales huyeran despavoridos y se dispersaran. Aunque Coronado y sus hombres, tras una ardua labor, creyeron haberlos reunido de nuevo a todos, lo cierto es que, veinticinco años después, otros exploradores españoles se toparon con los descendientes salvajes de aquellos animales.

Hacia 1538, colonizadores al mando de Álvar Núñez Cabeza de Vaca llegaron hasta Texas y allí se asentaron, acompañados de sus rebaños y, en 1598, Juan de Oñate llevó unas 7.000 cabezas de ganado bovino a Nuevo México. La sublevación en 1680 de los indios pueblo destruyó las misiones españolas de esta región y, con ellas, la incipiente ganadería en ellas establecida. No obstante, en 1689, Alonso de León se reinstaló cerca del río Nueces, en Texas, aunque enseguida los indios caddos le atacaron y dispersaron su ganado, que sería en última instancia el origen de los bueyes salvajes que pronto abundarían en la región.

Noventa años después, en 1770, la misión del Espíritu Santo, situada entre las ciudades de Guadalupe y San Antonio, poseía unas 40.000 reses vacunas, criadas en libertad en los abundantes y bien dotados prados circundantes. Los indios de la zona, especialmente los apaches lipanes, los cazaban en grandes cantidades; incluso, en número mayor del que necesitaban para su subsistencia y muchas veces como actividad lúdica, especialmente en el caso de las dóciles ovejas. Se cuenta el caso de la matanza de 20.000 ovejas que fueron conducidas en desbandada hacia un desfiladero y despeñadas, en técnica de caza similar a la que los indios aplicaban con los bisontes.

Para poner en marcha la primera actividad ganadera moderna no enfocada al autoabastecimiento, los españo-

A los primeros vaqueros indígenas se les sumó enseguida un buen número de mestizos de Nueva España, los ciboleros (de *cibola*, "búfalo"), vestidos con chaqueta y pantalón de cuero, sombrero plano y desproporcionadas espuelas.

les reclutaron como primeros vaqueros autóctonos a los aztecas sometidos en su día por Hernán Cortés y adiestrados por los misioneros. El indio resultó ser un pastor idóneo, muy austero y extremadamente fiel, que solo sometido a una situación de extrema necesidad recurría a matar para alimentarse a un animal del rebaño que cuidaba durante todo el año. Ya estos primeros pastores hubieron de sufrir numerosos ataques de los apaches, comanches o navajos, que, si podían, solían matarles antes de llevarse toda la manada. Aquellos primeros vaqueros, a juzgar por las crónicas, ya mostraban otros rasgos esenciales que también definirían después a su *hijo,* el vaquero mexicano, y a su *nieto,* el cowboy tejano; entre otros: una extrema habilidad en la doma y la monta de los potros salvajes que abundaban por la región y un no menor dominio de la cuerda y el lazo.

Poco después, a aquellos primeros vaqueros indígenas se les sumó un buen número de mestizos nativos de Nueva España, conocidos genéricamente como *ciboleros* (de *cibola,* "búfalo"). Vestido con chaqueta y pantalón de cuero, sombrero plano y desproporcionadas espuelas, y armado con garrocha, arco y cuchillo, el cibolero venía precedido por su fama como cazador de bisontes y como domador y jinete de caballos *mustangs*. Por entonces, su único competidor en estas artes era el comanche, enemigo ancestral de españoles y luego de mexicanos, a los que saqueaba en busca de caballos y ganado.

EL NACIMIENTO DE LA GANADERÍA TEJANA

El surgimiento de la primera industria ganadera tejana data de la tercera década del siglo XVIII, cuando se soltó a algunas manadas en las praderas tributarias del río San Antonio destinadas a abastecer de carne a los misioneros, soldados y civiles asentados en el área delimitada por las ciudades de San Antonio y Goliad. Después, a medida que las misiones españolas fueron declinando, la cría de ganado pasó a manos privadas, entre las que destacaron algunos grandes rancheros como Tomás Sánchez de la Barrera (1709-1796), fundador de la ciudad de Laredo, Antonio Gil Ibarvo (1729-1809), "Padre del Este de Texas", y Martín de León (1765?-1833), fundador de la ciudad de Victoria.

En un primer momento, la industria ganadera tejana se centralizó en el sudeste de Texas y el sudoeste de Louisiana, desde donde se comenzó a enviar pequeñas manadas al mercado de Nueva Orleans. Después, el gobierno colonial español la impulsó asimismo en la franja costera, donde algunas haciendas se convirtieron en verdaderos estados feudales. Inmensas extensiones de terreno fueron concedidas a aquellos que, como Tomás Sánchez en Laredo, poseyeran caballos, reses y ovejas de cría y dispusieran de personal con que ocupar la tierra y atender esos menesteres.

Por ejemplo, la concesión Los Cavazos, en San Juan de Carricitas, en el condado Cameron, comprendía 50 sitios (cada *sitio* equivalía a 1.864 hectáreas), y otras fincas eran incluso mayores.

Curiosamente, en una segunda fase, las autoridades coloniales restringieron mucho el tráfico ganadero pero, durante su breve dominio de Louisiana (1763-1803), las barreras al comercio se relajaron y los ganaderos tejanos encontraron en el Este una gran salida para sus animales. Sin embargo, las incursiones de los indios en el sur de Texas aumentaron en número e intensidad, forzando a muchos rancheros a abandonar sus manadas y refugiarse en los núcleos poblacionales en busca de protección.

Tras la compra en 1803 del inmenso territorio de Louisiana por parte de los estadounidenses, ambos territorios, Estados Unidos y el México aún español, pasaron a ser limítrofes. Eso, entre otras muchas consecuencias, trajo las de que los ganaderos mexicanos de Texas ganaran vía directa a un inmenso nuevo mercado, aunque de difícil acceso, y la de que ya no tuvieran que preocuparse solo de los bandidos indígenas, sino también de los anglonorteamericanos que, en número creciente, comenzaron a amenazar sus manadas y, por lo demás, el resto de sus bienes.

Tras la emancipación colonial mexicana en 1821, la política de vecindad cambió. Las autoridades mexicanas, deseosas de repoblar sus provincias más norteñas, incentivaron a reclutadores de colonos yanquis que fueron trayendo a pioneros a aquellas despobladas comarcas con el acicate de entregarles grandes parcelas prácticamente gratis con el único requisito de que se declarasen cristianos y aceptasen acatar la autoridad y la soberanía nacionales. Sin embargo, además de colonos, llegaron también muchos aventureros con poco que perder y, a menudo, con cuentas pendientes en sus lugares de origen, acostumbrados a una vida al

Tras la emancipación mexicana, en los ranchos tejanos
comenzó a forjarse una nueva personalidad en los vaqueros
angloestadounidenses que, adaptados primero al estilo de
vida y a la forma de trabajar de los de origen mexicano,
ahora comenzaron a forjar unos nuevos modos, que pasaron
a resumirse bajo la etiqueta de *cowboy*.

límite y poco proclives a cualquier tipo de sometimiento.

Los primeros auténticos colonos, cuya avanzadilla llegó al curso inferior del río Brazos en diciembre de 1821, eran sobre todo agricultores y algodoneros pertenecientes a las 300 familias conducidas por Stephen F. Austin (1793-1836), promotor estadounidense que había acordado con las nuevas autoridades mexicanas asegurar la defensa de la provincia contra los ataques de los indios a cambio de la entrega gratuita de grandes parcelas. Fueron pocos, en cambio, los colonos que se aventuraron a las llanuras altas, una ventosa tierra cubierta de hierba pero carente de árboles y con muy poca agua, y esa poca controlada por los comanches. La amenazante presencia de estos soberbios caballistas que cazaban bisontes por las llanuras y deambulaban libremente por el oeste de Texas y México, alejó efectivamente a los colonos de estas tierras hasta finales de la década de 1870, cuando una campaña militar estadounidense neutralizó casi definitivamente a los comanches.

Aquellos primeros colonos estadounidenses y quienes les siguieron consiguieron grandes concesiones de tierras. Leguas y más leguas que, sin embargo, no tenían mucho valor de mercado: era algo de lo que había mucho y, aparentemente, no era muy aprovechable para nada. Por entonces, la buena tierra de Texas se podía comprar a pocos centavos la hectárea. Hoy, gran parte de ella no deja de producir riqueza, pero entonces era de escaso valor.

Lo mismo cabía decir de las vacas. Muchos colonos llevaron consigo vacas lecheras y toros de raza inglesa o francesa que enseguida comenzaron a cruzarse espontáneamente con los vacunos autóctonos, descendientes de los traídos por los primeros españoles y, en su gran mayoría, salvajes. Tales cruces sucesivos conformaron el biotipo que enseguida sería conocido como *longhorn* (literalmente, "cornilargo"), a cuya cría y comercialización comenzaron a dedicarse los primeros ganaderos y sus contratados, los *vaqueros*.

En principio, aquellos primeros vaqueros no eran otra cosa que hombres de frontera de hábitos rudos que enseguida comenzaron a ser llamados *cowboys* ("vaqueros"). El calificativo, en principio despectivo, había surgido mucho antes, hacia el año 1000, en las granjas de Irlanda y, al parecer, apareció por primera vez en Norteamérica hacia 1640 en la colonia de Nueva Inglaterra. Ahora se aplicó a aquellos aventureros estadounidenses llegados a aquel territorio por entonces extranjero de Texas huyendo de un pasado oscuro o en busca de un futuro incierto. Estos, que, por regla general, cruzaron la frontera en pequeños grupos de 10 a 15 componentes, hallaron su forma de prosperar apropiándose de los bueyes, caballos y ovejas de los hacendados mexicanos que pastaban libremente en las planicies tejanas. Intentaron también hacerse dueños de las manadas totalmente salvajes que pastaban en esas mismas tierras, pero eso, por ahora, fue un intento baldío, pues los animales rehuian a los humanos o, si se sentían acorralados, les atacaban con una fiereza inusitada y con el intimidatorio recurso de sus longilíneos y mortales cuernos. De momento, la única posibilidad de adueñarse de alguna de esas reses, incluso para los avezados vaqueros mexicanos, era sorprender a dos toros peleándose entre sí, esperar a que acabaran y apresar con el lazo al vencedor mientras aún estaba extenuado tras el combate.

La rápida apropiación por parte de los colonos estadounidenses de vastos territorios, en su mayor parte hasta entonces bajo dominio indio, les hizo sentirse no solo poderosos sino también *dueños legítimos* del destino final de aquel territorio, lo que pronto se manifestaría en su propensión a la independencia e, incluso, a la anexión tejana a la cada vez más pujante y expansiva nación estadounidense.

En 1829 eran ya unas 7.000 las familias estadounidenses afincadas en Texas y las voces partidarias de la anexión a Estados Unidos comenzaron a oírse cada vez con más fuerza a ambos lados de la, por otra parte, débil frontera. Asustadas de lo que se les venía encima, las autoridades mexicanas trataron de cerrar aquella permeable frontera mediante una mayor vigilancia, trabas administrativas de todo tipo y, finalmente, incluso, una ley que prohibió la llegada de más colonos. Casi nadie se tomó en serio aquellas restricciones, por lo menos hasta que el ejército mexicano no tomó cartas en el asunto y comenzó a perseguir a aquellos por primera vez autoproclamados orgullosamente "tejanos", así como a los bandidos fronterizos *gringos* que, cada vez con mayor descaro, se dedicaban a robar no unidades sueltas sino incluso manadas enteras que, de la noche a la mañana, desaparecieron de los prados libres de Texas, para reaparecer, entre otros, en los mercados de Nueva Orleans y Mobile, Alabama.

Simultáneamente, las autoridades mexicanas, sobre todo desde la llegada al poder del dictador Antonio López de Santa Anna (1794-1876), prosiguieron la repoblación de aquel territorio del norte, pero esta vez con convictos nacionales que obtenían su libertad a cambio de afincarse en el remoto Texas. Además, Santa Anna envió nuevos contingentes de soldados con la doble misión de recaudar por la fuerza los impuestos que las depauperadas arcas mexicanas tanto necesitaban y de cerrar la frontera al constante goteo, ya más bien riada, de nuevos inmigrantes ilegales estadounidenses. Esto tiñó de nacionalismo tejano y/o estadounidense, según los casos, la actividad de los bandidos fronterizos, hasta entonces preocupados solo de su lucro personal. Un nacionalismo difuso, cierto es, y además teñido de desesperación, pues en su patria de origen eran proscritos y no podían permitir que ahora también se les expulsara de Texas.

La situación se hizo tan explosiva que acabó por estallar. En 1836, Texas se autoproclamó independiente y ello, lógicamente, acarreó la reacción del dictador mexicano Santa Anna, que invadió lo que él consideraba aún su propio país. Insuflada por actos tan violentos (y luego tan interesadamente magnificados) como el asedio y la masacre de El Álamo, se disputó una cruenta y feroz guerra que, a efectos de lo que aquí nos interesa, vino a significar el despoblamiento de la región occidental de Texas, precisamente aquella a la que mejor se había adaptado el ganado vacuno. Las reses salvajes y sus compañeras asilvestradas, sin salida comercial alguna ni enemigos naturales conocidos, se reprodujeron a un ritmo inusitado, formando pronto manadas de decenas de miles de ejemplares de aquellos animales perfectamente adaptados a su duro y exigente entorno, que pronto llenaron las praderas tejanas de *longhorns,* un biotipo animal ya por entonces perfectamente definido.

La raza cornilarga tejana

Por tanto, el origen de la raza longhorn autóctona de Texas se remonta a los primeros años del siglo XVI, cuando los conquistadores españoles introdujeron en sus dominios norteamericanos ganado ibérico que, dejado en libertad, abandonado o extraviado, se reprodujo en gran número y pronto se convirtió en salvaje. En el medio natural, se hizo más fuerte, aumentó y fortaleció su esqueleto, se estilizó y se hizo más veloz. Sus largas patas y sus puntiagudos cuernos se convirtieron en poderosas armas defensivas. También desarrolló un temperamento fiero y una maliciosa inteligencia. Y acabó siendo un animal bovino de lomo plano, mal genio, peso medio entre 500 y 1.000 kilos y cuernos inconfundiblemente largos y astifinos, con puntas separadas hasta dos metros; un animal fuerte e independiente que, como dijera el pionero Charles Goodnight, "afrontaba, con los cuernos por delante, el calor y la sequedad de los desiertos más desolados e inspiraba un miedo saludable a lobos, jaguares y osos". Su pelaje era muy variable, yendo desde el negro al beige, pasando por el gris oscuro o el marrón rojizo o azulado, con un dibujo manchado, tordo, moteado, rayado, liso, bicolor o multicolor. Su mayor desventaja residía en la relativa calidad de su carne magra, fibrosa, dura y, aun así, mejor que la del vacuno criollo. A cambio, sus mayores ventajas eran su perfecta adaptación a un difícil hábitat y que era aprovechable casi sin costes, excepto los pocos que supusieran su recogida y traslado al mercado.

En aquel hábitat, el cornilargo no tenía muchos enemigos naturales. Los nativos no le cazaban pues no apreciaban su carne y para ellos tenían mucha más utilidad el búfalo, del que utilizaban muchas otras partes y cuya piel era más adecuada al frío que el pelado cuero bovino. Los lobos que seguían a las manadas de búfalos itinerantes permanecieron siempre casi indiferentes y, si acaso, precavidos ante el huraño y a menudo mortal longhorn tejano. El vaquero mexicano y luego el cowboy tejano le admiraban y temían a partes iguales porque les hacía frente. Un toro viejo y enfadado, al verse lazado, era capaz de partir dos cuerdas trabadas a sus cuernos solo con una torsión de cabeza. Cuando un cowboy definía a un semental como "manso", lo que quería decir es que se había acostumbrado a la visión de un hombre a caballo, pero eso no quería decir, ni mucho menos, que se le pudiera considerar domado. En cuanto a posibles consumidores, la mayoría de los no indígenas no terminaron nunca de acostumbrase a la carne de búfalo, pero sí cada vez más a la de vacuno.

El longhorn se consideraba maduro a los diez años, cuando alcanzaba un peso medio de unos 600

El origen de la raza longhorn de Texas se remonta a
comienzos del siglo XVI, cuando los conquistadores
españoles introdujeron en sus dominios norteamericanos
ganado ibérico que, dejado en libertad, abandonado o
extraviado, se reprodujo en gran número y pronto se
asilvestró, mientras iba modificando su biotipo.

kilos, y necesitaba para alimentarse unas 4 hectáreas de buena hierba al año, 15 si el terreno era árido y cubierto de maleza, y en Texas había millones de hectáreas de pasto utilizables que, dada la decadencia de las manadas de búfalos, se convirtieron en su forraje idóneo. En las ricas praderas tejanas, la vaca podía llegar a tener 12 terneros en toda su vida, lo que aseguraba una suficiente renovación como para atender al creciente mercado.

El modelo ganadero hispano-mexicano

En realidad, la iniciativa de sacar rentabilidad ganadera a estos animales no era ni mucho menos nueva cuando fue emprendida por los tejanos. Fue más bien un empeño latino que floreció en México mucho antes de que el primero de los aventureros estadounidenses apareciera por los campos tejanos. El negocio ganadero mexicano provenía de las enseñanzas de los colonizadores españoles del siglo XVII y estaba ya bien desarrollado al sur del río Grande cuando los primeros gringos llegaron a Texas y, rápidamente, ganaron terreno a sus vecinos de origen latino. En ese contexto, los hombres que atendían los ranchos mexicanos, los vaqueros, fueron los primeros cowboys del Oeste.

En las amplias y desconocidas llanuras herbáceas del país originario del longhorn, norte de México y Texas, se criaban solas, en estado salvaje o semisalvaje, innumerables manadas bajo un curioso, relajado y ambiguo sistema de propiedad. Como el resto de la fauna de esas calurosas tierras, aquel ganado de llamativos y peligrosos cuernos puntiagudos era sobrio, huraño, se alimentaba de hierbas silvestres y, por instinto, sabía encontrar por sí solo manantiales donde abrevar.

Por tanto, sin grandes enemigos a la vista y perfectamente adecuado al medio, el longhorn prosperó de una manera asombrosa, formando inmensas manadas de cientos de miles de ejemplares. Pero, de momento, aquellas inmensas manadas tenían poco o ningún valor mercantil. En Texas, en la primera mitad del siglo XIX, quien quería carne de buey, mataba y cocinaba uno; quien quería cuero de vaca, mataba y desollaba una; el que necesitaba un buey como animal de carga o tiro, lo domesticaba (si podía). Aparte de esos usos locales y discrecionales, el ganado vacuno tejano no tenía valor comercial apreciable, y seguiría sin tenerlo al menos hasta que se encontrase la forma de llevarlo hasta los lejanos lugares donde su carne (en realidad, cualquiera comestible) tenía una creciente demanda.

El nuevo gobierno lo declaró propiedad pública, aunque en la práctica eso tampoco significó gran cosa, pues la verdad es que nadie se preocupaba en absoluto de aquellos ariscos, peligrosos e inútiles animales. Indios, mexicanos y bandidos de toda procedencia robaban cuantos animales deseaban. Los tejanos comenzaron a marcarlos, pero no pasaron de ahí, pues inmediatamente después los soltaban a su antojo, sin preocuparse más de ellos

En todo caso, tampoco daban muchos problemas ni exigían grandes cuidados. La mayor parte pastaba en total libertad en las praderas sin dueño y solía acudir a los mismos abrevaderos con una frecuencia más o menos regular. Eso lo sabían bien los tejanos y allí acudían si deseaban capturarlos, marcarlos o controlarlos de algún otro modo. Tales hábitos fijos hacían innecesario que sus propietarios adquiriesen grandes fincas en que mantener y criar a sus animales. Prácticamente, los animales se cuidaban solos. Bastaba con asegurarles el libre acceso a los abrevaderos naturales en que satisfacían su sed. Eso era todo; eso daba al propietario todos los títulos y derechos de propiedad que necesitaba.

La cabaña de cada propietario se incrementaba, además, de forma natural gracias a los instintos maternales de las vacas y a la dependencia de sus madres de los terneros. La costumbre imponía que todos los terneros pertenecían al dueño de la madre. Así que, cada temporada, cuando el ranchero de la vieja escuela veía a su manada de vacas con sus terneros en sus abrevaderos habituales, sabía que todos ellos eran de su propiedad o, al menos, que los tomaría y los trataría como tales.

Sin embargo, tal derecho de propiedad era muy discutible y volátil: era necesario asegurarlo ante terceros mediante algún procedimiento objetivo. A ese fin, hacía ya mucho que los mexicanos, y, por tanto, los tejanos después, seguían la costumbre española de imprimir de modo indeleble sobre la piel del animal la marca del propietario. Hecho esto, allá donde fuese la res, todos podrían identificar fácilmente quién era su dueño y, por tanto, respetar su propiedad.

Para manejar a este ganado tan poco manso, los tejanos disponían en abundancia de unos pequeños y resistentes caballos, también, como las reses, de sangre española, que los conquistadores habían introducido en el Nuevo Mundo y que, desde entonces, habían ido extendiéndose por todas las llanuras norteamericanas, donde los indios, que antiguamente usaban perros como animales de tiro, se servían ahora del que ellos llamaban "perro-alce". Sin estos caballos, ni sus derivados, capaces de sobrevivir en un hábitat seco y caluroso, no hubiera sido posible que surgiera ni que se hubiera mantenido la industria ganadera.

Con esos rudimentos fue formándose una primitiva industria ganadera, a la que no se terminaba de encontrar mercado, a no ser el local, pero que, de hecho, existía y prosperaba a buen ritmo cuando Texas se convirtió primero en república independiente y, después, en un estado más de la Unión. Ya entonces era sagrado el principio de que la vaca de un hombre era *su* vaca y *su* marca, su título de propiedad, por definición, inviolable. A partir de un concepto tan sencillo y claro, casi todo lo demás se siguió de un modo lógico. Aun así, todo se comenzó a complicar a medida que el número de propietarios y de animales fueron aumentando a la vez. Las marcas, cuando existían, se confundían unas con otras. Era un sistema ingenioso pero confuso; parecía necesario, aunque aún no urgente, ponerlo al día. El ganado, con sus marcas de propiedad grabadas al hierro candente en sus lomos, con independencia de todas las precauciones, comenzó a mezclarse en las heterogéneas manadas semisalvajes a medida que los colonos fueron cada vez más numerosos. Dada su mezcolanza, se hizo necesario llevar a cabo al menos una gran reunión anual, el llamado "rodeo de primavera", que permitiese su control y la adjudicación de los terneros sin marcar. Ésta y el resto de las viejas prácticas de la industria ganadera eran ya antiguas también en los prados tejanos cuando los colonos estadounidenses llegaron. La industria ganadera, aunque vivía todavía su primera infancia y se la suponía un futuro modesto, se había ido desarrollando desde mucho antes de que Texas se convirtiera en república independiente.

Pero, por entonces, todo seguía siendo muy relajado y poco profesional. En aquel contexto, si no se recogían y se marcaban debidamente cien o mil vacas, no pasaba nada, y si un ternero se alejaba o era separado de su madre, menos aun. Había millones de animales disponibles. Los antiguos rancheros nunca regañaban entre ellos por cuestiones tan nimias. En el viejo Sur nunca se hubiera formado nada parecido a una asociación ganadera que terciase en los litigios de propiedad, simplemente porque no los había. Cualquier ranchero competía con su vecino en generosidad en materia de terneros sin marcar. El regateo o la cicatería hubieran sido absurdos e inconcebibles. En aquellos viejos tiempos, nadie se preocupaba mucho por una vaca de más o de menos. Daban igual. No era raro que el propietario las regalara o malvendiera sin perder la sonrisa. En los prados del Sur de entonces nadie se preocupaba mucho por una vaca de más o de menos. ¿Por qué habría de hacerlo? Nadie hubiera querido comprar una. El mundo, su mundo, estaba lleno y rebosante de vacas cornilargas.

Y todo parecía indicar que aun iba a estarlo más. Las inmensas e inagotables praderas que se extienden desde Canadá al río Grande y desde las Rocosas hasta casi el Mississippi se iban vaciando a gran velocidad de bisontes —de los allí mal llamados "búfalos"— e iban quedando libres de uso. Llegado el caso, esas praderas y sus inagotables pastos salvajes podrían alimentar a otros cuantos millones de vacas, sin resentirse siquiera.

Pero, desde 1821, en el Texas ya emancipado de España, las condiciones cambiaron. Todos los nuevos colonos estadounidenses que se instalaban en aquellas nuevas tierras semidesiertas se preocupaban exclusivamente de extraer las riquezas del subsuelo, de hacer negocios con el transporte, de cazar o trampear, de luchar contra los indígenas o, en todo caso, de hacer productiva una tierra que exigía muchos esfuerzos. Así que nadie se preocupó, desde luego que no, por las vacas.

Ni siquiera se consideraba posible que en aquel clima tan extremo pudiesen sobrevivir, y mucho menos prosperar. Sin embargo, paradójicamente, lo había hecho durante siglos su primo hermano, el bisonte. Pero rápidamente todos se dieron cuenta de las posibilidades de negocio de los exuberantes pastos en los que el ganado podría prosperar con mínimos cuidados. Así que, la gran mayoría de los emigrantes estadounidenses, que fueron a Texas a arar y plantar, se convirtieron pronto en ganaderos, y más aun al convertirse la antigua provincia mexicana en república independiente.

LA GANADERÍA EN
LA REPÚBLICA DE TEXAS

Tras la emancipación mexicana, la caza de longhorns se propagó por toda Texas, desbordando la mera búsqueda de alimento y convirtiéndose en una especie de moda deportiva. Paralelamente, en los ranchos tejanos comenzó a forjarse una nueva personalidad en los vaqueros de procedencia anglonorteamericana que, adaptados primero al estilo de vida y a la forma de trabajar de los de origen mexicano, ahora comenzaron a forjar unos nuevos modos, que pasaron a resumirse bajo la etiqueta de "cowboy".

Buena parte de esos nuevos peones ganaderos eran veteranos de la recientemente acabada guerra entre México y Estados Unidos, que se habían acostumbrado durante su servicio a cazar cornilargos para procurarse comida. La gran mayoría vivía en casas aisladas de madera de tuya y álamo, casi siempre parcialmente fortificadas.

De esa forma fue forjándose una incipiente industria ganadera, de ámbito local y aún de pequeño alcance, que nunca tomó el auge que la superabundancia de reses podría haber sustentado. Entonces, tomarse la molestia de reunir, marcar, arrear y estabular reses no tenía demasiado sentido porque, si ya de por sí el valor de mercado de una res era muy bajo, aun lo fue más al aumentar la oferta sin que creciera la demanda. Los costes aparejados al transporte a larga distancia de los animales hacían ruinoso, además de muy arriesgado, cualquier intento. De momento, eran muchos más rentables los esfuerzos agrícolas, especialmente el cultivo de maíz y algodón.

No obstante, estas labores agrícolas no gozaban de gran aprecio social y se solían dejar en manos de los tejanos de origen mexicano. En contraste, pese a las pocas posibilidades de hacer negocios con él, el ganado vacuno fue ganando consideración, quizás debido a una simple asociación de ideas entre la poca docilidad y la autosuficiencia de estos animales y los anhelos de los tejanos independizados. De manera natural, los cornilargos se convirtieron rápidamente en una especie de símbolo nacional de Texas. Para cualquier muchacho tejano, nada superaba la satisfacción de domar o al menos ser capaz de pastorear a este poderoso y salvaje animal; nada salvo, quizás, el logro paralelo de domar caballos broncos. Había mucho de exaltación viril en el manejo y el doblegamiento de los cornilargos; algo autoafirmativo que fue llenando de orgullo al naciente cowboy tejano, que pronto se comenzó a sentirse parte de una especie de élite o aristocracia de las praderas. Saber manejar a aquellos animales tan independientes, y hacerlo a lomos de otros animales también autosuficientes y no menos *orgullosos,* dieron al cowboy el sentido exagerado de su propia condición especial, superior, que pronto le caracterizaría. Pudiera pensarse que trabajar denodadamente con este ganado salvaje otorgaba, a ojos del cowboy, un carácter especial a la persona que lo hacía y, además, pronto pareció como si ciertos rasgos del carácter del animal se hubieran contagiado en los profesionales que le cuidaban.

Rudos y viriles, en aquella fase inicial, los cowboys despreciaban las armas de fuego y, al igual que los indios, preferían que los inevitables duelos y enfrentamientos propios de su competitivo ambiente de trabajo no se dirimiesen mediante revólveres, sino con lazos de cuero sin curtir. En tales duelos, los contendientes, a caballo, daban vueltas lentamente uno alrededor del otro, estudiándose mutuamente y buscando la mejor oportunidad para lanzar el lazo sobre el torso del adversario. El que lo conseguía primero, descabalgaba al contrario, ataba la cuerda a su propia silla de montar y lo arrastraba, a ser posible entre cactus, por lo

Aquellos primeros vaqueros ya mostraban otros rasgos esenciales que también definirían después al vaquero mexicano y al *cowboy* tejano; entre otros: una extrema habilidad en la doma y la monta de los potros salvajes que abundaban por la región y un no menor dominio de la cuerda y el lazo.

que no era raro que el otro muriese durante la terrible experiencia. Tampoco era raro el duelo a latigazos con azotes de cuero trenzado, de hasta seis u ocho metros de longitud, que al restallar sobre la piel dejaban unos tremendos costurones, de los que después, ya curado, solía alardear el *cowboy*.

Por otra parte, el nuevo gobierno tejano recuperó la antigua política de inmigración de las autoridades mexicanas y siguió ofreciendo terreno prácticamente gratis a los colonos estadounidenses que se quisieran sumar a la aventura. Aparte, cualquiera que tuviera algo de dinero podía hacerse con una gran parcela de buena tierra a un más que asequible precio. No obstante, lo común no era siquiera dar de alta la propiedad en el registro, sino ocupar las hectáreas de terreno que interesasen y dar por sentado que todos los demás acatarían esa apropiación unilateral.

Despreciando los atractivos de las incipientes ciudades, muchos tejanos, como los colonos, prefirieron enfrentarse sin ambages a los riesgos e incomodidades de la naturaleza, aunque para defender sus logros y sus potenciales éxitos se hubieran de enfrentar, a menudo a muerte, con los indios hostiles y los bandidos mexicanos, así como cazar o apropiarse de longhorns sin dueño. Aquellos colonos cedían a la tentación de atrapar a cuantos animales salvajes vagasen por los alrededores de su propiedad. Sin embargo, luego, curiosamente, no sabían qué hacer exactamente con ellos, por lo que solían optar por marcarlos y volver a soltarlos.

Tras entrar Texas en la Unión estadounidense (1845), al ver la enorme demanda de carne que existía en distintos puntos de su nuevo país, los ganaderos aprenderían a sacar provecho a tanta res tras caer en la cuenta de que los longhorns son capaces de transportarse por sí mismos, de que los tan necesarios filetes tejanos eran capaces de moverse a cuatro patas.

LA GANADERÍA EN
LA TEXAS ESTADOUNIDENSE

Durante los primeros años de incorporación a los Estados Unidos, la ganadería siguió siendo en Texas una industria doméstica, dedicada fundamentalmente al abastecimiento de los pequeños centros urbanos estatales, de los inmigrantes y del mercado local de intercambio y trueque, y, a lo sumo, al envío de pequeñas manadas a Nueva Orleans.

Pasado ya el ecuador del siglo, algunos ganaderos más voluntariosos, o más obcecados, o más temerarios, sin abandonar esos limitados mercados, comenzaron a dirigir sus manadas al norte, buscando áreas de Misuri, Illinois e Iowa en que vender su ganado o poder engordarlo antes de embarcarlo con destino final a los mercados de Filadelfia y Nueva York. Otros optaban por embarcarlo en los puertos costeros hacia Nueva Orleans y las Indias Occidentales caribeñas. Finalmente, otros los arreaban a través del hostil Territorio Indio, que décadas después pasaría a llamarse Oklahoma, y hacia los campos mineros de California.

No obstante, durante este periodo Texas ya era con mucho el principal productor de ganado de todo el Oeste norteamericano. Sus inmensos pastizales alimentaban a manadas de miles de ejemplares y ninguna otra industria se acercaba siquiera en importancia o extensión a la ganadera. Por entonces, las reses vacunas tejanas se habían multiplicado hasta los tres millones y medio de longhorns que se estimó que pastaban en Texas al convertirse en un estado más de la Unión. Aunque ya se había mejorado algo la raza cornilarga original, los animales seguían siendo criaturas enjutas, nervudas y de largas piernas, con cuernos delgados y ojos inquietos e inquietantes. Animales que podían correr como ciervos y eran casi tan indómitos como ellos.

El favorable pero peculiar clima tejano daba a aquel estado un cuasi monopolio de la industria ganadera. Los pastos eran verdes casi todo el año y la proximidad al mercado, ya fuera por medio del gran río Mississippi, al que las manadas del este tejano podían conducirse con relativa facilidad, o por mar desde distintos puntos del golfo de Texas, le daba una gran ventaja estratégica. Hacia esa misma fecha, el ganado tejano criado en ranchos fue trasladado desde el sudeste y el sur del estado hacia el centro de la frontera del norte. La parte principal se concentró en el área comprendida entre Fort Worth, Palo Pinto, Erath y la región dominada por los comanches. Por primera vez, el ganado se constituyó en una fuente de ingresos para los tejanos, aunque el incremento anual de las manadas excedía con mucho a la merma representada por las ventas.

Las praderas tejanas, como las de los estados y territorios limítrofes, eran consideradas *open range* ("campo abierto"), lo que significaba que el ganado era libre de moverse y pastar sin limitación alguna por miles de hectáreas, consideradas propiedad comunitaria de libre disposición. En aquel modelo de explotación ganadera, durante la mayor parte del año, el ganado solo requería algunos cuidados mínimos. En consecuencia, en aquella primera fase, fueron muy pocos los ganaderos que adquirieron tierra para que pastaran sus manadas. Su primera y casi única necesidad era un lugar favorable desde el cual vigilarlas y cuidarlas y, sobre todo, desde el que controlar su acceso al agua. Incluso los capitalistas extranjeros que se introdujeron en el negocio solían adquirir solo la suficiente tierra bien abastecida de agua para dominar los pastos.

En la primera fase de colonización de Texas, los rancheros eran los legítimos propietarios de la tierra en que se construían sus instalaciones, pero a medida que la frontera fue avanzando, las fueron construyendo sin serlo. Cuando los propietarios reales aparecían, a ellos nos les quedaba más remedio que tratar de imponerse y salirse con la suya por cualquier medio, o bien trasladarse más allá, al interior de los dominios aún no colonizados. No obstante, contrariamente a lo que se suele creer, la industria ganadera tejana no se fundó por entero en aquel "mar de hierba de libre disposición". Desde aquel momento, el auge de la ganadería tejana fue, cuando menos, espectacular. Se acababa de producir el primer *boom* de la ganadería tejana.

2

LA INDUSTRIA GANADERA TEJANA

Si fuese el dueño del Infierno y de Texas, pondría en alquiler Texas
y viviría en el Infierno.

General William Tecumseh Sherman (1820-1891).

EL PRIMER *BOOM* DE LA INDUSTRIA GANADERA

Los primeros tejanos de origen estadounidense se dieron cuenta pronto de las grandes oportunidades de conseguir rápidos beneficios que ofrecían las inmensas manadas de reses salvajes que pastaban libremente en las llanuras tejanas y se decidieron a intentar esa vía. Aprendieron de los vaqueros mexicanos la forma de trabajar con el ganado salvaje y encontraron los caballos que necesitaban en las manadas salvajes de *mustangs* que cabalgaban en libertad por las mismas praderas que las reses.

En aquel contexto, unos cuantos de ellos hicieron inmensas fortunas y adquirieron principescas extensiones de tierra en aquellos primeros años de rodeos de reses y caballos salvajes. En 1836, tras su independencia de México, los tejanos comenzaron a llevar manadas con cierta frecuencia a Kansas y al centro de Misuri, y de vez en cuando directamente a Saint Louis. Tras la Fiebre del

Oro californiana, también fueron arreadas algunas manadas hacia los campamentos de los buscadores de oro, en un recorrido mucho más largo y peligroso que se adentraba por pavorosos desiertos y entre muy belicosos indios. Pero el gran y verdadero negocio estaba, sin duda, en el mercado del superpoblado y lejano Este, que parecía ya claro que solo se podría alcanzar mediante los ferrocarriles, cuya expansión hacia el Oeste de momento se había detenido en los territorios de Kansas y Nebraska, justo en la vertical geográfica de Texas.

A comienzos de la década de 1840, la mayoría del aún escaso ganado enviado al Este era conducido por la llamada Vieja Senda Shawnee, utilizada desde antiguo por partidas de caza indias, y que iba hacia el norte desde la ciudad tejana de Austin, pasando por Waco y Fort Worth, para atravesar el Territorio Indio (la futura Oklahoma), entrar en Kansas por las inmediaciones de la ciudad de Caldwell y acabar en Kansas City o Baxter Springs, o bien extenderse hasta el enclave ferroviario de Sedalia, Misuri, donde, por fin, podía ser embarcado en trenes camino de la Costa Este. En la década siguiente, el ganado tejano empezó a cruzar también el río Mississippi en ferry y barcazas camino de Illinois o Iowa, donde era engordado en las exuberantes praderas de la zona y luego enviado por tren más al Este, incluso directamente a los mercados de Nueva York.

Sin embargo, los desplazamientos de ganado hacia el norte tuvieron una indeseada consecuencia desastrosa: los cornilargos tejanos propagaban por donde pasaban la piroplasmosis, una enfermedad infecciosa veterinaria conocida popularmente como "fiebre de Texas" o "fiebre española". El ganado tejano estaba infectado de garrapatas portadoras de la enfermedad, a la que eran inmunes pero que resultaba mortal para la mayoría del ganado doméstico del resto de los Estados Unidos, aunque durante mucho tiempo no se estableció una correlación entre ambos hechos.

Esta verdadera riada de reses en dirección a Abilene y otras
ciudades de Kansas llegó a crear problemas de tráfico.
Varios condados del centro de Kansas se convirtieron
prácticamente en corrales improvisados y parecía que la
industria ganadera pronto absorbería las energías
de todo el estado.

Hacia 1853, los granjeros de Misuri comenzaron a bloquear las manadas tejanas y a hacerlas darse la vuelta. La violencia consecuente, combinada con la actividad de los grupos de vigilantes y de los cuatreros, causó cada vez más problemas a los cowboys tejanos. El ganado doméstico murió a miles, particularmente al final del verano de 1855 y en 1858. Ante tal situación, los granjeros y ganaderos de las regiones del sudoeste de Misuri se organizaron en bandas armadas que, a partir de entonces, guardaron las fronteras para impedir el paso a las reses tejanas. Lo hicieron con tanto éxito que, en 1858, cesó por completo el tráfico. Finalmente, en 1859, el paso de ganado tejano fue declarado ilegal en muchas jurisdicciones de Misuri y, en 1863, la asamblea estatal promulgó una ley que prohibía el paso por el estado de cualquier res de la que se supiera que era portadora de las garrapatas tejanas.

Sucedió un periodo de indefinición, coincidente con graves tensiones prebélicas en Kansas y estados limítrofes, que supuso un primer frenazo al desarrollo de la industria ganadera tejana. A la vista de las circunstancias, los ganaderos tejanos comenzaron a llevar sus manadas por la frontera entre Kansas y Misuri, cerca de Saint Joseph o Kansas City..., hasta que las epidemias de fiebre se reprodujeron también allí. Enseguida, Kansas dictó una ley similar a la de Misuri, cuya aplicación, sin embargo, como el propio desarrollo de la industria ganadera, se vio en principio retrasada a causa del comienzo de la Guerra de Secesión (1861-1865). El estallido bélico dio como resultado la situación paradójica de que los rancheros tejanos eran poseedores de una enorme riqueza en forma de reses para las que había una gran demanda en otras muchas partes del país, pero que no disponían de vía alguna para surtir de ese artículo tan cotizado los mercados; la paradoja, de momento irresoluble, de una enorme riqueza sin salida posible y un hambriento país en guerra.

LA GUERRA RETRASA EL DESPEGUE

Durante los primeros años de la feroz Guerra de Secesión, Texas proporcionó a la Confederación carne de vaca a través de las sendas de Louisiana, pero, en general, la guerra frenó en seco el comercio de carne de vacuno a medida que las fuerzas de la Unión iban asfixiando al Sur.

Además, los jóvenes tejanos se fueron a luchar y el ganado fue abandonado a su propio albedrío. Liberadas, pues, del drenaje de los mataderos, las manadas asilvestradas crecieron prodigiosamente, a pesar incluso de que, durante el conflicto bélico, algunos *cowboys* tejanos llevaron algunas pequeñas manadas a distintos puntos de la Confederación, llegando incluso a hacerlas cruzar a hurtadillas el Mississippi, sin duda, una proeza natatoria.

No obstante, tras la caída del enclave de Vicksburg, en el verano de 1863, las lanchas cañoneras yanquis impusieron su total dominio sobre el río y el paso de manadas se hizo imposible.

Con el mercado del Norte cortado y la vida mercantil del Sur muy deprimida, no se podía tomar ninguna determinación respecto a las manadas, que seguían incrementándose a ritmo geométrico sin hallar salida comercial, a pesar de saberse que la necesidad de abastecimiento de carne apremiaba en casi todo el país. Las ocasionales ventas furtivas a través del Mississippi se convirtieron en el único mercado posible, aunque muy escaso. Los precios internos tejanos cayeron en picado y durante una temporada fue posible comprar una res de la mejor calidad posible por un precio no superior a los cuatro dólares, e incluso hasta por dos.

También se realizaron algunas expediciones de ganado tejano hacia California durante la guerra, pero no tardaron en suspenderse, ya que los dos estados, alineados en bandos enemigos, no podían comerciar

Una proeza natatoria

Una de las primeras, y también de las más famosas, de estas conducciones de ganado al límite del riesgo fue la protagonizada en 1862 por un grupo de *cowboys* adolescentes, dirigidos por W.D.H. Saunders, de diecisiete años. Estos muchachos llevaron unas 800 reses desde Goliad, Texas, a Woodville, Mississippi. Hasta entonces, todos los expertos opinaban que era imposible que un animal bovino cruzase por sus propios medios las aguas del Mississippi. Todos coincidían en eso, pero aquellos muchachos no habían hablado con ellos y, como no lo sabían, lo hicieron.

Cruzaron con sus reses por un vado del gran río de 2 kilómetros de anchura y unos 12 metros de profundidad media y, aunque perdieron muchas cabezas en el intento, lograron salvar a las suficientes como para que su proeza les reportara beneficios. Sin miedo a nada, los *cowboys* adolescentes arrearon el ganado e hicieron que se introdujera en las densas y peligrosas aguas del gran río sin pensárselo dos veces. Al decir de uno de los testigos: "Los cornilargos chapotearon entre las olas como auténticos hipopótamos, afrontaron aquel lodazal en movimiento y salieron con osadía, cada uno siguiendo la estela del animal que iba por delante de él, y milagrosamente se reunieron a salvo en la orilla opuesta". Una verdadera proeza natatoria.

oficialmente entre sí. Además, gran parte de la ruta atravesaba campos de batalla, por lo que los caminos se hicieron aun más intransitables que de costumbre. Eso por no mencionar a los indios, que aprovechaban el momento de debilidad de su enemigo blanco. En aquellas condiciones, arrear manadas por esas rutas era un auténtico suicidio.

Los ganaderos tejanos perdieron toda esperanza de sacar rentabilidad al ganado. Aquellos fueron unos tiempos muy duros para todos aquellos que habían invertido su capital en el ganado y que, ahora, lo veían prosperar inútilmente. El ganado se multiplicó hasta alcanzar unas cifras inusitadas que alguien calculó en ocho reses por habitante.

En todo caso, los escasos negocios ganaderos que se lograron llevar a cabo serían muy poco provechosos para los ganaderos tejanos, pues el dinero que consiguieron con aquellas arriesgadas operaciones, no tendría validez alguna al acabar la guerra, al ser confederado. De hecho, comenzó a perder aprecio para los ganaderos de todo Texas ya durante la misma guerra, cuando se comenzó a comprender que el curso final era el de la derrota del Sur. Esto les desanimó a intentar más envíos de ganado. Seguramente habría sido posible llevar muchas más reses a los hambrientos estados confederados, pero las reservas de dinero del Sur estaban agotadas por la compra del armamento indispensable para la guerra. Entre los tejanos corrió pronto el rumor, bastante verosímil, de que las planchas de imprimir billetes del Sur funcionaban las veinticuatro horas del día sin su necesario respaldo en oro. Debido a estos acontecimientos, a partir de cierto momento, los ganaderos solo aceptaron operaciones que se pagaran al contado en oro o plata, lo que restringió aun más el negocio.

En consecuencia, durante los años de guerra civil salieron muy pocos cornilargos de Texas y el mercado local también estuvo muy retraído, pues gran parte de la población estaba embarcada en otros menesteres. Los pocos ganaderos que se mantuvieron activos y que lograron hacer algún pequeño negocio con los soldados acantonados o de paso en Texas, o bien, de modo subrepticio, con los generales mexicanos, recibían los beneficios, siempre en oro, como agua de mayo y corrían a esconderlos en lugares seguros en espera de tiempos mejores.

Además, debido a la comentada falta de mano de obra, los ranchos más aislados solo estuvieron guardados por muchachos y ancianos, que intentaban defenderlos como podían de las numerosas amenazas que les acechaban: bandidos y soldados mexicanos, enemigos yanquis, desertores y renegados y, sobre todo, indios (comanches, apaches, kiowas, lipanes...), cuya ferocidad se redobló en todas aquellas zonas en que los bandos en combate se replegaron. Día y noche, los ranchos eran atacados por partidas de indios cada vez más envalentonados. La situación alcanzó tal grado de efervescencia que los residentes formaron milicias civiles que intentaban defenderse organizadamente de estos ataques. Pero muchas veces esas milicias, al constituirse en un poder alternativo sin contrapeso, pasaron a preocuparse solo de sus propios intereses, no todos ellos lícitos. Se sucedieron los asuntos cuando menos turbios de extrañas colaboraciones contra natura entre estas milicias, bandas de quintacolumnistas yanquis, indios, prófugos de ambos ejércitos, forajidos autóctonos y bandidos mexicanos, que fueron dejando una larga cosecha de robos y asesinatos. Texas era, pues, por entonces, un territorio fronterizo, sin ley, en el que campaban a sus anchas personajes de todo tipo de pelajes y calañas.

Por si faltaba algo, la larga sequía de 1863-1864, que acabó con todos los bosques de tuyas y desecó más de 450 kilómetros del curso del río Brazos, provocó incendios pavorosos que devoraron estepa, matorrales y sembrados de maíz, segando toda posibilidad y todo interés de los ganadores por hacer negocios. Bastante tenían con preocuparse cada día de la supervivencia personal.

También se despreocuparon, lógicamente, de sus manadas, que hasta entonces se mantenían reunidas pero, ante la imposibilidad de abastecerlas de agua, fueron puestas en libertad para que buscaran por sí solas el agua. Miles y miles de cornilargos, ya marcados, fueron abandonados y volvieron al estado salvaje, dispersándose por todo el territorio. Los cercados y vallados fueron cayéndose, descuidados. Texas estaba arruinada y la industria ganadera, casi antes de nacer, estaba ya casi hundida del todo. Había que hacer algo.

LA GANADERÍA TEJANA DE POSGUERRA

Pese a todo, el gran periodo del cowboy, aquel en el que se convertiría en la figura central del gran mito estadounidense, comenzó en 1865, justo con el fin de la Guerra de Secesión. Numerosos factores contribuyeron a ello. De una parte, comenzó inmediatamente la matanza sistemática e implacable de bisontes que fue vaciando las praderas de estos animales y que, a la vez, significó la sentencia de muerte de muchas de las tribus que hasta entonces sustentaban su existencia en ellos. Por otra, el ejército estadounidense, desocupado tras el fin de las hostilidades, se fue desplegando por todo el Oeste y el Sur. Al coincidir los nuevos descubrimientos de yacimientos de metales preciosos en distintas zonas del Oeste, se produjo una nueva avalancha de buscadores hacia California, Oregón, Colorado, Nevada y otros diversos puntos. Esta riada de buscadores de fortuna se unió a la avalancha de colonos que iban ocupando los nuevos territorios según se iban vaciando de búfalos e indios, bajo el paraguas de la Ley de Asentamientos de 1862. El ejército arreció en su deseo de proteger a todos estos nuevos emigrantes. Acosadas y con la soga al cuello, las tribus indias redoblaron su desesperada y caótica resistencia final. Lo único que estaba claro en aquel caos es que la demanda insatisfecha de alimentos y, especialmente, de carne no hacía más que aumentar. La devastación casi absoluta durante la guerra de las regiones productoras de carne había aumentado considerablemente las necesidades en todo el país, y especialmente en la superpoblada Costa Este.

Desde el lado de la oferta, cuando en 1865 los derrotados tejanos volvieron desordenadamente a sus deterioradas posesiones, se encontraron con un paisaje repleto de longhorns salvajes, la mayor parte sin marcar. Simultáneamente, el lógico retroceso de la capacidad agropecuaria estadounidense tras los destrozos bélicos, la extensión de la red ferroviaria y el fenomenal aumento de la inmigración europea produjeron un nuevo incremento de la demanda de carne (literalmente, de cualquier carne), que ninguna de las zonas afectadas podía satisfacerse localmente. Mientras, en Texas había carne suficiente para saciar ese mercado (y algún otro); millones de animales estaban listos para ser reunidos y transformados en buena carne. De modo que los rancheros y *cowboys* tejanos volvieron de la guerra y de los campos de prisioneros y se encontraron los campos repletos de una mercancía ansiosamente necesitada en el Norte y el Este; una mercancía nada frágil ni perecedera con la característica propia, ya comentada, de que es capaz de autotransportarse hacia los lugares de consumo.

Pero la inmensa mayoría de ganaderos estaban atados de pies y manos. Sabían de la riqueza que pacía ante ellos, pero no contaban con recursos financieros con los que acometer la empresa. Solo disponían de sus vacas, salvajes, sus campos, abandonados, y sus edificios, maltrechos. Eran potencialmente ricos, pero su única certeza era la amenaza de embargo. El gran impedimento a su prosperidad seguía siendo el de cómo llevar a los mercados las reses y en cantidades tan masivas como se necesitaban. Los rancheros no podían comprar siquiera el equipo imprescindible ni pagar los salarios necesarios para poner en marcha grandes expediciones que recorriesen con alguna garantía las enormes distancias que les separaban de los consumidores. Además, casi nadie tenía la más mínima experiencia en ello ni el más mínimo conocimiento de los caminos y las rutas posibles. Sin embargo, sabían que ahí estaba la solución de todos sus males y, mal que bien, se prepararon para ello.

Ya en 1865, los más temerarios o los más desesperados se lanzaron a la aventura al frente de pequeños rebaños. El estímulo mercantil era muy grande. Un buey que en Texas se vendía en el mejor de los casos a 4 dólares (si es que alguien tenía tanto dinero) era valorado en 40 o más en Chicago, Cincinnati o cualquier otra ciudad del norte especializada en el procesado y la venta de carne, y en algunos puntos de la Costa Este, como Massachussets, hasta en 86 dólares. Además, el ganado tejano se necesitaba también para alimentar a los soldados del Ejército repartidos por todo el país, a los trabajadores del ferrocarril y, por iniciativa gubernamental, a los indios recientemente confinados en las reservas, que ya no podían cazar búfalos para su subsistencia. Los pedidos de carne comenzaron a subir vertiginosamente. Por su parte, los ferrocarriles estaban echando abajo las puertas de un imperio nuevo aún no hollado, llevando además a bordo los mercados. Así, éstos estaban ya mucho más cerca del ganado cuya carne tanto se necesitaba en todas partes; estaban más cerca, pero aún a centenares de kilómetros al norte de las grandes manadas.

Mientras tanto, los cowboys y aspirantes a serlo se agrupaban fuera de las ciudades, formando bandas. Esquilmados y a falta de otra actividad, de otro medio de subsistencia y de otra vía para derivar sus frustraciones de derrotados y sus heridas de sometidos, optaron por transitar por las afueras de la ley, robando, asaltando y atracando, cuando no matando y destrozando bienes y vidas. Las inhumanas condiciones de las atestadas prisiones les fueron convirtiendo en proscritos sin nada que perder, pero convencidos de que preferían morir que ser encerrados. Morir de pie antes que vivir de rodillas. Estos personajes desesperados, los llamados *desperados,* conformarían el carácter y la vida del Salvaje Oeste.

Los asesinatos, homicidios, linchamientos y palizas se convirtieron en hechos cotidianos, sobre todo en los campos cercanos a las ciudades. Durante los muchos meses de brutalidades sin freno que siguieron a la guerra civil, los tejanos se vieron inmersos en una espiral de violencia e injusticias que, tal vez, vendría a explicar la proliferación de pistoleros, asesinos a sueldo, matones y demás ralea del Oeste, un mundo siempre muy cercano al del cowboy, hasta el punto de que muchas veces, seguramente con algo de exageración, se hicieron sinónimos. Lo cierto es que muchos cowboys participaron, faltos de otra salida, en aquella vorágine. No buscaban tanto riquezas cuanto los ingresos mínimos que les permitieran comprarse el equipo básico (caballo, silla, armas y aparejo).

Ansiosos por trabajar, otros cientos de veteranos de guerra aprovecharon la oportunidad de reunir reses salvajes en los pastos libres, marcarlas como propias y arrearlas centenares de kilómetros hacia el norte, hasta las cabeceras de la línea férrea de Kansas, a través de territorios plagados de indios hostiles y forajidos dispuestos a todo por sobrevivir. El trabajo era agotadoramente duro; la paga, escasa, y la ruta, peligrosa, pero nunca faltaron candidatos.

Por entonces, las llamadas "Cinco Tribus Civilizadas" indias que habían sido reubicadas hacía unos treinta años, por mandato del presidente Andrew Jackson, en el llamado Territorio Indio que separaba Texas de Misuri y Kansas, luchaban por iniciar una nueva vida sedentaria basada en la agricultura. Por ello no vieron con buenos ojos que el paso de miles y miles de reses tejanas arruinara una y otra vez los sembrados y los pastos con que alimentaban a su ganado doméstico.

El ganado había sido llevado a Misuri en la década previa a la Guerra de Secesión, por lo que era más que natural que esa práctica continuase una vez acabado el conflicto, pero el rechazo popular y legal al paso del ganado tejano lo impidió. Además, si los ganaderos querían alcanzar su destino con la manada intacta, debían bregar contra las bandas de ex soldados (los llamados "jayhawkers" o "piernas rojas", en alusión a sus habituales polainas de ese color), a quienes divertía acosar y, llegado el caso, matar a cowboys tejanos. Los ganaderos también se las tenían que ver con granjeros y rancheros, y con las leyes restrictivas, así como con el clima.

Desde el invierno de 1865, tratantes de ganado con la cartera bien provista llegaron a Austin y San Antonio desde Illinois, Iowa y otras regiones de la cuenca alta del Mississippi. En esa primera temporada fueron ellos los que proporcionaron el equipo necesario y los que contrataron a los cowboys, pero en 1866, ya serían los propios rancheros quienes, con los beneficios del año anterior, afrontarían esos gastos y llevarían por sí mismos sus manadas al mercado. Según estimaciones, aquel 1866, 260.000 cabezas de ganado se dirigieron hacia Kansas y Misuri, pero solo cerca de la mitad logró llegar a su destino previsto.

Dadas las circunstancias, durante la primera mitad del siglo XIX, la mayoría de los ranchos tejanos habían criado ganado principalmente para cubrir sus propias necesidades y para vender los excedentes de carne y cueros en el exiguo mercado local, en el que, poco a poco, también fueron encontrando algo de demanda, pero poca, las pieles, los cuernos, las pezu-

El primer gran foco de la industria ganadera en Kansas fue
Abilene, villorio cuyos alrededores estaban bien provistos
de hierba y agua.

ñas y el sebo, procesados y manufacturados de diversos modos. Pero, a escala nacional, antes de 1865, hubo poca demanda, o al menos poco consumo, de carne de vacuno. Al final de la Guerra de Secesión, sin embargo, gracias sobre todo a la expansión de la industria del envasado de carne, la demanda se incrementó exponencialmente. Hacia 1866, el precio alcanzado por la carne en los mercados del Norte hizo por primera vez rentable la actividad ganadera, particularmente en Texas, siempre que los ganaderos lograsen encontrar el modo de conectar las zonas de producción con el lejano mercado de consumo final. Y lo harían. El problema de su comercialización era más una cuestión de encontrar rutas practicables y de lograr la necesaria financiación. Las obvias dificultades prácticas de conducir enormes manadas a centenares de kilómetros de distancia se podrían ir solucionando sobre la marcha. En el Oeste si algo no faltaba era, desde luego, arrojo y temeridad, ni tampoco desesperación y ganas de prosperar.

Tras tomar su nombre de un cercano fuerte militar, Dodge City se dio a conocer como el principal enclave ganadero y la ciudad más peligrosa del Salvaje Oeste.

Fue aquel un tiempo extraño, pero también el más grato, el más satisfactorio y el más vigorizante de toda la historia del Oeste. Las ciudades del norte de Texas, el Territorio Indio y Kansas cobraron su tributo al ganado que por fin se encaminaba desde las praderas tejanas al norte. Abilene, Wichita, Dodge City y otras muchas ciudades de Kansas fueron ganando por turno su apuesta como boyantes, aunque efímeros, mercados ganaderos. Los agentes de los mataderos de Chicago y otras ciudades del Este se agolpaban por entonces en ellas en demanda de más y más manadas. Entre otros, los kiowas y los comanches, aún no perfectamente confinados a sus reservas, también cobraban cuantas veces podían su propio tributo, vía extorsión, caridad o robo. Igualmente lo hacían muchas bandas de ladrones de variada filiación. Todos intentaban obtener su parte del negocio.

El año del gran cambio, en el que se inició el gran *boom* de la industria ganadera tejana, fue 1866. La guerra había acabado, aunque persistían muchas de sus amargas secuelas. Las grandes conducciones de ganado se reanudaron ese año, cuando más de 250.000 bueyes tejanos fueron llevados a Kansas y Misuri. En 1867, Abilene, hasta entonces un vulgar apeadero del ferrocarril Kansas-Pacífico, atraería la parte principal de ese enorme y prometedor negocio y obtendría un fulminante éxito, que marcaría el verdadero arranque del negocio ganadero. Pero vayamos por partes.

Una enorme riqueza a explotar

Desde los primeros años posteriores a la Guerra de Secesión, algunos rancheros tejanos excepcionalmente enérgicos y emprendedores hicieron comprender a la nación y al mundo que en los Estados Unidos había un imperio de praderas a conquistar. Geográficamente, este vasto imperio se extendía a todo lo ancho del continente y desde la frontera sur de Texas en el río Grande hasta la frontera canadiense, e incluso más allá. Dejando aparte Texas, que tenía que soportar la carga de las muy numerosas y vastas concesiones acordadas en tiempos coloniales, en ninguna parte se discutía el derecho de propiedad de la tierra: los Estados Unidos la proclamaron dominio público, lo que desposeía no solo a los indios, sino también a los rancheros que habían ocupado el terreno antes.

Mientras tanto, los rancheros, que al principio habían sido nómadas, se fueron haciendo poco a poco sedentarios y crearon, en esas perdidas y solitarias inmensidades, una nueva sociedad de lazos muy flojos, acomodada al viejo principio "vive y deja vivir". Venidos en pocos años de todas las partes del mundo, pertenecientes a las clases más diversas, no podían esperar conseguir la uniformidad, suponiendo que ésta fuera deseable; de hecho, ni la buscaron. La mayoría eran jóvenes, ávidos de éxitos materiales, pero sin ninguna ambición social ni sueño utópico alguno. Casi siempre solos, sin familia, tenían necesidad de vastos espacios para su ganado. Se establecieron muy alejados unos de otros, adquiriendo, desde el principio, el hábito de no sujetarse a ley escrita alguna. La experiencia debía confirmar que el hombre puede vivir exactamente a su manera desde el momento en que reconoce el mismo derecho a los demás y se abstiene de imponerles sus propias maneras de ver o hacer.

Por regla general, los que se volcaron en el incipiente negocio de los ranchos ganaderos, y supieron gestionarlo bien, obtuvieron unos beneficios extraordinarios. Docenas de hombres que entraron en el negocio con muy pocos medios se convirtieron rápidamente en poderosos hombres de negocios, que recibieron la etiqueta genérica de "barones del ganado". Al principio, su negocio fue visto con evidente menosprecio por la mayor parte de los capitalistas urbanos del Este, pero, al conocerse los beneficios que rendía su actividad y las fortunas que iban amasando, pronto atrajo a banqueros del Este, aristócratas británicos e inversores y especuladores de todas partes, que duplicaron o triplicaron en pocos meses su capital casi sin esfuerzo ni riesgo algunos. La ganadería se convirtió de la noche a la mañana en un gran negocio y, de repente, la cría y el arreo de ganado pasaron a ser algo popular en las reuniones sociales de las ciudades del Este.

En los primeros tiempos, la mayoría de los rancheros eran nómadas en continuo movimiento, que seguían a sus manadas en su búsqueda instintiva de nuevos pastos y nuevos abrevaderos. Al principio vivieron en casas de tierra, muchas veces excavadas en el suelo. Posteriormente construyeron casas de adobe, que se iban ampliando a medida que los negocios prosperaban. Después se comenzaron a construir cabañas de troncos, por lo común toscamente tallados, pero, eso sí, con todas las rendijas lo mejor tapadas posible para protegerse, en el Sur, de las tormentas de arena y, en el Norte, de las ventiscas. A medida que uno se internaba en el Oeste, las precipitaciones iban siendo menos abundantes, y las fuentes y ríos secos más habituales; por eso lo primero siempre era asegurarse el abastecimiento de agua. Allí donde ésta abundaba es, lógicamente, donde se establecieron los primeros ranchos. Casi todos ellos se estructuraban a partir de la casa del patrón, por lo general confortable y hasta suntuosa, y los peones y cowboys repartidos en uno o varios refugios o "campamentos de solteros", por lo común, bien aunque austeramente equipados, y formados generalmente por un edificio de tres o cuatro dependencias, un almacén y algunas otras estancias.

Para entonces, la audacia de este puñado de hombres ya había cambiado todas las ideas admitidas hasta entonces sobre las expediciones ganaderas, la cría de ganado y las condiciones de vida en las inmensas regiones desérticas del Oeste, abriendo unas expectativas a las que nadie en Estados Unidos era capaz de ver límite.

La primera conclusión de estos primeros años de industria ganadera tejana es que no había espacio geográfico que no pudiera ser abierto a la colonización, ni obstáculos insuperables que impidieran franquear las distancias, solo dificultades iniciales que la experiencia podía atenuar y hasta transformar en fácil rutina. Lo que solo ayer parecía imposible, se había vuelto no solo posible, sino hasta trivial. El aspecto más curioso de esta evolución radicaba en que no se debía a un fenómeno aislado, sino a una serie de condiciones económicas, geográficas e industriales de lo más diversas que habían sobrevenido casi simultáneamente y, por tanto, sin vinculación directa entre ellas, siguiendo vías paralelas e, incluso, opuestas, y que encajaron como las ruedas dentadas de un complicado mecanismo.

Al este y al oeste de Texas y Nuevo México, se crearon dominios inmensos sobre los cuales reinaban hombres que representaban un nuevo arquetipo específicamente norteamericano, el de barón del ganado, una variante moderna de señor feudal, cuyas *súbditos* contaban sus hazañas sentados alrededor de los fuegos de campamento, que luego reproducían los diarios y las charlas de salón de los lejanos cenáculos del Este. Amos absolutos, estos barones regían desde el despacho de su inmenso rancho sus haciendas, sus caballos, sus miles de reses, sus capataces y sus cowboys con mano de hierro, imponiendo su voluntad como ley y avasallando a todo aquel que se opusiera a sus deseos.

Estos barones del ganado eran una extraña mezcla de aventureros y hombres de negocios. Su capacidad emprendedora y su intuición económica, la duración de sus éxitos y la importancia de su personalidad justificaban la comparación con los señores feudales más que sus mansiones magníficamente ostentosas y su suntuosa hospitalidad. Pero ellos encarnaban un género de aristocracia típicamente norteamericano, es decir, atípico. Ni el menor ceremonial o distanciamiento en su vida de sociedad: trabajaban en las mismas condiciones que sus cowboys, se preocupaban por las mismas cosas, se comportaban con un mismo código moral y hasta se divertían de la misma manera.

Gracias a su señorío y a su visionario arrojo, así como también a su falta de escrúpulos y su codicia, las sendas ganaderas comenzaron a extenderse y a hacerse más tupidas. Todas ellas recibirían un bautismo de sangre como ninguna otra ruta continental, incluidas las sendas de los emigrantes o de los buscadores de oro. Enseguida, los días de nomadismo y guerra pasaron y siguió una época más tranquila, casi pastoril. Fue una etapa de baronía bastante grosera, pero gloriosa, aunque con una fase inicial, como todo feudalismo, marcada por el bandidaje, la rapiña y el desinterés por la vida ajena.

Los tropeles de este tipo de hombres duros y recios, entremezclados sin orden ni concierto, se fueron multiplicando increíblemente, al mismo ritmo y de manera parecida a como lo hacían sus manadas. Todos olisqueaban la riqueza. La gente común no podía satisfacer su hambre ni siquiera con un diezmo de la carne que manejaban, ni tampoco podían cubrir sus otras necesidades con una centésima parte del cuero que manipulaban a diario. Moviéndose trabajosamente sobre cientos y cientos de millas de herbazales sin dueño, triscando hierba de búfalo en las infinitas llanuras soleadas, chapoteando en las aguas bravías que se escurrían de las montañas y abrevando en las suaves corrientes de las llanuras o en las oscuras lagunas y cenagales de la costa baja del país, las manadas formadas por decenas de reses se convirtieron rápidamente en hordas de centenares, miles y centenares de miles de animales. Una inmensa fortuna animada a disposición de quien supiera y pudiera sacarle partido. El primero que acertaría a hacerlo sería un tratante de ganado de Illinois, Joseph McCoy. Pero antes se produjeron otros pocos intentos exitosos y muchos descalabros.

LAS PRIMERAS GRANDES EXPEDICIONES GANADERAS

Durante los años dominados por las sucesivas fiebres del oro o de la tierra, toda Norteamérica fue presa de un verdadero frenesí: miles y miles de hombres se precipitaron hacia el Oeste, atravesando la línea virtual Missouri-Mississippi a través de un mar de hierba, las primeras estribaciones de las Rocosas, enormes desiertos y las verdaderas y pavorosas montañas Rocosas. Los cowboys se mantuvieron prácticamente al margen de esa auténtica invasión colonizadora, e incluso mostraron repetidamente su desdén por las muchas aventuras y promesas de riquezas que se contaban. Para ellos, todo su horizonte se reducía a lo que podían ver desde sus sillas de montar y todos sus esfuerzos y denuedos se concentraban en las reses salvajes con las que convivían.

Entre 1853 y 1855, llegaron a Kansas City unas 100.000 cabezas de cornilargos tejanos, de los que el *Intelligencer* de Saint Louis escribió: "Los bisontes son infinitamente menos salvajes que los longhorns". En 1855, otro diario anunció en una breve nota que 600 bueyes de Texas habían atravesado el condado de Indiana, en Pennsylvania, camino de la ciudad de Nueva York. De ser cierto, aquello sería una aventura extraordinaria. En 1856 se supo de algunas expediciones a Chicago y, a partir de 1859, hacia Colorado.

Las primeras expediciones partieron de las localidades de Bandera y San Antonio, en el centro de Texas, para dirigirse a Baxter Springs, en la frontera sudeste de Kansas con Missouri, tras pasar por Fort Worth, Denton, Sherman, el río Rojo, el Territorio Indio de las llamadas cinco tribus civilizadas, Boggy Depot y Fort Gibson. Casi todas ellas se hubieron de enfrentar a unos rigores meteorológicos extremos: lluvias torrenciales e inundaciones que anegaban las sendas, transformándolas en auténticos ríos de barro, y que provocaban peligrosas crecidas en los ríos y arroyos del camino; súbitas tormentas de granizo que enloquecían a las reses y provocaban sus temidas estampidas, con la consiguiente pérdida de animales, no solo como consecuencia directa, sino también por el pillaje de los cuatreros, siempre al acecho.

Y cuando no era el robo, era la exigencia de peajes de los indios, que pedían no menos de 25 centavos por res, aunque, incapaces de pagar en efectivo, los cowboys se veían obligados a pagar en ganado. Poco antes de llegar a la frontera de Kansas, les solían salir al paso bandas muy bien armadas, formadas por lo común por antiguos guerrilleros, que trataban de impedirles el paso para que no propagasen la fiebre de

Texas a su ganado, aunque muchas veces ésa era solo la justificación de sus acciones y, en realidad, su actuación no representaba otros intereses que los suyos propios. Si el jefe de la expedición contaba con algo de dinero, solía preferir dárselo a los bandidos y continuar viaje. Si no lo tenía, no era difícil que los cowboys, además de perder a los animales que custodiaban, perdiesen también la vida. Éstos, además de sufrir las mismas incomodidades que los animales y de tener que enfrentarse a ladrones e indios, pasaron a menudo hambre, pues las provisiones quedaban inutilizadas por los rigores del clima. Pero no cabe duda de que los mayores fracasos provenían no solo de esta acumulación de peligros, sino también de la inexperiencia y total desconocimiento del país a recorrer, que, por lo demás, era común a casi todos, pues se trataba de vastas comarcas casi nunca holladas por los blancos.

En 1865 y 1866, al final de la guerra, los rancheros se decidieron a buscar los mercados del Norte a cualquier coste. Mientras algunos intentaban aún enviar pequeñas cantidades de reses por barcos de vapor a Louisiana, y en espera de hallar una solución mejor, reunieron a miles de animales en la parte norte de Texas, preparados para ser conducidos, por la Vieja Senda Shawnee, hacia los nudos ferroviarios de Missouri, especialmente Sedalia, o del sudoeste de Kansas, especialmente Baxter Springs, con destino final en Chicago y otros grandes mataderos del Este. Pero, como sabemos, su paso por ambos estados no era siempre fácil ni bien recibido. Las manadas, además de portar las peligrosas garrapatas, destrozaban los caminos, rompían las cercas de las nuevas granjas y pisoteaban las tan necesitadas y costosas cosechas de los colonos. Cada vez más agricultores airados obligaban a los tejanos a darse la vuelta con sus animales, les amenazaban con azotarles, les azotaban e, incluso, colgaron a alguno. Esta oposición haría pronto necesa rio buscar sendas algo más occidentales, por terrenos libres, otrora ocupados por los rebaños de búfalos, ricos en pastos y sin labradores airados dispuestos a darle al gatillo. El gran objetivo final era conseguir que los animales despachados en Texas gordos y bien alimentados no llegaran a los mercados del Este enflaquecidos por falta de pastos en su largo recorrido.

Por consiguiente, los envíos de 1866 fracasaron en su intento de alcanzar el ferrocarril de Misuri, y las manadas de reses se tuvieron que malvender por el camino a precios de saldo. Pero el año 1866 no solo constituyó un desastre general para el recientemente activado negocio ganadero, sino que también dejó algunos éxitos fantásticos, que contribuirían a atraer la atención de los especuladores. Uno de esos grandes éxitos fue el protagonizado por Nelson Story.

La fabulosa historia de Nelson Story

Nelson Story (1838-1924), un veterano transportista que trabajaba entre Denver y Fort Leavenworth, descubrió en 1862 el yacimiento de metales preciosos de Grasshopper Creek, en el sudoeste de Montana, que enseguida hizo surgir, entre otras, las boyantes localidades de Bannack, Alder Gulch y Virginia City. En 1864, esta vez como capitán de los vigilantes de Alder Gulch, volvería a ganar protagonismo al lograr acabar para siempre con la banda del forajido y *sheriff* a tiempo parcial Henry Plummer, al colgar a 24 de sus compinches y al propio líder.

Story se había casado en Kansas con Ellen Trent, una muchacha de apenas diecinueve años, que enseguida colaboró con la economía familiar cociendo pasteles y pan para los mineros, mientras su marido atendía una pequeña tienda y, a la vez, hacía prospecciones en una concesión minera próxima a Summit, de la que en 1866 obtendría unos 40.000 dólares en oro. En Alder Gulch, la fama de Story se acrecentó por primera pero no última vez con motivo del ahorcamiento de un famoso delincuente, Georges Ives, un salteador de caminos acusado de asesinato y condenado a muerte en un juicio informal. Una multitud de varios miles de espectadores se reunieron en un umbrío páramo. Al reo se le colocó sobre una caja de embalaje y se le puso una soga alrededor del cuello. Sin embargo, en el último instante apareció un grupo de amigos suyos bien armados y dispuestos a salvarle. Y lo hubieran conseguido si no hubiera intervenido Story, quien, rápido de reflejos, consumó el ahorcamiento empujando (o, según otros, dando una patada) la caja que sostenía precariamente a Ives, quien murió como estaba previsto antes de que sus amigos pudieran salirse con la suya.

Sin embargo, pese a su notoriedad, Story se hartó de esa vida, vendió su oro y sus concesiones, y, atraído por el negocio de la ganadería, ensilló su caballo y partió al trote hacia Fort Worth, acompañado por dos jóvenes: Bill Petty y Thomas Allen. En esa ciudad tejana compró 1.000 cornilargos, contrató al equipo de *cowboys* necesario y se encaminó con su nueva manada hacia la ciudad de Baxter Springs, Kansas, fronteriza con Misuri y, por tanto, al límite externo justo donde acababan, por entonces, las restricciones y cuarentenas a las reses tejanas. Mientras tanto, su esposa, Ellen, le esperaba en la ciudad de Bozeman, Montana, destino final, si nada se lo impedía, de su esposo y su manada, y lugar donde Store pensaba radicar su nueva vida.

Pese a todos los malos augurios y a los más que evidentes peligros inherentes a tal expedición ganadera, Story logró llegar a su primer destino indemne y con todo su rebaño intacto, sin ser atacado ni molestado por los llamados *jayhawkers,* los bandidos de Kansas, cosa ciertamente rara en aquel momento. Ya que todo le había ido bien, decidió continuar inmediatamente camino hasta Montana, donde había una gran demanda de reses. Para ello, cambió de dirección para dirigirse hacia el Oeste, rodeó los asentamientos de colonos de Kansas, cruzó el río Smoky Hill, siguió el curso del Kaw, dejó atrás Topeka y llegó a Fort Leavenworth, donde tomó la Senda de Oregón. Los militares, al enterarse de sus intenciones de ir a Fort Laramie, intentaron detenerle pues toda la región estaba infestada de siux en pie de guerra y veían imposible que nadie pasase indemne por allí, y mucho menos acompañado de 1.000 reses.

Era noviembre de 1866. En los últimos seis meses, los siux habían asesinado a no menos de 150 blancos y, al mes siguiente, todo un destacamento militar al mando del capitán William J. Fetterman sería masacrado por ellos, lo que demostraba lo cargados de razones que estaban los oficiales de Fort Leavenworth para tratar de disuadir a Story de que intentara su aventura. Pero este no se avino a razones y, hombre testarudo y tenaz, partió a la ventura. Camino de Fort Reno, una pequeña partida de indios les atacaron, pero solo fue una pequeña escaramuza que acabó con dos *cowboys* heridos y algunos animales robados. Sin embargo, Story no se contentó con ese resultado tan benigno. Persiguió a los indios, localizó su campamento, lo atacó, recuperó sus bueyes y seguidamente llevó a sus heridos a Fort Reno, donde los dejó al cuidado de los médicos militares. En este puesto militar, los consejos se trocaron en órdenes y el comandante Carrington prohibió a Story continuar. Inútil.

Simulando obedecer, Story acampó a cinco kilómetros del fuerte. Tras rechazar un ataque de los siux, sometió a votación entre su equipo qué debían hacer. Solo hubo un voto en contra de la tesis que el mismo Story defendía de continuar adelante. Tras arrestar al discrepante para que no pudiera informar a las autoridades,

Story ordenó levantar el campamento y esa misma noche partió al frente de sus hombres y su manada. Al día siguiente, liberó al discrepante para que pudiera regresar, si ése era su deseo, a Fort Reno; sin embargo, el cowboy había cambiado de opinión y se quedó con el resto de sus compañeros. Todos juntos, con Story al frente, continuaron su camino, avanzando de noche y dejando que la manada, bien resguardada, paciera durante el día.

Después de cruzar el río Yellowstone por la garganta Sweet Water, Story remontó su curso en busca de un lugar donde invernar, pues los puertos de montaña y los desfiladeros estaban ya bloqueados por la nieve. Franqueó en solitario el paso Bridger para alcanzar Bozeman, luego prosiguió hasta la región de Alder Gulch, donde Virginia City, en plena efervescencia minera, contaba ya con 10.000 habitantes. Allí, donde los mineros daban hasta 100 dólares en oro por un buey, por *cualquier* buey, Story encontró el segundo filón de su vida. Negociantes y carniceros sabían muy bien que casi toda la caza de las inmediaciones había sido exterminada, que todos los bueyes, *mustangs* y bisontes extraviados en las montañas habían sido capturados. También sabían que la sublevación de los siux condenaba al fracaso todos los planes trazados para aprovisionarles. Los alimentos alcanzaron precios astronómicos y Story no tuvo ninguna dificultad para vender por adelantado a 100 dólares por cabeza unos animales que se aproximaban a la región pero de los que nadie había visto todavía ni un solo cuerno.

Para cuando el 9 de diciembre de 1866 los animales vendidos llegaron por fin a la ciudad cubierta por la nieve, Story se había hecho rico. Con su nueva fortuna, Story, que previsoramente se reservó algunos sementales y algunas vacas, demostraría, en el curso de los dos años siguientes, que se podían criar bueyes en la región. Con el tiempo, convertido ya en uno de los principales barones ganaderos del Noroeste, proporcionó a los recién llegados que le siguieron las reses necesarias para crear sus ranchos, y sus bistecs humearon en las mesas de los ricos de Helena o de los empresarios de Fort Benton, así como en las de las numerosas aglomeraciones de buscadores de oro. Aquellos cornilargos tejanos llevados por Story serían el núcleo del posterior auge de la ganadería vacuna en Montana.

Los éxitos de Story con el ganado y con el resto de sus aventuras empresariales le permitieron convertirse en uno de los hombres más ricos de aquella parte del país, cosa que demostró, por ejemplo, construyéndose en los años ochenta una suntuosa mansión de 17 habitaciones en el mismo Bozeman, donde Story presidió durante muchos años el Gallatin Valley National Bank. En 1894, toda la familia se trasladó a Los Ángeles, donde Story realizó fuertes inversiones en bienes raíces.

Por su parte, el carácter excepcional en todos los sentidos, aunque no único, de aquella expedición pionera de Story quedó de manifiesto en el hecho de que nadie osó tomar su misma ruta en el transcurso de los cuatro años siguientes. Pero, como decimos, no fue Nelson Story el único que intentó expediciones ganaderas que, hasta entonces, hubieran parecido imposibles.

GOODNIGHT Y LOVING, DOS GRANDES PIONEROS

Otra notoria expedición, la de Goodnight y Loving a través de los Llanos Estacados tejanos en dirección a Nuevo México, emprendida en aquel mismo año de 1866, es también célebre, en su caso, sobre todo, por la personalidad de sus jefes.

Hubo muchos grandes ganaderos que se ajustaron al arquetipo de ranchero tejano, rústico y autoritario, siempre tocado con sombrero Stetson, revólver colt con cachas de nácar a la cintura y, en época invernal, pelliza de piel vuelta. Pero, sin duda, una de las perso-

Hubo muchos ganaderos que se ajustaron al arquetipo de ranchero tejano, rústico y autoritario, siempre tocado con sombrero Stetson, revólver colt con cachas de nácar a la cintura y, en invierno, pelliza de piel vuelta. Uno de los que más se ajustó a esta descripción fue Charles Goodnight.

Oliver Loving, junto a Charles Goodnight, abrió una nueva ruta destinada a acortar el viaje de las reses desde Texas a Nuevo México.

nas que más y mejor se ajustó a ese arquetipo fue Charles Goodnight (1836-1929), un antiguo guía de sangre india que, asociado con el ex granjero Oliver Loving (1812-1867), abrió una nueva ruta destinada a acortar el viaje de las reses desde Texas a Nuevo México.

Goodnight había nacido en el condado de Mocoupin, Illinois, aunque a los diez años, en 1846, se mudó con toda la familia a Waco, Texas. Tras la muerte de sus padres, se trasladó de nuevo a otro condado tejano, en este caso Milam. Al entrar en la veintena, trabajó como cowboy y sirvió en la milicia local en numerosas escaramuzas contra los comanches. En 1857, se unió a los rangers de Texas, con los que participó en las guerras indias, como guía y explorador, labor en la que continuó al comienzo de la Guerra de Secesión. Tras ella, en 1866, Goodnight se asoció con Oliver Loving para arrear ganado desde Fort Belknap, Texas, a Fort Sumner, Nuevo México, y luego más al norte, hasta Colorado y Wyoming, a lo largo de una peligrosa ruta que pronto sería conocida con sus apellidos: Senda Goodnight-Loving.

Por su parte, Oliver Loving había nacido en el condado de Hopkins, Kentucky, en 1812. Tras crecer y hacerse granjero en el cercano condado de Muhlenburg, se casó con Susan Doggett Morgan en 1833 y, diez años después, se trasladó con sus hermanos a Texas, en ese momento república independiente. Allí, adquirió unas 240 hectáreas de tierra en los condados colindantes de Collin, Dallas y Parker, además de trabajar como granjero y transportista. En 1855, se mudó con su mujer y sus siete hijos a lo que es ahora el condado de Palo Pinto, donde su familia regentó una tienda cerca de Keechi Creek, mientras él ponía en marcha su carrera como ganadero.

Hacia 1857, poseía ya más de 400 hectáreas de tierra y una gran manada de reses, y por entonces comenzó a acarrear su ganado hacia los mercados del Norte, a menudo atravesando territorios muy peligrosos, pero también obteniendo grandes beneficios, dada la fuerte demanda de carne. Durante la Guerra de Secesión, Loving recibió el encargo oficial de proveer de carne a las fuerzas confederadas, lo que era, de entrada, un negocio muy rentable. Sin embargo, cuando la guerra acabó, el gobierno confederado le debía más de 100.000 dólares que, dado que el dinero sudista dejó de tener valor, nunca le serían pagados. Decidido a rehacer su negocio, se asoció con Goodnight.

Este era el pionero por excelencia. De un valor y una energía sin par, su audacia y su olfato dejaban a todo el mundo estupefacto. Continuamente a la búsqueda de nuevas posibilidades, sabía encontrarlas, a menudo obligado por anteriores fracasos que no hacían más que fortalecer su tenacidad y su gusto por la aventura, que apenas conocían límites. Durante la etapa en que efectuó transportes entre Fort Worth y el condado de Palo Pinto, antes de la Guerra de Secesión, sufrió la congelación de un pie, lo que le hizo arrastrar toda su vida una cojera. Durante la guerra, combatió en las filas de los rangers de Texas contra los indios, los mexicanos y los bandidos. Una vez firmada la paz, creó un rancho junto con J. W. Steek en Palo Pinto y reunió, bajo la continua amenaza de los ataques indios, una manada de 7.000 cabezas, de las cuales perdió enseguida 2.000.

Por una feliz casualidad, conoció a Oliver Loving, que tenía fama de ser el jefe de expedición más hábil del Oeste y que había abierto en 1858 la llamada Senda de Sedalia, que discurría por Misuri hacia Illinois. En 1860, pese a los consejos de Loving, que entonces tenía cincuenta años, Goodnight, de treinta, condujo una manada de 1.000 longhorns a Arkansas. Enseguida, el entusiasmo de Goodnight convenció a Loving, del que se hizo socio. Entre ambos, reunieron una manada de 2.000 longhorns y acordaron que la partida de la expedición hacia el norte sería en junio de 1866.

Loving era otro de los muchos primeros ganaderos que se habían dado cuenta de que si quería obtener frutos a su esfuerzo tenía que encaminarse al Norte en busca de un mercado para su ganado. Sabía que en Nuevo México había un buen y relativamente cercano mercado en Bosque Redondo, donde los 7.000 navajos y apaches de la reserva, así como los soldados de la guarnición, tenían gran necesidad de carne. En igual situación estaban los campos mineros del norte de Nuevo México y Colorado y el asentamiento mormón de Utah, lo que daba muy buenas expectativas al negocio que decidieron emprender los nuevos socios.

Pero el problema de acceder a esos mercados parecía casi insoluble: todas esas regiones eran prácticamente desconocidas y no existían rutas establecidas. Lo único bien sabido es que estaban infestadas de indios hostiles. Respecto a los posibles suministros de agua e hierba en el camino, nadie sabía nada. Había dos rutas posibles, una que iba del curso alto del río Brazos a la ciudad de Santa Fe, pasando por el territorio de los comanches lo que, a las alturas de 1866, equivalía a dar por seguro que éstos se apoderarían no solo de la manada y de los caballos, sino también de la vida de los que los arreasen. El otro itinerario posible, la antigua pista de diligencias abierta en 1846 por el general Pope a través de los Llanos Estacados presentaba otra dificultad no menor y que también parecía insuperable: la ausencia total de agua en el viaje.

Tras pensárselo mucho, ambos socios decidieron seguir esta última ruta, que conducía hacia el oeste desde la cabecera del río Concho, para buscar luego el río Pecos, del que se sabía que nacía en un lugar indeterminado del norte; una vez en él, tal vez fuera posible, pensó Loving, hallar una ruta asequible. Pero, de momento, el problema era llegar hasta el Pecos atravesando los 145 kilómetros de meseta desértica conocidos como los Llanos Estacados. Esta ruta había sido intentada por los primeros exploradores españoles, quienes, al no encontrar hitos orográficos o de cualquier otro tipo, fueron clavando estacas que les guiaran en el camino de vuelta (de ahí el nombre de la región). Una meseta elevada como ésta, de una anchura media norte-sur de unos 145 kilómetros, presentaba, se la afrontara desde donde fuera, una línea sin fin de escarpados riscos de alturas variables que, con sus contrafuertes y ángulos, parecían a distancia las murallas de una enorme ciudad fortificada. Impresión que se acentuaba al conocer que escondían riquezas que hubieran justificado cualquier muralla protectora.

Pese a la falta de cualquier fuente de agua conocida desde el río Devil, en el sur, hasta el cañón Yellow House, en el norte, esta gran meseta es la fuente de todo el sistema fluvial del centro y el sur de Texas. Absorbiendo con ansia hasta la última gota de humedad que cae sobre ella, desde su más profundo seno vierte una vitalizadora corriente que ha fertilizado y enriquecido durante siglos todo un imperio, una corriente de agua sin la cual Texas sería solo un inmenso desierto. Pese a regar pródigamente el sur y el este, sin embargo, la meseta es mísera en las demás vertientes y solo dos pequeñas cascadas, Grierson y Mescalero, brotan por su fachada occidental.

Una manada recorre normalmente entre 19 y 27 kilómetros al día, e incluso menos de eso a comienzos de primavera, cuando suelen ponerse en marcha. Por eso parecía un intento condenado al fracaso de antemano entrar sin agua en esa reseca región de 145 kilómetros que van desde la cabecera del río Concho al paso del Pecos por el vado de Cabeza de Caballo, camino en el que era de esperar que perecieran de sed al menos dos tercios de los animales.

No obstante, Loving y Goodnight fueron los primeros que lo intentaron y, contra todo pronóstico, tuvieron éxito. En junio de 1866 atravesaron la llanura, se abrieron camino hasta el Pecos, encontraron un buen mercado y volvieron a casa en otoño, llevando consigo un buen montón de oro, así como muchas historias referentes a los ávidos mercados del Norte que podrían significar grandes fortunas para los ganaderos tejanos. Aquello significó para muchos el comienzo de la época dorada de la ganadería tejana, la de las grandes conducciones de manadas, que se extendería durante los siguientes veinte años, en que se verterían no menos de seis millones de reses a las llanuras y montañas del Nordeste. Su marcha espectacular a través de los Llanos Estacados, tan temidos que, unos pocos años antes, habían sido calificados de "desierto hostil al hombre", pareció confirmar esa impresión, aunque, a la larga, daría lugar a las primeras tentativas exitosas de hacer de esta región una tierra de pastos. De todo ello fueron pioneros Oliver Loving y Charles Goodnight gracias a su temeraria odisea.

En junio, Goodnight y Loving salieron con unas 2.000 cabezas de ganado y 18 jinetes armados. Ni una gota de agua, en efecto, a lo largo de los 145 kilómetros entre el río Concho y el vado de la Cabeza de Caballo, en el Pecos, que, por otra parte, estaba por entonces seco. El país era tan desértico que hasta los mismos comanches lo evitaban. Los ancianos con mucha experiencia, a los que Goodnight y Loving hablaron de su proyecto, les aseguraron que iban a un suicidio seguro. Y, sin embargo, ellos estuvieron dispuestos a correr el riesgo.

Dejaron atrás la frontera tejana el 6 de junio y las dificultades no tardaron en aparecer. Las vacas se entendían mal con los toros más viejos, lo que las ponía nerviosas e inmanejables. Vinieron luego los 145 kilómetros de sed. Los jinetes debían llevar continuamente pañuelos anudados sobre el rostro para luchar contra el polvo. Tras dos días de travesía de las montañas Castle, el ganado estaba tan sediento que no podía descansar de noche. De buen o mal grado, tuvieron que proseguir su camino sin el menor reposo.

Loving aseguraba la retaguardia, y no dejaba de ir y venir por los flancos; en cabeza iba un toro que llevaba un gran cencerro al cuello; cuando no se le oía al final de la manada, las primeras filas se detenían hasta que los rezagados se unían a los demás. Llegada la tercera tarde, animales y personas estaban medio locos de sed. Cuando, algunas veces, aparecían charcas de agua cargada de sosa, los cowboys se veían obligados a gritar, a pesar de tener los labios hinchados, haciendo esfuerzos sobrehumanos para apartar a los animales sobreexcitados. A pesar de ello, no podían evitar perder algunos en aquellas fuentes de agua no potable. Como dijo años después uno de los cowboys participantes en aquel viaje: "La sed era intolerable. Teníamos grandes tapones de arena en la nariz y los oídos. Nuestras lenguas y gargantas estaban hinchadas. Con el calor, la irritación y la sequedad, la lengua se nos pegaba al paladar. Abríamos la carótida de los caballos para beber sangre. Caíamos sobre todos los bueyes que se morían para beber la sangre espesa y caliente. El polvo fino de la arena nos escocía la piel de la planta de los pies, los muslos hasta las nalgas y los sobacos. La sed y el sufrimiento eran horribles. Los ojos, inflamados, estaban enrojecidos. El calor abrasaba y, bajo las ropas, la piel estaba cubierta de innumerables ampollas. Durante tres días tuvimos que conducir a pie los caballos, que tropezaban a cada paso. Los bueyes ya no tenían ni fuerzas para mugir. Era muy penoso verlos hipar y arrastrarse". Cuando la manada alcanzó, por fin, el río Pecos, en Castle Cap, se produjo una lucha frenética para impedir que los animales se precipitaran hacia el río. A duras penas, los hombres pudieron evitar la desbandada general; no perdieron más que 300 cabezas de ganado, de las más débiles, lo que fue considerado un gran éxito.

En comparación, el resto del trayecto pareció fácil. El ganado fue bien acogido en Fort Sumner, situado a orillas del Pecos, a unos 160 kilómetros por encima del vado Cabeza de Caballo, y por entonces un gran puesto militar y sede de la agencia para los indios navajo o, al menos, para los pocos que no estaban en pie de guerra. Allí los socios obtuvieron el precio entonces inusitado de ocho centavos la libra en vivo, obteniendo unos ingresos totales de 12.000 dólares en oro. La noticia de su éxito se propagó rápidamente y numerosas manadas emprendieron la misma ruta, lo que provocó que los precios de la carne bajaran rápidamente en Nuevo México. A su regreso, Goodnight llevó una segunda manada y no perdió más que cinco animales, mientras que Loving franqueaba el paso Ratón, camino de Denver, Colorado, con un pequeño número de sementales. Los éxitos de la pareja continuaron hasta 1871, en que sucedería la desgracia.

El último viaje de Oliver Loving

En 1871, los comanches desenterraron el hacha de guerra en la región que atravesaba la Senda Goodnight-Loving. Una manada perteneciente a Ike Cox y John Gamel fue aniquilada por completo. Más afortunados, el capitán Jack Cureton y Jim Burleson lograron pasar, aunque con muchas pérdidas.

En esas circunstancias, Oliver y Goodnight iniciaron un nuevo viaje hacia Fort Sumner, con dos manadas, cada una formada por unas 2.000 reses y cada una dirigida por uno de ellos. Cada equipo estaba formado por ocho selectos cowboys, bien rodados en la ruda escuela de las Llanuras, un *horse wrangler* al cuidado de los cuatro caballos de refresco de cada cowboy y un cocinero, que conducía un equipo de seis pequeñas mulas españolas uncidas a una enorme carreta, con las provisiones, las herramientas y otra serie de útiles necesarios para el viaje. Ambos socios habían rechazado muchas incursiones de los comanches contra los asentamientos de los colonos de la región; ambos habían participado en muchas sangrientas incursiones de represalia, y ambos habían defendido con éxito su vida más de una vez ante el súbito ataque de un bisonte macho. Por todo ello, ambos afrontaron el reto con la sensación del que sabe que puede salir adelante de cualquier desastre.

Tras comenzar el rodeo de las reses desperdigadas por los prados a comienzos de marzo, tan pronto como la hierba había comenzado a brotar, seleccionaron y separaron el ganado de mejor edad y condición y, a finales de mes, alcanzaron la cabecera del río Concho. Les esperaban los peligros de los Llanos Estacados, pero lo preocupante ahora era la amenaza de viajar por los dominios de los comanches y el peligro constante de una emboscada o un ataque en campo abierto. Por todas partes se cruzaban con señales indias, huellas y restos de sus acampadas; pero todas ellas parecían tener al menos dos semanas, lo que les abría un margen de esperanza de que las partidas de comanches en pie de guerra ya se hubieran ido de aquellos parajes. Tras viajar durante cuatro días Pecos arriba sin ver ninguna señal india *fresca,* sacaron la conclusión de que los indios estaban efectivamente lejos. En consecuencia, pensaron que sería seguro que Loving se adelantase a Fort Sumner para hacer los oportunos arreglos para la recepción y el acomodo de su expedición. Se decidió que viajase solo de noche y que permaneciese agazapado de día.

Por toda compañía, Loving eligió a uno de los cowboys más experimentados, el manco Bill Wilson. Cuando cayó la oscuridad, Loving se montó en su mula preferida y Bill en su mejor caballo; ambos, bien armados con un rifle Henry y dos revólveres, se despidieron de los demás y se marcharon al trote senda adelante. Cabalgando con rapidez toda la noche, se escondieron antes del amanecer en unas colinas justo por debajo del vado Pope, comieron algo y se dispusieron a dormir hasta que llegara de nuevo la noche.

Tan pronto como anocheció, se dejaron caer por un barranco al río, dieron de beber a sus monturas y reanudaron el camino hacia el norte. Esa noche también fue tranquila, excepto que, sin darse cuenta, se metieron casi en medio de una gran manada de búfalos que, al oírlos, huyó en desbandada. El amanecer les sorprendió cabalgando por una comarca llana situada a unos 25 kilómetros por debajo de la actual ciudad de Carlsbad, sin cobertura de ningún tipo que les sirviera como escondite para pasar el día. Decidieron adentrarse en las colinas de la embocadura del cañón Dark. Ahí estuvo su error. Si hubieran cabalgado dos o tres kilómetros hacia el oeste de la senda y hubieran desmontado antes de que amaneciera del todo, podrían haber pasado inadvertidos. Era una locura que dos hombres solos atravesaran aquellos parajes a plena luz del día. Pero, ansiosos por alcanzar un lugar resguardado donde poder arriesgarse a dormir durante el día, continuaron camino senda arriba. Y pagaron con creces su imprudencia.

Otros jinetes se habían puesto en marcha aquella mañana, unos jinetes con ojos tan finos como halcones, ojos de cazador implacable que no descansan ni un solo momento. Una partida de guerreros comanches estaba en marcha desde bien temprano y, como era costumbre entre ellos, cabalgaban ocultos por el estrecho valle que circunda las colinas que flanquean el río. Pero mientras ellos se ocultaban, sus exploradores iban por delante, arrastrándose sigilosamente justo por debajo del borde de la llanura, escrutando todo el horizonte, buscando posibles presas. Y las encontraron.

Loving y Wilson estaban a la vista. Puede que fueran solo dos motitas de polvo en la lejanía, pero los expertos ojos de los comanches supieron descubrir que eran dos hombres, dos hombres blancos, solos. Tras esperar a que se les uniera toda la partida, los indios decidieron que el ataque se llevaría a cabo tres o cuatro kilómetros más arriba del río, donde el camino zigzaguea durante unos centenares de metros con la corriente.

Mientras tanto, a lomos de sus monturas, jadeantes tras haber cabalgado toda la noche, Loving y Wilson continuaban su marcha sin sospechar nada. Llegaron a la curva en que les esperaban los indios y, al instante, oyeron las pezuñas de unos caballos que se les acercaban al galope por el este. Miraron en esa dirección y lo que vieron les hizo temblar. Al galope tendido se abalanzaban sobre ellos unos 40 o 50 guerreros comanches, gritando como posesos para envalentonarse y para amedrentar a sus próximas víctimas. Antes de que los cowboys pudieran siquiera intentar ponerse a cubierto, una bala hirió en el muslo a Loving y mató a su mula, que providencialmente cayó en el revolcadero de un búfalo. Aquel hoyo salvaría, de momento, la vida a Loving. Al instante, Wilson desmontó, dio la brida de su caballo a Loving, inmovilizado bajo su montura, y comenzó a disparar con su rifle. Tras matar a dos indios y derribar algún caballo, la reacción de Wilson detuvo, de momento, la carga y le dio oportunidad para rescatar a Loving de debajo de su mula muerta, aplicarle mediante su pañuelo de cuello un torniquete en la pierna herida para detener la hemorragia y parapetarle tras el cadáver del animal. Seguidamente, Wilson llevó su caballo al otro borde del revolcadero, le cortó la garganta con el cuchillo y se parapetó tras su cuerpo, dispuesto a dar batalla mientras le quedara algo de vida. Los indios, enseguida, le dieron la oportunidad de hacerlo.

Los comanches, en efecto, volvieron a la carga, protegiéndose ahora como solo su tribu de expertos jinetes era capaz, cabalgando tumbados sobre un flanco del caballo, ocultándose tras ellos y disparándoles flechas por debajo del cuellos del animal, mientras giraban uno tras otro alrededor del hoyo en que trataban de ocultarse los cowboys, que decidieron no malgastar sus balas hasta que sus enemigos estuvieran muy cerca. Con sus primeros disparos abatieron hasta seis ponis e hirieron a tres indios. Los comanches, de momento, se retiraron de nuevo. Otras dos veces durante el día, intentaron la misma táctica con los mismos resultados. Más tarde, intentaron los disparos de larga distancia, a los que los acosados ni siquiera respondieron. Al final, bien entrada la tarde, ya desesperados por concluir la batalla, se decidieron a atacar de frente con la esperanza de llegar hasta su escondite y acabar con ellos en el cuerpo a cuerpo. Pero tampoco lo lograron esta vez.

Llegó la noche. Loving y Wilson se comieron las pocas galletas y el beicon seco que llevaban consigo. Así aplacaron su hambre, pero ambos sabían que lo más preocupante era la sed. Tenían que conseguir agua como fuera. Conocían la costumbre de los comanches de rehuir los ataques nocturnos, así que decidieron intentar alcanzar el río poco después de la medianoche. Aunque estaba escasamente a un kilómetro, eso significaba un horrible viaje para el herido Loving. Obligados a reptar en silencio para no alarmar a sus enemigos, el manco Wilson no le podía prestar mucha ayuda. Sin embargo, moviéndose muy despacio, arrastrando su malherida pierna sin emitir ni un solo quejido, Loving logró seguir a su compañero y ambos alcanzaron el río y pudieron beber. Inmediatamente se parapetaron en el banco de arena de una de las orillas, bien a cubierto y en una muy buena posición defensiva.

Por la mañana, en el primer ataque de los indios, murieron dos más de ellos. Visto lo inexpugnable de la nueva posición de los cowboys, los comanches decidieron esperar y matarlos de hambre. Loving y Wilson comprendieron que eso mismo sería lo que sucedería si no hacían algo. Decidieron que lo único posible era que Wilson escapase y fuese a buscar la ayuda de Goodnight, antes de que fuera tarde. Era una posibilidad muy dudosa, pero la única factible. Goodnight y el resto de compañeros, en el mejor de los casos, estarían a unos 100 kilómetros de distancia.

En cuanto anocheció, Wilson se quedó en ropa interior, se colgó las botas al cuello, se deslizó por el río y flotó corriente abajo unos 500 metros, con la mala suerte de perder sus botas, lo cual hacía que su desesperado intento duplicara, al menos, su dificultad. Viajó toda la noche descalzo, descansó algunas horas y reanudó la marcha al atardecer, ya sin parar toda la segunda noche. A la mañana siguiente, muerto de hambre y agotado, con los pies destrozados y sangrantes, totalmente incapaz de continuar su marcha, se quedó dormido sobre una roca a unos 500 metros al margen de la senda.

Mientras tanto, las dos manadas que él ansiosamente buscaba estaban acampadas a kilómetro y medio de distancia. Al amanecer se pusieron de nuevo en marcha y sobrepasaron la posición de Wilson, sin llegar a verlo. Sin embargo, sí sucedió algo extraño. Al cowboy que cuidaba de los caballos de repuesto se le habían escapado tres o cuatro durante la noche y el hermano de Wilson se rezagó de la expedición para encontrarlos. Lo hizo y cuando regresaba hacia las manadas, topó con un hombre postrado, semidesnudo, ensangrentado y aparentemente muerto. Tras desmontar, giró el cuerpo y vio con sorpresa que era su hermano. Con gran dificultad, Bill Wilson recuperó la conciencia y ambos hermanos pudieron enlazar con las manadas e informar.

Goodnight decidió al instante que seis hombres ensillaran sus caballos más veloces y, junto con él, trataran de ayudar a su socio, si es que este aún estaba vivo. Y desde luego que lo estaba. Sacando fuerzas de flaqueza, había rechazado varios ataques frontales de los cada vez más impacientes indios. Después, todo pareció indicar que los comanches habían abandonado su caza y se habían ido. Pasó así un día entero en espera de acontecimientos. Cuando llegó la noche, Loving comenzó a alarmarse cada vez más respecto a lo desesperado de su situación. Pensó que Wilson debía haber muerto y que, por tanto, ya no podía esperar ayuda. Totalmente desesperado, comenzó a reptar en dirección a la senda, con la irracional esperanza de que sus compañeros o cualquier otro le encontraran. Su deseo de vivir le empujó más allá de lo que un ser humano, en teoría, debería haber aguantado y así, al atardecer siguiente, Loving alcanzó la senda y, en una curva del camino, junto a un arbusto, se desvaneció.

Horas después, una partida de arrieros mexicanos acampó en las cercanías. Uno de ellos, buscando leña, pasó junto a Loving, confundió su pierna con una rama y le dio un tirón, antes de darse cuenta de que era un hombre moribundo. Tras llamar a sus compañeros, descubrieron que, en contra de lo que parecía, aquel hombre estaba aún vivo, aunque no lograron que recuperase el conocimiento ni siquiera dándole mezcal. A la mañana siguiente, Loving volvió finalmente en sí, fue capaz de comer algo y, a duras penas, contó su historia. Los mexicanos le limpiaron las heridas tan bien como pudieron y le prometieron no ponerse en camino hasta que apareciesen sus amigos.

Antes de mediodía, Goodnight y sus seis hombres llegaron al galope. Habían llegado al escondite de Loving en el río por la mañana, guiados por las huellas de los indios; no le encontraron, pero hallaron su rastro y lo siguieron. Goodnight contrató a algunos de los mexicanos para que llevaran en una de sus carretas a Loving a Fort Sumner, a más de 320 kilómetros de distancia. A pesar de que era muy arriesgado para la salud de Loving, era lo mejor que podían hacer. Tras nueve días de marchas forzadas, viajando principalmente por la noche, los mexicanos llegaron al puesto militar.

Mientras tanto, Goodnight había vuelto a ponerse al mando de las manadas y, después de una semana de viaje, alcanzaron sin más contratiempos el río Peñasco. Tras dejar allí a los dos hermanos Wilson al cuidado de las reses, galopó a marchas forzadas a Fort Sumner, donde llegó solo un día después de que lo hubiera hecho Loving, al que encontró en estado crítico. La gangrena había atacado su herida. Solo la amputación de la pierna herida parecía poder salvarle la vida, pero el cirujano del puesto militar estaba fuera del fuerte, con una patrulla, y solo el ayudante de enfermería podía realizar la operación necesaria. Pero encargarle a ese hombre inexperto la amputación era casi tanto como condenar a muerte a Loving.

Goodnight decidió enviar a un jinete a Las Vegas, Nuevo México, el punto más cercano donde había un cirujano. La distancia entre Fort Sumner y Las Vegas es de más de 200 kilómetros, todos ellos infestados de indios navajos hostiles. A pesar de que ofreció mucho dinero, nadie en el fuerte se presentó voluntario para esa labor. Elevó su oferta a 1.000 dólares, pero tampoco se presentó nadie. Ir él mismo era imposible; su contrato tenía que ser cumplido.

En esa tesitura, apareció por fin un héroe: Scot Moore, el contratista de madera y heno del fuerte. Al conocer la situación, rápidamente se ofreció a Goodnight. Al caer la noche, Scot, armado solo con dos pistolas, partió al galope en dirección a Las Vegas. Prácticamente sin descanso, recorrió a la mayor velocidad posible la distancia y, media hora antes del anochecer, llegó a Las Vegas y fue inmediatamente en busca del doctor. Aunque le costó, Scot logró convencerlo de que le acompañara en tan peligroso viaje de vuelta a Fort Sumner. Al amanecer, ambos partieron. Antes de medianoche, Scot y el cirujano llegaron a Fort Sumner. Tras cubrir los 400 kilómetros de ida y vuelta en menos de treinta horas, Moore había cumplido su palabra. Desgraciadamente, Oliver Loving fallecería durante la operación. Era el 25 de septiembre de 1867.

Goodnight sigue haciendo historia

La muerte de Loving no detuvo a Charles Goodnight, que siguió organizando envíos de ganado por su propia cuenta, aunque respetó los acuerdos con Loving, a cuya viuda entregó en los años posteriores una renta de 40.000 dólares. En 1868, acuciado como casi todos los demás rancheros tejanos por falta de liquidez, dio muestras de su tenacidad y no abandonó su ganado, como otros, en manos de empresarios del Medio Oeste. Poco después, en julio de 1870, se casó con Molly Dyer, una maestra de escuela de Weatherford, Texas. En 1872 compró 10.000 cabezas de ganado a John Chisum, otro de los grandes pioneros del ganado, y descubrió aquel mismo año un nuevo itinerario para alcanzar el Colorado por Trincheras. Poco a poco, Goodnight extendió su cañada ganadera desde Alamogordo Creek, Nuevo México, a Granada, Colorado, y finalmente a Cheyenne, Wyoming.

Sin embargo, en 1873, la quiebra del Banco del Pueblo de Colorado le hizo perder casi todo lo que tenía. No le quedaron más que 1.800 reses. Estableció su nuevo campamento cerca del río Canadian, en pleno territorio comanche, que se mantuvieron en pie de guerra hasta que, en 1875, el general McKenzie redujo a los últimos y los encerró en reservas.

Estatua de Charles Goodnight en los exteriores de
Panhandle-Plains Historical Museum en el campus
de la West Texas A&M University.

En 1876, Goodnight fundó lo que se convertiría en el rancho JA en el cañón Palo Duro. Asociado con el irlandés John G. Adair (1823-1885), como socio capitalista, el rancho iría creciendo hasta alcanzar casi 500.000 hectáreas de praderas, en las que se criaban cerca de 100.000 reses, así como una manada de bisontes, que aún existe hoy. Goodnight mejoró la raza de sus reses (sobre todo su rendimiento cárnico) cruzando longhorns con toros cornicortos durham y herefords. También trató, aunque esto con escaso éxito, de cruzar sus animales con bisontes.

En el verano de 1878, Goodnight dirigió la primera manada de reses de su rancho hacia el norte con dirección a Dodge City, Kansas, por entonces la cabecera ferroviaria más cercana, abriendo la Senda Palo Duro-Dodge City, utilizada por gran número de ganaderos en los siguientes años. Solo unos pocos meses después, coincidiendo con la llegada al Territorio Indio de más tribus indígenas, que comenzaron inmediatamente a cazar los ya escasos bisontes, Goodnight firmó un famoso tratado con el líder indio Quanah Parker, en virtud del cual prometió proporcionarle dos reses al día si Parker y sus adeptos no molestaban a los animales de su rancho. No obstante, en 1879, Goodnight trasladó el cuartel general de su rancho a Turkey Creek, más al este, para estar más cerca del ferrocarril. En ese paraje construyó unas nuevas instalaciones, una casa de madera para él mismo y, posteriormente, una mansión de piedra para su socio Ardair y su familia. Hacia 1880, el área sufrió las depredaciones de gran número de cuatreros y, tras avisar a los rangers de que, si ellos no intervenían para solucionar el problema, lo haría él mismo, Goodnight fundó la Panhandle Stockman's Association, con sede en Mobeetie, Texas, asociación que comenzó inmediatamente a *solucionar* el problema de los cuatreros, aplicando sobre ellos la *justicia* de los vigilantes.

Poco después, anticipando el final del sistema de campo abierto, Goodnight cerró su asociación con Adair y el rancho JA en 1889 y adquirió el suyo propio en un asentamiento que, con el tiempo, sería la localidad de Goodnight, Texas. Allí, se convertiría en el primer ganadero en levantar cercas de alambre de espino. A lo largo de los años siguientes, Goodnight tuvo escarceos en otros diversos negocios y oficios, incluidos los de editor de periódicos y banquero. Sin embargo, una fallida inversión en unas minas de plata mexicanas le acarreó la ruina financiera. En 1919, forzado a vender su rancho, Goodnight traspasó su propiedad a un amigo, el magnate del petróleo W. J. McAlister, con la condición de que él y su mujer pudiesen permanecer en él durante el resto de sus vidas. Charles Goodnight falleció en Tucson, Arizona, el 12 de diciembre de 1929.

3

FULGOR DE LAS CIUDADES GANADERAS

"¿Adónde te llevo?", preguntó el conductor. "Al infierno", dijo el cowboy. "Vale, dame dos dólares y medio y te llevaré a Dodge City".

Conversación oída en Newton, Kansas, en los últimos años del siglo XIX, citada en el libro *Trail Driving Days* (1952).

EL EMPEÑO VISIONARIO DE JOSEPH McCOY

El ganado ya había sido conducido desde Texas hasta California antes de la Guerra de Secesión, y las primeras generaciones de cowboys lo habían arreado también hasta Sedalia, Misuri, en los años cuarenta y cincuenta. Sin embargo, tras la guerra civil, California, prácticamente autoabastecida y muy desconectada por las guerras indias, dejó de ser un destino mercantil, mientras que la ruta de Sedalia estaba totalmente abandonada al prohibirse el paso de reses tejanas al estado de Misuri a causa del contagio de la fiebre de Texas. Las pocas rutas aún practicables presentaban muchos y variados problemas a medida que más y más colonos se fueron desplazando hacia el Oeste, estableciendo granjas y comunidades y plantando cosechas que interrumpían el paso de las reses.

Pese a todas las dificultades, la exigencia de acceso a los lejanos mercados se hizo cada vez más

En 1866, Joseph McCoy, joven tratante de ganado acostumbrado a transportar ganado en vagones de tren, entendió que la fórmula adecuada para trasladar las reses tejanas era llegar a un acuerdo de tarifas con las compañías ferroviarias y situarlas en un punto de embarque accesible que enlazara con los mataderos del Este.

imperiosa tanto por el lado de la demanda como por el de la oferta. Entonces, cuando el exceso de ganado se estaba aglomerando inútilmente en los pastos de Texas y no se encontraba mercado suficiente donde venderlo, un tratante de ganado afincado en Springfield, Illinois, convencido de que la riqueza ganadera de Texas era el filón que le haría definitivamente rico, tuvo una idea que, a muy corto plazo, resolvería el problema y conduciría directamente a la gran era de la ganadería tejana y, en consecuencia, del cowboy.

En 1866, Joseph McCoy (1837-1915), aquel joven tratante de ganado de Springfield, se enteró de que a un amigo, William W. Sugg, que poseía millones de cabezas de ganado, le era muy difícil ponerlas a disposición de los compradores. De hecho, Sugg acababa de llevar, con mucho esfuerzo, una manada de Texas a Baxter Springs y había sufrido, como todos los demás, fuertes pérdidas. McCoy, ya acostumbrado a transportar ganado en vagones de tren, entendió que la fórmula adecuada para trasladar las reses tejanas era llegar a un acuerdo con las compañías ferroviarias para obtener unas tarifas asequibles y situarlas a continuación en un punto de embarque accesible que enlazara con los grandes mataderos del Este. Lo que hacía falta para poner en marcha el negocio era, pues, acondicionar una estación de ferrocarril en las praderas del Oeste con instalaciones especiales para cargar esta mercancía viva, y en la que compradores y vendedores pudieran encontrarse y dar viabilidad a su negocio.

Sin embargo, aunque dichas compañías estaban tendiendo muchas nuevas vías a través de las Grandes Llanuras, en camino hacia el Pacífico, y aunque sus propietarios estaban muy dispuestos a escuchar cualquier oferta de negocio, consideraron poco menos que un soñador a McCoy al oírle sugerirles que construyeran grandes corrales en las despobladas y destartaladas estaciones de sus líneas más occidentales. ¿Corrales, para llenarlos con qué?

Hoy se sabe que la idea revolucionaria de McCoy no lo era tanto. Antes de que él la planteara, ya había nacido en numerosas charlas amistosas entre los rancheros tejanos Charles F. Gross y William W. Sugg, el amigo de McCoy. También era un hecho conocido que, en base a los planes establecidos por la línea férrea Kansas-Pacífico, una sociedad de tratantes de ganado de Kansas había decidido poner en marcha un cierto número de estaciones-mercado. El golpe de suerte que dio entidad a todos estos planes y que, paralelamente, puso en manos de Charles Thompson, fundador de Abilene y, a la sazón, miembro de la Cámara de Representantes del Estado, el monopolio del mercado de ganado, fue una ley aprobada por esta Cámara en febrero de 1867 que suavizaba la cuarentena a las reses tejanas en vigor. Gracias a ella, el tercio occidental de Kansas, formado en su mayor parte por praderas sin colonizar, se abría a los longhorns, quedando establecida la línea delimitadora de la cuarentena en la frontera oriental del condado de Dickinson, cuya capitalidad ostentaba la localidad de Abilene. Poco después de la promulgación de esta ley, la Topeka Livestock Corporation, presidida por el antiguo gobernador de Texas, Thomas Carney, y por otro Charles Thompson (sin parentesco con su homónimo de Abilene), había hecho imprimir y distribuir circulares que invitaban a los rancheros tejanos a llevar sus manadas a Kansas, donde podrían ser cargadas en vagones y llevadas al Este por vía férrea. Sin embargo, los tratantes de ganado de Topeka no disponían aún de las instalaciones requeridas y Thompson todavía no había tenido tiempo para tratar de ello con la compañía ferroviaria.

Como muchos empresarios de aquella posguerra, McCoy era una feliz mezcla de iniciativa personal, buena información, instinto y temeridad en materia económica. Nacido en el seno de una rica familia de Springfield y criado en la granja paterna, asistió a un buen colegio y no tomó parte activa en la Guerra de Secesión. Una vez terminada ésta, se dio cuenta enseguida de las posibilidades que ofrecía el mercado de la carne y se dedicó, con sus dos hermanos mayores, a enviar ganado de Nueva Orleans a Nueva York. Así consiguió su primera fortuna.

Ante los ejecutivos de los bancos a los que presentó su proyecto, McCoy era, sin duda, un soñador, pero de esa clase escasa de soñadores que tienen 2.500.000 dólares en el banco, lo que, sin duda, daba mucha más credibilidad a sus sueños. Tal vez por ello, convencidos los bancos, la Kansas Pacific Railroads hizo una contraoferta: construiría apeaderos de uso ganadero exclusivo y aplicaría unas tarifas muy bajas al transporte de ganado siempre que McCoy construyera por su cuenta los corrales y consiguiera que las vacas tejanas llegasen hasta ellos.

LA ELECCIÓN DE ABILENE

Inmediatamente, en la primavera de 1867, McCoy hizo un recorrido por Kansas para elegir el emplazamiento óptimo. La primera localidad que le pareció adecuada fue Junction City, pero las autoridades locales se negaron a venderle los terrenos necesarios. Los presbiterianos escoceses de Salina y Solomon adoptaron la misma actitud hostil: no querían tener nada que ver con los tejanos, a los que tenían por descreídos y réprobos, ni con sus reses, portadoras de una enfermedad mortal para el resto del ganado. McCoy hubo de elegir finalmente Abilene, minúsculo villorrio situado a 265 kilómetros de Kansas City, que solo había logrado reunir una docena escasa de casas en sus seis años de existencia previa y cuyos alrededores estaban totalmente deshabitados, aunque bien provistos de hierba y agua. Además, Fort Riley se encontraba cerca y su guarnición siempre tendría necesidad de carne.

Así las cosas, McCoy se dirigió a toda prisa a Saint Louis, donde obtuvo la promesa verbal por parte de los dirigentes de la compañía ferroviaria Union Pacific, propietaria de la Kansas Pacific, de que le entregarían una comisión de cinco dólares por cada vagón de ganado que partiera de una estación todavía a elegir. Solo entonces se decidió a comprar algo más de 100 hectáreas de terreno adyacente a Abilene y concluyó con la Kansas Pacific un acuerdo que le aseguraba un octavo de las sumas facturadas por el posible transporte de ganado. A cambio, construyó a sus expensas la estación, a la que añadió unos vastos corrales (capaces, inicialmente, de albergar hasta a 3.000 reses), un hotel de tres plantas, al que llamó the Drover's Cottage ("La Casita del Arriero"), un almacén, un establo con caballerizas y un banco. Las obras, que comenzaron el 1 de julio, se terminaron en sesenta días.

A la vez, McCoy envió al sur a un hombre de su total confianza, el ya citado W. W. Sugg, para que informara en su nombre a todos aquellos cuyas manadas se encontraban en camino de que serían bienvenidos en este nuevo punto de concentración, mucho más cómodo que los por entonces existentes y de que el propio McCoy se ocuparía de que desaparecieran los problemas con los indios, los bandidos o los granjeros preocupados por el contagio de la fiebre de Texas. De hecho, McCoy se comprometió con los colonos de Kansas a hacerse cargo de cualquier gasto ocasionado por cualquier contagio. Solo en 1868 pagó en tal concepto un total próximo a los 4.500 dólares.

La primera manada en acercarse a Abilene, formada por 2.400 reses provenientes de San Antonio, Texas, estaba al mando del coronel Oliver W. Wheeler, antiguo aventurero californiano, y sus socios ganaderos, Wilson y Hicks. Su equipo se componía de 54 cowboys, armados con fusiles Henry, de los que se servían sin reticencia ni escrúpulos algunos. Sin embargo, los infundados rumores sobre una epidemia de cólera, incitaron a Wheeler a detenerse, acampar a las puertas de Abilene y esperar acontecimientos. Ello dio oportunidad a que se le adelantara un tejano apellidado Thompson, cuya manada fue la primera en llegar a la aún por entonces pequeña localidad.

El primer convoy ferroviario cargado de reses en dirección al Este partió de Abilene el 5 de septiembre de 1867 y fue celebrado con una excursión de tratantes de ganado de Illinois que llegaron en un tren especial para ver el nuevo punto de partida.

A fin de facilitar los movimientos de las manadas, de acortar al máximo la senda y de llevar al ganado lo más directo posible a Abilene, se envió un equipo de ingenieros a cargo del de obras públicas T. F. Hersey. Este, sirviéndose de una brújula, hombres con banderolas y cuadrillas de trabajadores con picos y palas, fue sembrando toda la ruta de pequeños montículos de arena para marcar el mejor camino, aquel que contara siempre con suficiente agua, buenos pastos y también lugares apropiados para acampar.

Pronto se corrió la voz sobre las muchas comodidades, servicios y entretenimientos que la ciudad ofrecía a los *cowboys,* por lo que los rancheros tejanos, apreciando estos esfuerzos, así como el considerable incremento de los precios del ganado en los mercados del Este, se prepararon para enviar cada vez más y más reses. Aunque el año estaba ya muy avanzado, 85.000 cabezas de ganado fueron cargadas en Abilene ese mismo 1867; el doble, el año siguiente y 300.000 en 1870. En 1871, fueron ya 1.500.000 las reses tejadas llegadas a Kansas, 600.000 a la propia Abilene y el resto a otras ciudades, como Baxter Springs y Junction City. No obstante, en aquel primer año, el negocio perdió dinero debido tanto a los daños causados por las circunstanciales crecidas de los ríos del camino, como a ataques de los indios y a las reticencias existentes todavía en el Este hacia el ganado tejano, al que consideraban demasiado salvaje para ser útil. Pero estas reticencias fueron algo transitorio y enseguida el negocio comenzó a dar muy buenos frutos a todos. Los tejanos habían encontrado salida por fin a sus reses; el Este veía alivio a sus problemas de abastecimiento; los ferrocarriles multiplicaron sus beneficios, y McCoy era más rico que nunca. Reses aparte, todos contentos.

Pronto esta verdadera riada de cornilargos en dirección a Abilene y otras ciudades de Kansas llegó a crear problemas de tráfico. Muchas millas alrededor de los principales puntos de embarque, el ganado permanecía en espera de que le llegara el turno de partir rumbo al Este. Desde cualquier loma se podían ver miles de animales, con sus ensortijados cuernos brillando bajo la luz del sol, y entre ellos docenas de vigilantes cowboys cabalgando a cierta distancia. Varios condados del centro de Kansas se convirtieron prácticamente en corrales improvisados y parecía que la industria ganadera pronto absorbería las energías de todo el estado.

Como los tejanos que, siguiendo los consejos de McCoy, llevaban sus manadas a Abilene hacían buenos tratos con los colonos para la compra de mantequilla, huevos, legumbres y forraje, la aversión de los cultivadores locales hacia los *longhorns* se fue atenuando poco a poco. Pronto fueron numerosos los granjeros que solicitaban a los jefes de equipo que hicieran pasar la manada por sus tierras, para que así ellos pudieran recoger las boñigas, secarlas y utilizarlas como combustible. Un representante de los colonos, que, poco tiempo antes, como todos los demás, lanzaba aún fuertes diatribas contra el ganado de Texas, no ocultó su cambio de actitud, declarando a los que le rodeaban tras concluir un buen negocio con un ranchero: "Muchachos, ésta es mi posesión: si puedo sacar algo de este comercio de ganado, no le tengo ningún miedo a la piroplasmosis; pero si no saco nada, entonces le tengo muchísimo temor al contagio". Seguramente expresaba la opinión más generalizada entre los colonos, porque las manadas que llegaban a Abilene no solían encontrar dificultad alguna en ruta. Pese a todo, McCoy, al que le gustaba pensar en todo, estaba muy al tanto de todo ello, presto a la intervención.

La legendaria Senda Chisholm

A esas alturas ya se habían definido las principales rutas ganaderas que durante las dos décadas siguientes, con sucesivas prolongaciones y variantes, conectarían los grandes puntos de producción y consumo. La más famosa y la principal de todas fue la Senda Chisholm, así llamada en honor a Jesse Chisholm (1805?-1868), el excéntrico comerciante, trans-

Jesse Chisholm (1805?-1868) era un excéntrico comerciante, transportista, intérprete (conocía 14 dialectos indios) y ganadero, que fijó la gran ruta que luego seguirían gran parte de las expediciones ganaderas tejanas.

portista y ganadero que la fijó en 1864, cuando comenzó a frecuentarla con sus convoyes de provisiones que enlazaban sus puestos comerciales.

Nacido en Tennessee, Jesse Chisholm era el mayor de los tres hijos de un inmigrante escocés y su esposa cheroqui, quienes, pese a separarse, se trasladaron conjuntamente al Territorio de Arkansas. A finales de la década de 1820, Chisholm se mudó a la nación cheroqui, residente en el Territorio Indio, instalándose cerca de Fort Gibson, donde comenzó a comerciar, además de trabajar como cazador, guía y explorador. En 1836, se casó con Eliza Edwards y se reinstaló entre los creek, fundando un puesto comercial, que obtendría un gran éxito mercantil negociando con las diversas tribus instaladas en el Territorio Indio.

Debido a sus habilidades lingüísticas, pues conocía hasta 14 dialectos indios, también fue muy requerido como intérprete, participando como tal en las negociaciones de un buen número de tratados en Texas, Territorio Indio y Kansas. Durante sus constantes viajes, rescató a varios niños mexicanos cautivos de los indios comanches y kiowas, adoptándolos y haciéndolos parte de su familia. Con el tiempo, comenzó a expandir sus actividades mercantiles, abriendo nuevos puestos comerciales en lo que hoy es el condado de Cleveland, cerca de Oklahoma City, y en Wichita, Kansas. Su vasta actividad comercial se completó fletando convoyes de transportes con destino a los poblados indios y a los puestos avanzados del ejército. Durante la Guerra de Secesión, Chisholm sirvió primero al ejército confederado como delegado comercial e intermediario con los indios; sin embargo, hacia 1864, cuando se estableció en Wichita, pasó a actuar como intérprete para las fuerzas de la Unión. Fue por entonces cuando comenzó a utilizar como ruta comercial la senda que, frecuentada después por las expediciones ganaderas, llegaría a ser conocida con su nombre, pese a que, irónicamente, él nunca la utilizó para llevar ganado. Pocos meses después, el 4 de abril de 1868, Chisholm falleció de una intoxicación alimenticia.

La senda abierta por Chisholm atravesaba Texas para enlazar, a través del río Rojo, con la irregular y antigua Senda del Sur de Texas. Desde allí, Chisholm atajó hacia Kansas, seleccionando casi por instinto el que le iba pareciendo mejor camino posible. Vadeó el río Rojo cerca de la embocadura de la garganta Mud, siguió la corriente hasta su cabecera, torció al noroeste hacia el desfiladero del Caballo Salvaje, al oeste de las montañas Signal, y cruzó el río Washita en Elm Spring. La dirección norte le llevó justo al río Canadian, tras dejar el valle de Kingfisher Creek, y, a continuación, el río Cimarrón. Rozando la cabecera de Black Bear y Bluff Creeks, su siguiente corriente fluvial a cruzar fue la bifurcación Salt del río Arkansas, lo que haría a la altura del rancho Sewell, puesto comercial y postal gubernamental muy frecuentado por los indios. Entrando en Kansas por las proximidades de Caldwell, la ruta se desviaba un poco hacia el norte, para cruzar el río Arkansas y llegar a Wichita. Finalmente, como ampliación de la ruta de Chisholm, la senda giraba hacia el nordeste, rozando Newton, para continuar por la divisoria entre Smoky Hill y el río Arkansas hacia las praderas del sur de Abilene.

Con una anchura media de 180 a 350 metros, el camino rompía el pelado suelo, ascendía todas las colinas y atravesaba todos los valles durante casi 1.000 kilómetros, abriéndose paso entre las verdes praderas que unían el Sur y el Norte. A medida que las pezuñas de las reses fueron hollando la senda, que el viento la fue barriendo y que las aguas arrastraron la tierra, se fue haciendo más y más profunda su huella, hundiéndose respecto al terreno circundante y siendo flanqueada por bancos de arena acumulada por el viento.

Los esqueletos y calaveras descoloridos de los animales agotados que habían perecido durante el viaje relucían a lo largo de los bordes del camino, y aquí y allí se repartían pequeños montículos que señalaban el lugar en que un *cowboy* había "muerto con las botas puestas". Ocasionalmente, los restos destartalados de una carreta desvencijada relataban en silencio los estragos de una avería irreparable y, punteando los tramos verdes que bordeaban el camino, una marca más o menos circular de terreno sin vegetación señalaba para siempre el lugar donde pasó una noche una manada.

En total, la Senda Chisholm solo funcionó a pleno rendimiento unas ocho temporadas, entre 1867 y 1876, pero en ese corto periodo más de cinco millones de cabezas de ganado y un número parecido de caballos la recorrieron en su camino hacia los mataderos del Este, completando la seguramente mayor migración ganadera de la historia mundial.

Las dificultades del camino

Uno de aquellos con quienes McCoy había estudiado a fondo las dificultades del camino desde Texas antes de construir las instalaciones de Abilene era el coronel John Jacob Myers, un veterano de guerra de Misuri, que recordaba una marcha en la que había tomado parte, al principio del conflicto, con otros 750 soldados, a las órdenes del teniente coronel H. Emory. Su explorador, Castor Negro, viejo indio delaware muy experimentado, condujo la unidad desde San Antonio al río Rojo, que cruzaron cerca de Red River Station. A partir de allí, siguió la Senda Chisholm, que ofrecía muchas ventajas debido a los vados cuidadosamente escogidos y a los puntos de abastecimiento de agua estratégicamente situados, lo que permitió que las

Durante los primeros años, los *cowboys*, faltos de experiencia, tropezaron con muchas dificultades inesperadas. Los peligros constantes de los indios, los cuatreros, los colonos encolerizados, los bandidos y los supuestos comités de vigilantes hacían el viaje, además de arriesgado, muy incómodo. Estaban luego las crecidas de los ríos.

tropas pudieron avanzar rápidamente sin que hombres y caballos sufrieran sed. Myers prometió a McCoy que señalaría a los vaqueros tejanos esta ruta. Sin embargo, la estación ya estaba muy avanzada cuando él especificó la ruta en Lockhart, Austin y San Antonio y muy pocas manadas pudieron transitar por ella aquel primer año de 1867. La avalancha vendría después.

Pese a las ventajas de la ruta, durante los dos primeros años, los *cowboys*, faltos aún de experiencia, tropezaron con muchas dificultades inesperadas. Muchas veces, deprimidos por la nostalgia e incapaces de resignarse ante las adversidades, realizaban su trabajo con muchos altibajos; tan pronto lo hacían de mala gana, como recuperaban el optimismo y avanzaban más deprisa y con mayor facilidad y satisfacción. Por su parte, los animales, demasiado pesados al inicio del viaje, pasaban muchas dificultades para franquear hasta las más bajas de las escarpadas colinas que caracterizan el Territorio Indio a partir del río Rojo. En esas circunstancias, se producían muchas bajas y había días en que morían hasta 10 reses.

Los contactos con las tribus que habitaban entonces esas mismas tierras, sobre todo con las cinco naciones civilizadas (choctaws, chickasaws, cheroquis, creeks y seminolas), suponían otra experiencia totalmente nueva para los tejanos, acostumbrados a entrar inmediatamente en batalla ante la más mínima visión de cualquier nativo. Para ellos era totalmente nuevo que se pudiera tratar con ellos y que sus intenciones fueran más o menos pacíficas, aunque molestas y, desde su punto de vista, ciertamente curiosas: pretendían cobrar un peaje por el paso de los foráneos en aplicación de las normas de aduanas internacionales. Que policías indígenas les rogaran, con amabilidad, pero con toda firmeza, el pago de tales tasas y que, incluso, les extendieran recibos de los peajes era algo a lo que los tejanos no solo no estaban acostumbrados, sino que incluso superaba su capacidad de entendimiento, por no hablar de su nivel de urbanidad.

Superado aquel *shock,* a los cowboys aún les esperaba otro, cual era el de topar, camino adelante, con otras tribus indias que tampoco les atacaban, pero que no pretendían cobrarles, sino que, más asombroso aun, les mendigaban dinero y comida. Los indios llegados sobre todo del Este y encerrados en angostas reservas por el Gobierno, faltos de todo y en una situación más que desesperada, salían al paso de los *cowboys* y ya ni siquiera conservaban su instinto belicoso. O, al menos, eso parecía en primera instancia. Lo cierto es que comenzaban por mendigar y, si esto no les valía de nada, recurrían a una serie de trucos, algunos de los cuales eran relativamente inofensivos, como el que consistía en provocar disimuladamente una estampida y luego ofrecer sus servicios para reagrupar a los animales. Raramente atacaban, prefiriendo que cualquier jefe de equipo ya conocido les diera lo que llamaban un "buen papel", una recomendación, que ellos pudieran enseñar, a modo de aviso, a los hombres de la siguiente expedición. Un papel en el que, por ejemplo, se leyese: "A los jefes de ruta. Este hombre es un buen indio. Lo conozco personalmente. Trátenlo bien. Denle un buey y no tendrán preocupaciones cuando atraviesen su región".

Contratiempos aun mayores eran los causados en estas mismas regiones por los bandidos blancos, a quienes los indios dejaban hacer porque, si alguno de sus asaltos tenían éxito, los forajidos se solían mostrar muy generosos con ellos. En tales casos los tiroteos eran a menudo muy sangrientos.

Pese a todo, con toda seguridad, la idea de Joseph McCoy marcó la historia estadounidense y, en lo inmediato, evitó la bancarrota de Texas, dio un impulso inesperado a la gran migración hacia el Oeste y, de manera no intencionada, favoreció la reconciliación entre el Norte y el Sur. Sin embargo, el destino final de McCoy fue el de muchos otros pioneros del Oeste, capaces de crear un imperio de la nada, pero incapaces de conservarlo. Cuando llegó a Abilene ya era relativamente rico e hizo de la ciudad el más importante centro mundial de comercio de ganado. Pero, al final, al denunciar la Kansas Pacific el acuerdo pactado, él perdió todo en el envite: su empresa de transportes, su hotel y su capital inmobiliario. Cuando terminó el *boom,* a él no le quedaba nada.

Arrastrando su ruina y su resentimiento, se estableció en Kansas City, donde moriría en 1915. Como él mismo resumió: "Coseché lo que cosecharon todos los pioneros que llegaron allí los primeros, los que emprendieron alguna cosa y los que arriesgaron el todo por el todo. O sea, un desastre financiero. Son los que vinieron después, que no habían emprendido gran cosa, que habían arriesgado muy poco, los que se embolsaron todos los beneficios".

ABILENE, PROTOTIPO DE CIUDAD GANADERA

Entre todas las alternativas posibles, McCoy escogió Abilene porque estaba bien abastecida de agua y hierba. La ciudad languidecía desde una década antes de que el ganado comenzase a llegar a ella, pues había sido fundada en 1857 como una aldea de cabañas de troncos surgida alrededor de una parada de diligencias. La primera familia de colonos, formada por Timothy y Eliza Hersey, se había asentado tiempo atrás en la orilla occidental del arroyo Mud y dio su nombre definitivo al lugar tomándolo de un pasaje de la Biblia, con el significado de "ciudad de la llanura". Cuando la línea de diligencias Butterfield Overland llegó a aquel lugar, Hersey se aseguró un contrato para alimentar a los pasajeros y los empleados. En su establecimiento se leía un reclamo publicitario que decía: "Última comida como Dios manda al este de Denver". Su pequeño y modesto establecimiento consistía en dos cabañas, un establo, ambos de troncos de madera, y un corral para los caballos. El siguiente edificio que se construyó fue una posada conocida como El Hotel, propiedad de Charles H. Thompson, situada en la orilla contraria, la este, del mismo arroyo Mud, enfrente del establecimiento de los Hersey. Más colonos comenzaron a llegar al área y entre ellos un hombre conocido como "Old Man Jones", que erigió otra cabaña de troncos que pronto convirtió en tienda, en la que vendía algunos pocos artículos, pero principalmente whisky.

En 1860, anticipando la concesión del estatus de estado al por entonces aún Territorio de Kansas, Thompson trazó apresuradamente el plano de la futura ciudad y construyó a toda prisa algunas cabañas provisionales para dar al villorrio alguna ligera apariencia urbana. El año siguiente, Abilene se convirtió en la capital del condado de Dickinson. En 1864, el doctor W. S. Moon abrió en la orilla este del arroyo un nuevo establecimiento, al que llamó Tienda de la Frontera, una especie de bazar en que vendía mercancías de todo tipo. Moon se convertiría además en el primer jefe de correos así como en el registrador municipal. No obstante, el crecimiento de la ciudad fue más bien lento hasta la llegada del ferrocarril Kansas Pacific en 1866.

Cuando comenzó a prestar servicios como cabecera de embarque del ganado no pasaba de los 300 habitantes, pero creció de la noche a la mañana hasta los 3.000. Bajo el liderazgo de McCoy, la ciudad se constituyó como el principal mercado del ganado tejano durante casi cinco años, en los que llegaron cerca de 3.000.000 de reses, que fueron embarcadas hacia los mercados del Este. En muy poco tiempo, comenzaron a establecerse en ella nuevos empresarios y, en 1870, se construyó un juzgado, el primer edificio

Gracias al genocidio de los indios y a la matanza sistemática de los bisontes, las grandes llanuras del interior del subcontinente fueron quedando vacantes y expeditas para el ganado vacuno y sus cuidadores.

de ladrillos y piedra, en la esquina de las calles Broadway y Segunda. Ese mismo año, Kerney y Guthie abrieron el muy necesario Merchant's Hotel, un edificio de dos plantas que dio más apropiado alojamiento a muchos cowboys. Por entonces ya funcionaban más de una docena de salones, varios *night clubs* de mayor o menor *glamour* y no pocas casas de juego y prósperos negocios mercantiles. En poco tiempo, su famosa calle Texas fue calificada de "Broadway de las Llanuras".

Abilene fue el primero de los llamados ""pueblos vaqueros" o "ciudades ganaderas" remodelado con ese propósito; después, todas sus ciudades vecinas, y rivales, siguieron poco más o menos su modelo general de distribución, organización y desarrollo. El ferrocarril pasaba más o menos por el centro del pueblo, las zonas residenciales y comerciales estaban al norte y los establecimientos de mala fama, al sur, muchas veces claramente delimitados. Los corrales del ganado solían estar situados a cierta distancia de las calles principales. Se tenía mucho cuidado en mantener bajo control a los animales durante su traslado de los corrales al tren, para que no ocurriese como en 1871 cuando un novillo se asustó y salió de estampida por la calle Texas provocando un pánico general hasta que el comisario, a la sazón el célebre pistolero Wild Bill Hickok, lo abatiera de un tiro.

Enseguida, los cowboys fueron dando vigor a la economía de la complaciente ciudad al abarrotar todo su derroche de ofertas de ocio y placer. Mientras algunos comerciantes atraían a los bravucones visitantes a malgastar sus recién recibidas pagas en las atracciones locales, la ciudad en general pasó unos primeros años de terror generado por los, para ellos, vociferantes rufianes de gatillo fácil que la invadieron. Exhibiendo su desafiante desparpajo, los vaqueros provocaban abiertamente a las autoridades locales. Durante una larga temporada, las armas fueron la única ley. Se extendió la reputación de Abilene como la más ciudad más peligrosa, dura y salvaje de todo el Oeste.

No obstante, eran tantos los que cantaban las excelentes diversiones de la ciudad que, cuando alguien llegaba a ella por primera vez, se quedaba sorprendido de su aparente escaso esplendor. Se contaba la anécdota del cowboy que llegó a la ciudad y, ansioso, preguntó a unos lugareños a cuántas millas estaba Abilene. Cuando le aclararon que estaba en el mismo centro de la ciudad, solo pudo exclamar: "Nunca he visto una ciudad tan pequeña que tenga una fama tan grande".

Era comprensible que el ruido y el olor del ganado fueran una causa constante de irritación para los residentes no relacionados con el negocio ganadero, como también las actividades y el comportamiento de los jugadores y las prostitutas. En julio de 1871, las damas *respetables* de Abilene pidieron al alcalde que expulsara al "demonio de entre nosotras" y las prostitutas fueron trasladadas a otra parte de la ciudad. Pero era tal la demanda de sus servicios que los propietarios de las casas de juego y prostíbulos organizaron un servicio de omnibuses para sus clientes. En otras muchas ciudades del contorno, como Newton, se repitió esa misma situación y, para evitar conflictos con los ciudadanos más pudibundos, se alojó a las *damas de la noche* en una zona que empezó a ser conocida, en Newton y en otras ciudades similares, como "Hyde Park".

Además de sus muchos nuevos hombres de negocios, Abilene se llenó de todo tipo de gente, no solo ganaderos y cowboys, sino también numerosos jugadores, forajidos y prostitutas. Hasta que la ciudad no accedió a un estatus urbano legal al ser incorporada como ciudad de tercera clase en 1869, su seguridad dependía de un par de policías y un *sheriff*. Pero dos años de violencia condujeron a la solicitud de incorporación y, cuando le fue concedida, celebró elecciones y eligió sus propias fuerzas policiales.

Tom "Bear River" Smith (1830-1870) fue el primer marshal, elegido en mayo de 1870. Smith había viajado desde Colorado para presentar su candidatura, pero el alcalde, Theodore C. Henry, no quedó suficientemente impresionado con este candidato pelirrojo de cuarenta años y origen irlandés, pese a su currículum de boxeador de éxito en el Este. El alcalde lo intentó con varios candidatos locales, que enseguida se dieron cuenta de que el reto les superaba. También probó a dos policías de Saint Louis, que no duraron ni un día. Como no le quedó más remedio, el alcalde se decidió finalmente por Smith, al que contrató el 4 de junio de 1870, por 140 dólares al mes y dos dólares más por cada persona detenida y hallada culpable en juicio.

Conocido como "el marshal sin armas", Smith se ganó su reputación sometiendo a los alborotadores mediante sus puños. Uno de sus primeros actos oficiales fue dictar una ordenanza según la cual nadie podría llevar armas de fuego dentro de los límites de la ciudad sin un permiso especial. Su decisión no fue muy popular entre algunos elementos influyentes de la comunidad, y mucho menos aun entre los cowboys tejanos, y en los siguientes meses el marshal sobrevivió a dos intentos de asesinato. Pero, con el tiempo, la habilidad de Smith le hizo ganarse el respeto hasta de los más indómitos jugadores y pistoleros, que cumplieron sus ordenanzas. Tanto era su prestigio que se atrevió a expulsar de la ciudad a todas las prostitutas. Los ciudadanos de bien no tuvieron más que aplaudirle en público la decisión, pero otra cosa fue en privado.

Sin embargo, la carrera de Smith en Abilene acabó súbitamente el 2 de noviembre de 1870, durante el intento de arresto de Andrew McConnell, un conocido forajido acusado de asesinato. Al resistirse a su detención, McConnell disparó a Smith, quien le devolvió el fuego, hiriéndole, antes de caer él mismo al suelo. Un compinche de McConnell, llamado Moses Miles, disparó al marshal y, ni corto ni perezoso, le remató cogiendo un hacha y cortándole de un tajo el cuello. McConnell fue condenado a doce años de prisión y Miles a dieciséis por su horripilante crimen. Cuatro semanas después de la muerte del marshal Smith, las prostitutas regresaron discretamente a la ciudad. Nadie protestó.

Las autoridades de Abilene contrataron consecutivamente a varios hombres como policías temporales hasta que el pueblo celebró nuevas elecciones a comienzos de 1871. McCoy fue elegido alcalde y lo primero que hizo fue contratar al célebre pistolero James Butler "Wild Bill" Hickok (1837-1876). Problema solucionado. A cambio de un sueldo mensual de 150 dólares más un porcentaje de las multas y 50 centavos por perro sin dueño que matase, Hickok se tomó el trabajo con cierta relajación, convencido de que la simple fama de sus pistolas haría el trabajo por él. La mayor parte de su tiempo la pasaba en saloon El Álamo, sin preocuparse de granjearse la amistad de las fuerzas vivas. Como era de esperar, su previsión y la de McCoy habían sido acertadas y su reputación actuó como bálsamo: la delincuencia se redujo drásticamente, pues, al parecer, nadie se quería enfrentar al famoso y sanguinario pistolero Wild Bill Hickok.

Sin embargo, la relativa paz se truncó el 5 de octubre de 1871, cuando Hickok mató de dos tiros en el estómago a Phil Coe, copropietario de uno de los principales salones de la ciudad, respondiendo al disparo que le había dirigido el fallecido. Desgraciadamente, el tiroteo no acabó ahí, pues Hickok oyó pasos que se le acercaban por la espalda, se giró y disparó de nuevo, matando a uno de sus ayudantes, Mike Williams, que acudía presto a ayudarle. El escándalo fue tal que las autoridades de Abilene juzgaron que ya habían tenido suficiente de aquella vida sin ley ni orden. Los padres de la ciudad dijeron a los tejanos que no querían que llegasen a la ciudad más expediciones de ganado y, dos meses después, despidieron a Hickok de su puesto de marshal.

Aquel fue el último gran año de Abilene que, tras la marcha de los cowboys, languideció y se transformó en una pacífica y mortecina comunidad agropecuaria. A partir de entonces, el centro del negocio ganadero iría pasando sucesivamente a otras ciudades de Kansas.

ALTIBAJOS DE LAS CIUDADES GANADERAS DE KANSAS

Inmediatamente después de la guerra, muchas de las estaciones y apeaderos de las líneas férreas en expansión por Kansas se fueron transformando sucesivamente en rutilantes aunque efímeras ciudades ganaderas. Comenzando por Baxter Springs y Abilene, fueron brillando sucesivamente Ellsworth, Caldwell, Wichita y Dodge City, además de otros centros secundarios como Newton, Hunnewell, Great Bend, Ellis, Hays, Brookville, Coffeyville y Junction City, que también vivieron periodos de fugaz éxito como ciudades ganaderas y ganaron reputación como ciudades fronterizas salvajes.

Como las ciudades mineras de California y Nevada, casi todas las ganaderas experimentaron un corto periodo de auge, que en ningún caso paso de cinco años, seguido por un declive consecutivo igual de súbito. Brotaban cuando los especuladores iban por delante de las líneas ferroviarias en construcción y fundaban una ciudad y servicios de apoyo lo suficientemente atractivos para ganaderos y cowboys. Si los ferrocarriles se completaban, los nuevos pastos y la ciudad de apoyo podían asegurarse los beneficios del

Pasada la Guerra de Secesión, los ganaderos tejanos no tardaron en darse cuenta de que las praderas del Norte constituían un pasto excelente para sus ingentes manadas de cornilargos. Así comenzaron las grandes expediciones ganaderas desde Texas hacia el Norte.

comercio ganadero. Todas ellas crecieron gracias a la recaudación de impuestos y tasas derivados de la cobertura de las demandas de los muchos *cowboys* que recorrían las sendas ganaderas y llegaban a ellas. Los bares y salones de baile, que casi siempre incluían además mesas de juego, así como los burdeles, eran parte indispensable de las ciudades ganaderas de Kansas y de las que surgirían posteriormente en otros estados más norteños. Mientras las manadas esperaban un comprador en los alrededores de la ciudad ganadera de turno, los cowboys la hacían algunas visitas esporádicas. Una vez vendida la manada, recibían su paga íntegra por todo el viaje y comenzaban su pequeña temporada de ocio que, por lo común, se extendía solo lo que les duraba el dinero en el bolsillo: días o, peor aun, horas. Una visita al barbero y al sastre, un paso por un restaurante e, inmediatamente, la diversión pura y dura; es decir: whisky, juego y prostitutas. Suficiente para agotar todo su dinero.

Dadas así las cosas, no era raro que el *cowboy* tuviera que pedir dinero prestado para volver a Texas en tren. Una vez que el cowboy, sobre todo el más joven e inexperto, perdía todo su dinero en las barras, en las mesas y en las camas de la ciudad ganadera de turno, era cuando se volvía más irascible y violento. Cualquier mínimo pretexto le servía para tirar de revólver.

Durante los primeros años, prácticamente no se intentó hacer nada para dominar y refrenar las expansiones ociosas de los *cowboys* tejanos. Pero, a partir de 1869, las autoridades municipales comenzaron a promulgar ordenanzas que intentaban establecer la paz y la tranquilidad. A los bares se les exigió poseer una licencia en regla; los burdeles se sometían a revisión y vigilancia; las salas de juego, tanto o más. En algunos lugares se prohibía la tenencia de armas dentro de los límites de la ciudad, aunque esto no siempre se respetaba, entre otras razones porque al principio no pareció perentorio; al fin y al cabo, pese a los muchos disturbios, hasta 1870 no hubo muertos en tiroteos.

Curiosamente, los primeros surgirían cuando se comenzó a nombrar agentes de la ley y a construir y poner en uso calabozos, prisiones y cárceles. En Abilene, por ejemplo, cuando se estaba construyendo la cárcel de la ciudad, los cowboys lo interpretaron como una medida más contra ellos, lo cual era absolutamente cierto, y decidieron arrancar las piedras de las paredes del edificio en construcción y jugar a hacerlas rodar por las calles del pueblo. Hay que tener en cuenta que para un cowboy, acostumbrado a los espacios abiertos, la perspectiva de ser encerrado era mucho más que odiosa. Pese a todo, se acabó de erigir el edificio y su primer inquilino fue precisamente el cocinero de un equipo de cowboys tejanos, que inmediatamente fue liberado por sus colegas.

Crisis y relanzamiento

En última instancia, aquel primer *boom* ganadero en Kansas solo fue la cresta de una ola que, enseguida, comenzó su reflujo. Los precios cayeron enseguida; el tiempo húmedo y los vientos fríos perjudicaron el estado del ganado y la fiebre de Texas, que era ya endémica en las reses de aquella procedencia, comenzó a crear más problemas de los debidos. A ello se sumaron ciertos factores externos que provocaron la primera crisis grave de este casi recién inaugurado negocio.

En 1870, el comercio de ganado comenzó a entrar en crisis debido al aumento de las tarifas ferroviarias al este de Chicago. De repente, numerosos jefes de ruta tejanos no encontraron compradores en Kansas y no pudieron pagar a sus hombres. Estos siguieron, sin embargo, vigilando las manadas con sus ropas ligeras, adecuadas para el Sur, pero que allí les exponían a peligros mortales. Las manadas también esperaban y esperaban un alza de precios en los lejanos mercados del Este que no terminaba de producirse nunca, mientras pacían en los pastos cercanos, se acercaba el invierno y comenzaban a enfermar y morir. Finalmente, los embarques se interrumpieron por completo y, en 1871, más de 300.000 reses se quedaron sin vender en las praderas de Kansas. Otros años había sobrado algo de ganado, fuera porque era invendible o porque había que cebarlo con maíz antes de poder ponerlo en el mercado, pero las cifras de 1871 no tenían precedentes. Los cowboys, a falta de otro recurso, se llevaron su ganado hacia el Oeste a la región cubierta por la ahora sin uso hierba de búfalo, al resultar ya imposible conseguir heno o maíz con que alimentarlo en la región central de Kansas.

Al comienzo del invierno 1871-1872 se produjo una tormenta de nieve que recubrió con una capa de hielo todo el suelo. Miles y miles de reses y centenares de caballos murieron de frío y de hambre, sin que se llegara nunca a saber cuántos cowboys fallecieron. Como las reses no habían visto nunca la nieve, eran incapaces de encontrar la hierba que había debajo. Algunos de sus cadáveres fueron desollados, pero la gran mayoría fueron abandonados en el sitio como alimento para los lobos. Pasado el temporal, unas 100.000 pieles fueron embarcadas en varias estaciones ferroviarias con destino al Este. El invierno fue severo en todas partes y se estimó que solo lo sobrevivieron menos de 15.000 reses. De manadas que comenzaron el invierno con hasta 60.000 reses, solo unos pocos cientos sobrevivieron. Como ocurrió con tantos otros *booms* del Oeste, el del ganado en Kansas se derrumbó como lo que era, un inestable castillo de naipes.

A este desastre ganadero sucedió rápidamente el *crack* financiero de 1873, el "Gran Pánico", que al paralizar la economía estadounidense volvió a frenar momentáneamente el negocio ganadero. Sin embargo, este, dando muestras de su vitalidad, se recuperó rápidamente y, tras tomar nuevos bríos, vivió un renovado *boom* sin precedentes, que alcanzaría su punto culminante diez años después.

Las noticias de ese auge llegaron rápidamente a Gran Bretaña y pronto el dinero británico, y el de otras partes de Europa, comenzó a fluir hacia el negocio del ganado tejano, volcándose sobre todo en la adquisición de manadas y de derechos de pasto. Así, la ganadería, que hasta entonces había crecido como una empresa individual, por lo común gestionada directamente por el mismo propietario, paso a convertirse en un asunto de empresas profesionalizadas, lo que acarreó las ventajas de la capitalización, pero trajo también todas las desventajas de la gestión delegada a sueldo.

A medida que los ferrocarriles seguían avanzando hacia el Oeste a través las llanuras de Kansas, fueron brillando más pueblos vaqueros: Caldwell, Hays City, Ellsworth, Wichita, Dodge City... Todos y cada uno de ellos se llenaron enseguida de prostitutas, jugadores, vividores y parásitos de todo tipo, cuya único objetivo era esquilmar a los obreros que trabajaban en la construcción de los ferrocarriles y, sobre todo, a los cowboys que llegaban a la ciudad, tras arrear sus manadas, con dinero fresco.

Como en el caso de Abilene, la gran mayoría de los pueblos ganaderos pasaron por un periodo de ausencia de toda ley y depravación que enseguida pasaba a indignar al resto de sus residentes. Las multas y el precio elevado de las licencias no servían de mucho para desanimar a dueños de locales de ocio, jugadores y proxenetas. De hecho, pocos ayuntamientos se hubieran atrevido a eliminar completamente esos negocios porque las multas que les imponían servían para pagar a las fuerzas de policía y para atender otras necesidades sociales que, si no, habrían tenido que salir de los bolsillos de los ciudadanos corrientes, o no hacerse. Pero lo irónico es que, una y otra vez, los ciudadanos de bien solo apreciaron la importancia económica del comercio del ganado cuando desaparecía. Hasta entonces, mientras disfrutaban de la prosperidad, solo se preocupaban de la violencia y la "corrupción social y moral" que ella aparejaba. Fue en estas ciudades ganaderas donde muchos famosos personajes del Viejo y Salvaje Oeste se ganaron o reafirmaron su reputación. Hombres como Wyatt Earp, Bat Masterson, Wild Bill Hickok, John Wesley Hardin y docenas más. En estas salvajes ciudades de la Frontera también tuvieron lugar algunos de los más famosos tiroteos del Oeste norteamericano, incluyendo el de la banda de los Dalton en Coffeyville, el de Hyde Park en Newton y el del Long Branch Saloon en Dodge City.

La prosperidad de todas estas ciudades solo se mantuvo en tanto en cuanto el ferrocarril situó en ellas una cabecera de línea. Al irse ampliando las líneas hacia el Oeste, una tras otra, las ciudades se fueron apagando, mientras otro nuevo enclave tomaba rápidamente su lugar. Algunas, como Newton, solo tuvieron un año de fulgor. Dodge City duró mucho más, pero cuando los ferrocarriles llevaron sus vías hasta Texas y más cerca de los pastos, los días de Dodge como pueblo vaquero también se acabaron, aunque en este caso, la ciudad supo evolucionar y sobrevivir.

Entre 1868 y 1869, muchas manadas se dirigieron a Waterville, pequeña localidad al norte de Abilene. A continuación, Junction City, ciudad fundada en 1854 a unos 32 kilómetros al este de donde estaría Abilene, también sirvió como destino en 1869 y 1870. Parecido fue el caso de Hays City, que destacó a partir de 1867 como embarcadero ganadero de segundo nivel. La explosiva combinación de trabajadores ferroviarios, transportistas, cazadores de búfalos y soldados, más la llegada ocasional de algún grupo de cowboys, la convirtió en una más de las ciudades más conflictivas de Kansas, con sus 37 bares y salas de baile. Un gran número de personajes bien conocidos del Oeste vivieron en ella, incluyendo a Custer, Wild Bill Hickok y William F. Cody, que adquirió su sobrenombre de "Buffalo Bill" cazando bisontes en el área de influencia de Hays.

A la vez, Chetopa y Coffeyville, dos comunidades situadas en la esquina sudeste de Kansas, cercanas a Baxter Springs, conocieron un efímero auge ganadero en 1869, que en Coffeyville, duró hasta 1873 y en Chetopa, hasta 1874. Ambas perdieron después brillo, aunque no actividad, por lo menos hasta que en 1892 se produjo en Coffeyville uno de los más famosos tiroteos de la historia del Oeste. El suceso ocurrió cuando la banda de los hermanos Dalton intentó robar dos bancos a la vez y fueron repelidos por los propios vecinos que frustraron sus planes y acabaron con la banda, a excepción de Emmett Dalton, que sorprendentemente sobrevivió pese a haber recibido 23 disparos. Tres ciudadanos, incluyendo el marshal federal Charles T. Connelly, murieron en el cruento tiroteo. La ciudad, sin embargo, siguió prosperando como importante centro agrícola y, posteriormente, ya entrado el siglo XX, industrial. Las ciudades de Salina y Solomon también sirvieron como puntos de embarque de las reses entre 1869 y 1871. Y, en 1870, cuando el ferrocarril Kansas Pacific llegó a ella, Brookville también vivió un breve periodo de auge. Pronto pudo presumir de una población de 800 personas, un banco, un periódico, telégrafo y una estafeta de correos, entre otros negocios. Igual auge vivió la localidad de Great Bend. Además, destacó también Ellis que, nacida como ciudad ferroviaria, fue finalmente olvidada por el trazado definitivo de la línea del Kansas Pacific, pese a lo cual se mantuvo como pueblo vaquero secundario entre 1875 y 1880.

Caso aparte fue el de Baxter Springs, que no dejó de recibir manadas tejanas desde 1867 a 1879. Esta localidad parecía estar idóneamente situada para convertirse en el foco principal de aquel incipiente negocio ganadero. Localizada justo al norte del Territorio Indio, en la esquina sudeste de Kansas, Baxter Springs estaba también a pocas millas al oeste de la frontera de Misuri, el territorio ahora prohibido para las reses tejanas, finalizaba en ella la llamada Vieja Senda Shawnee y poseía un embarcadero de la línea ferroviaria Fort Scott & Gulf.

Un hombre de religión llamado John Baxter y su familia se habían asentado en 1849 en una concesión de 64 hectáreas de tierra cercana al punto en que la antigua senda, hasta entonces de uso principalmente militar, cruzaba el río Spring. Los Baxter abrieron allí una tienda de suministros, pero, al poco de establecerse, el reverendo Baxter, conocido popularmente como "el predicador armado", falleció en un tiroteo provocado por un litigio sobre su propiedad. Los posteriores residentes en el área, recordando a aquel predicador de gran envergadura y fácil gatillo, y haciendo también referencia a las numerosas cascadas de la zona, llamaron a la nueva comunidad Baxter Springs ("Cascadas Baxter").

En el mismo momento en que Misuri pasó a ser territorio prohibido para el ganado tejano, Baxter Springs, situada justo en la frontera, le dio la bienvenida a Kansas. La comunidad construyó unos corrales bien surtidos de hierba y agua y con capacidad para alojar simultáneamente a 20.000 reses. La ciudad se autituló la "Primera Ciudad Ganadera de Kansas" y enseguida desarrolló el mismo tipo de reputación que luego tendrían todas las demás. Rápidamente se convirtió en un lugar en el que los cowboys se podían desfogar tras la austeridad de los meses de camino, con todo el licor, los juegos y las mujeres asequibles y bien dispuestas que deseasen. Así, la ciudad creció de la noche a la mañana desde los 1.500 residentes de 1868 a los 6.000 de 1872. La línea ferroviaria Misuri-Kansas-Texas llegó a la ciudad en mayo de 1870, pero, pese a ello, su esplendor ganadero sería, como todos, efímero.

Desde el mismo 1867, en cuanto los frustrados ganaderos derivaron sus manadas desde Misuri hacia Baxter Springs, la Asamblea de Kansas promulgó una ley ese mismo 1867 que extendía las restricciones de cuarentena para el ganado tejano a toda la zona que quedaba al este del meridiano situado aproximadamente a una milla de distancia de la ciudad de Ellsworth. Eso obligó a abrir una ruta alternativa más occidental para que los ganaderos llevaran sus manadas a Kansas, siempre y cuando unos y otros pudiesen encontrar una forma de embarcar esas reses camino de Saint Louis y Chicago. Cuando el ferrocarril, en su camino hacia el sur, llevó sus raíles hasta esa zona exenta, de momento, de toda restricción, la vitalidad industrial de Baxter Springs murió. Hacia 1876, la población había caído a 800 personas y su puesto estratégico había sido ocupado por Abilene.

De ciudad en ciudad

Tras la muerte del tejano Coe en Abilene a disparos de Wild Bill Hickok, este pasó a ser el enemigo número uno de los paisanos del fallecido. Para expresar su rechazo a Hickok, el barón del ganado "Shangai" Pierce decidió desviar en el último momento su manada, que estaba a punto de llegar a Abilene, hacia Ellsworth. Cuando buena parte de los ganaderos tejanos le imitaron, Ellsworth se convirtió de la noche a la mañana en el nuevo embarcadero principal de reses tejanas con destino al Norte. En poco tiempo, los enormes corrales de Abilene se quedaron prácticamente vacíos.

Después de que el tejano Coe muriese en Abilene a disparos
de "Wild" Bill Hickok, este último pasó a ser el enemigo
número uno de los paisanos del fallecido

Antes incluso de que Ellsworth comenzara a dominar el mercado ganadero, ya era un lugar tormentoso. Dos años después de la fundación de la ciudad, sus habitantes, celosos de la prosperidad de Abilene, comenzaron a beneficiarse también del negocio ganadero, aunque de una forma ingeniosa. Durante las largas conducciones de ganado era costumbre matar a los becerros que nacían durante el viaje, pues serían incapaces de seguir el ritmo de la manada. Igual ocurría con las reses que, agotadas, se quedaban rezagadas. Los ciudadanos de Ellsworth tomaron la costumbre de salir al paso de las expediciones y comprarles a precio de saldo los becerros y las reses agotadas, que eran cuidados durante el invierno y vendidos al verano siguiente. Cuando finalmente el ferrocarril llegó a Ellsworth, la ciudad se desarrolló rápidamente y pasó a dominar sobre las demás ciudades ganaderas de Kansas desde 1871 a 1875, destacando por su enormes corrales, los mayores de toda Kansas. Con el flujo de cowboys, llegaron también, los consabidos jugadores y forajidos y las inevitables chicas alegres. Todo ello no hizo sino acentuar la mala reputación de la ciudad, que aun creció cuando se supo que el pistolero Ben Thompson se había establecido en ella en 1873. Una noche, Thompson, borracho, armó un gran escándalo, pero nadie se atrevió a detenerlo. Al día siguiente él mismo se presentó voluntariamente ante el juez Osborne, se acusó a sí mismo de haber alterado el orden público y pagó su correspondiente multa. Semanas después, el 15 de agosto de 1873, el hermano del pistolero, Billy, mató accidentalmente al marshal de la ciudad, Chauncey B. Whitney. Cuando su fulgor pasó, dos años después, Ellsworth se convirtió en una sólida comunidad eminentemente agrícola.

Parecido fue el caso de la ciudad de Newton que, antes de que el ferrocarril llegara a ella, estaba solo escasamente poblada por unos cuantos colonos. Sin embargo, al conocerse de antemano la próxima llegada del tren, una serie de hombres de negocios se establecieron y cuando el ferrocarril de Atchison, Topeka y Santa Fe llegó finalmente, en julio de 1871, Newton se convirtió durante un año en el punto de embarque de las manadas de ganado tejano que hasta entonces habían estado yendo a Abilene. Una vez más, junto al ganado y los *cowboys* llegó también toda la amplia gama de rufianes propios del Oeste. Para acomodar a este alborotado grupo humano, una parte de la joven ciudad conocida como Hyde Park vio crecer en ella no menos de 15 grandes edificios dedicados íntegramente al entretenimiento. En total, la ciudad contaba con 27 saloons y ocho salones de juego. Durante aquellos días, en que unas 30.000 reses salieron de Newton con destino a Chicago, la ciudad vivió sucesos solo comparables a los de Dodge City. Su reputación de ciudad sin ley nació sobre todo en agosto de 1871, cuando se produjo en ella el famoso tiroteo de Hyde Park, que acabó con un saldo de ocho muertos. Durante su única temporada de ciudad ganadera de primer orden se produjeron no menos de 12 homicidios documentados, aunque, según algunas estimaciones, en realidad fueron más bien el doble.

Los ciudadanos de bien trataron por todos los medios de frenar esa violencia, especialmente los marshals que se sucedieron en el puesto. Entre ellos destacó William F. Cody, un célebre guía y cazador de búfalos, por entonces de cuarenta años, que enseguida comenzaría a ser más conocido en todo el país con el sobrenombre de "Buffalo Bill". Durante el corto periodo en que ocupó ese cargo se le atribuyeron 15 muertes. Los cuatro hermanos de una de sus víctimas intentaron vengarse, pero Buffalo Bill les sorprendió y les mató de una tacada. Fue tal la violencia desatada en Newton durante aquel 1871, que, para la siguiente temporada ganadera, las autoridades locales promulga-

Entre los *sheriffs* que trataron de poner orden, destacó William F. Cody, un célebre guía y cazador de búfalos, por entonces de cuarenta años, que después pasó a ser más conocido en todo el país como Buffalo Bill. Durante el corto periodo en que ocupó ese cargo se le atribuyeron 15 muertes.

ron una ordenanza que prohibía la llegada a la ciudad de más manadas, por lo que el negocio del ganado hubo de buscarse otra sede y esta vez la elegida fue Wichita.

El enclave en que se alza Wichita fue colonizado por primera vez en 1864 cuando el pionero James R. Mead abrió allí una tienda. Al año siguiente, llegó una oleada de nuevos colonos. Un efímero puesto militar, conocido como Camp Beecher, se estableció en las cercanías en 1868, pero fue abandonado al año siguiente. En 1872, el ferrocarril llegó y Wichita se convirtió en el nuevo punto de embarque del ganado tejano. Un año después, al menos 66.000 reses fueron expedidas desde Wichita, dos veces las despachadas desde la ciudad competidora de Ellsworth ese mismo año.

El esplendor ganadero de Wichita se mantuvo hasta 1876, periodo en que la ciudad desarrolló un distrito peligroso, en la orilla opuesta del río Arkansas que bordeaba la ciudad, al que se llamó Delano, que se convirtió en el centro del juego y el ocio relacionado con el alcohol. Entre la nómina de grandes personajes que pasaron alguna temporada en Wichita hay que mencionar al propietario de salas de baile "Rowdy Joe" Lowe, que ganó cierta fama al matar a su rival John "Red Beard", que le acusaba de robarle la clientela. También trabajó en la ciudad desde 1875 a 1876 como ayudante del marshal un joven Wyatt Earp, que ganó allí sus primeros galones como pistolero de renombre, antes de trasladarse a Dodge City. Pese a sus altas cotas de violencia, los ciudadanos de Wichita parecieron haber aprendido de las anteriores ciudades ganaderas de Kansas e intentaron dejar el máximo posible en paz a los cowboys tejanos. Gracias a ello, su nivel de criminalidad no alcanzó las cotas que en otras partes.

Pero, una vez que las tribus de indios de las Llanuras fueron sometidas y que el búfalo fue erradicado, fueron surgiendo a gran velocidad numerosas granjas de colonos a lo largo de toda la Senda Chisholm. Estos asentamientos y especialmente los de los valles de los ríos Arkansas y Ninnescah hicieron cada vez más difícil que las grandes expediciones ganaderas encontraran terreno y pastos libres para llegar a Wichita, donde las últimas grandes manadas llegaron en 1876.

En 1879, Caldwell se convirtió en una ciudad ganadera al uso que continuó dando servicio hasta 1885, con el sobrenombre de "La Reina de la Frontera" debido a su localización justo al norte de la frontera de Oklahoma. Creada por empresarios de Wichita, que la parcelaron y vendieron a 125 dólares la parcela, recibió su nombre en honor del senador federal Alexander T. Caldwell. El primer edificio fue erigido por el capitán C. H. Stone, uno de sus fundadores, que construyó una cabaña de troncos utilizada como tienda y estafeta de correos. Pronto se alzaron a su lado otros edificios, como un hotel, algunas tiendas y el saloon Red Light, famoso por admitir también clientes indios. No obstante, Caldwell siguió siendo poco más que un enclave comercial hasta 1879, cuando llegó a ella el ferrocarril de Santa Fe y la ciudad se convirtió en un nuevo centro ganadero, pasando rápidamente de 260 residentes a 2.500. De la noche a la mañana, proliferaron los bares, salas de juego y burdeles al servicio de los cowboys tejanos. Tiroteos, duelos, peleas y linchamientos se convirtieron enseguida en sucesos normales. Todo más o menos normal, salvo la alta tasa de mortalidad de sus agentes del orden. Durante este periodo, la violencia causó en Caldwell la muerte de 18 marshals, entre ellos el famoso Henry Newton Brown (1857-1884), quien tras desarrollar una brillante carrera que los ciudadanos le agradecieron, entre otros homenajes, regalándole un rifle Winchester grabado con su nombre, se destapó como lo que realmente era, un cuatrero y ladrón de bancos, al ser arrestado *in fraganti* en la localidad de Medicine Lodge, tras intentar robar un banco y resultar linchado.

En 1885, el comercio de ganado tejano trasladó una vez más su principal punto de embarque más hacia el oeste y Caldwell, desde donde habían salido al menos 1.000.000 de reses hacia el Este en sus años de esplendor, se hubo de conformar con transformarse en una tranquila ciudad agrícola. A partir de entonces, las manadas que antes viajaban por la senda Chisholm hasta los distintos enclaves ganaderos de Kansas, empezaron a desviarse hacia el oeste, tomando la que se llamaría Senda Occidental, de momento, camino de Dodge City, que pronto se alzaría con el estandarte de la última gran ciudad ganadera de Kansas.

Dodge City, "Gomorra de las praderas"

Tras tomar su nombre de un cercano fuerte militar, Dodge City se dio a conocer como el principal enclave ganadero y, a la vez, la más salvaje de las ciudades del Salvaje Oeste durante su apogeo, que, basado primero en los búfalo y luego en los longhorns tejanos, duró desde 1872 a 1885.

Dodge City fue fundada en 1872 como parada principal del Camino de Santa Fe y, a la vez, como centro de avituallamiento de los cazadores de búfalos y de numerosas expediciones militares contra los indios. Al principio no se vio asaltada por el flujo de inmigrantes y colonos porque la comarca que la rodea es muy árida, poco apta para las actividades y las expectativas de los colonos. La primera manada de reses tejanas llegó a ella en 1872, pero su *boom* no se produciría hasta 1875.

El nuevo auge del búfalo, combinado con la llegada del tren de Atchison, Topeka y Santa Fe en septiembre de 1872, estimularon el crecimiento inusitadamente rápido de la ciudad, que había sido creada solo dos meses antes. Tras el descubrimiento en 1871 por parte de unos curtidores alemanes de un procedimiento para convertir la piel de búfalo en un material lo suficientemente duradero como para usarse en la confección de zapatos, arreos y otros artículos, pasó a pagarse a 3,50 dólares la unidad, lo que provocó que nuevas hordas de cazadores profesionales, afincados en Dodge, salieran en busca de fortuna. De igual modo, la ciudad también prosperó gracias a la fabricación y el comercio de whisky. Ambos productos, pieles de búfalo y whisky, junto con la actividad ferroviaria, dominaron la economía y la política locales durante sus primeros años. Pisando los talones a los trabajadores ferroviarios y a los cazadores de búfalos llegaron los comerciantes y los especuladores inmobiliarios. Enseguida se abrió un hotel, una herrería, un restaurante, una tienda de moda, un almacén de ferretería e, incluso, una tienda de arneses. En las calles de Dodge se alineaban de la mañana a la noche carretas, cargando y descargando pieles y carne de búfalo, además de todo tipo de suministros.

Pero aquella primera prosperidad duró poco: hacia 1875, comenzaron a exportarse más pieles de búfalo de las que la demanda justificaba. Los precios se desplomaron. Solo tres años después, Dodge necesitó una nueva fuente de ingresos; una que los rancheros de Texas estaban a punto de proporcionar. Los habitantes de Dodge, preocupados por su decadencia económica, hicieron saber a los tejanos que sus animales serían bienvenidos a la ciudad con o sin sus temidas garrapatas. Asimismo, dieron publicidad a la reciente apertura de hoteles, restaurantes y salones, y a los descuentos con que se daría la bienvenida a todos los cowboys, pese a su mala fama. La estrategia comercial dio inmediatamente frutos. Ya en 1877, casi 23.000 cabezas de ganado mugieron en Dodge, más de un cuarto del total acarreado hacia el Este por el ferrocarril de Santa Fe ese año, y más que vendría a continuación. Durante diez años, más de cinco millones de reses pasarían por Dodge City. Con gran facilidad, el cazador de búfalos fue reemplazado por el cowboy. Incluso, muchos de aquéllos se establecieron y cambiaron de trabajo, reapareciendo como propietarios y empleados de bares, jugadores, agentes de la ley o, por qué no, como todo ello a la vez.

Junto a las vacas, comenzó a llegar una riada de cowboys tejanos con los bolsillos llenos de dinero que gastar y nada que hacer sino pasárselo bien tras meses de aburrido trabajo en las sendas. Cubiertas las necesidades de primera instancia, deseaban por ejemplo ver un show humorístico en el Teatro Cómico, un local que combinaba, para su satisfacción, los servicios de bar, casino y sala de espectáculos. Ahora bien, no era raro que el vaquero despreciase, de momento, esos alicientes y prefiriese invertir 25 dólares y pasar un buen rato a solas con una mujer, preferentemente una bailarina. Teniendo en cuenta que muchas de estas chicas eran decentes, eso no siempre significaba lo que significaba. Algunas de ellas no estaban *pluriempleadas*, salvo que terciase el capricho o el flechazo. Pero, para la mayor parte de los cowboys, la idea de pasárselo bien no contenía ningún sueño romántico, sino que consistía en trasegar todo el whisky barato posible, jugar a las cartas y pasar un buen rato con alguna chica de alquiler. Todo eso y más se podía conseguir en Dodge, si se tenía dinero para ello.

Tras las experiencias vividas en otras ciudades ganaderas, Dodge trató de prepararse para luchar contra el desorden que llevaba aparejada la llegada de la consiguiente riada de bulliciosos cowboys. Cada año, la ciudad se esforzaba en dispensarles el mejor recibimiento posible. Antes de finalizar el invierno se enviaban folletos a Texas en los que se informaba de las cifras del año anterior y de las previsiones del siguiente, recordando las muchas diversiones y servicios que se prestaban en Dodge. Las primeras manadas aparecían en las afueras de la ciudad a finales de abril y desde entonces hasta comienzos de septiembre ya no dejaban de afluir, con una punta en mayo. Durante estos meses, 2.000 o 3.000 cowboys, con los bolsillos repletos, duplicaban la población de la bulliciosa ciudad.

No obstante, el simple hecho de tratarse de una ciudad ganadera le acarreó mala prensa en todo el país, que se solía referir a ella con los epítetos de "Beoda Babilonia de las Llanuras" o "Gomorra de las praderas". Se decía que en ella el licor corría tanto como el agua, la música atronaba desde el anochecer a la madrugada y las disputas se solucionaban sobre la marcha, generalmente mediante unas balas. Gran parte de todo esto era fama infundada. Los bares, por ejemplo, nunca pasaron de 19, cifra nada desdeñable, pero no muy distinta en proporción a la de otras ciudades de la misma época y del mismo contexto. Baste decir que en aquellas años en que pulularon por Dodge City personajes tan legendarios como Wyatt Earp, Bat Masterson, Bill Tilghman, Clay Allison, Luke Short, "Mysterious" Dave Mather, Doc Holliday y docenas más, las peleas se dirimían por lo común con los puños, no con los revólveres, y raramente eran mortales. Las historias más menos fundadas sobre el clima de violencia de la ciudad fueron muchas. Se dijo que el primer año de la riada de cowboys murieron en sus calles 25 personas, aunque las estimaciones más fiables luego rebajaron esa cifra a 14. Se aseguró que el marshal Billy Books mató a 15 hombres en treinta días, pero también que ese mismo agente de la ley en cierta ocasión salvó su vida escondiéndose tras una cuba de vino para huir de la ira asesina del cazador de búfalos, Kirk Jordan.

En 1875, el pistolero y agente de la ley Bill Tilghman, un reconocido e inveterado abstemio, abrió un saloon en la ciudad. Tres años después, aceptó el ofrecimiento de su amigo, el pistolero Bat Masterson, por entonces *sheriff* del condado, y se convirtió en su ayudante, mientras Ed, hermano de Masterson, se convertía en marshal de la ciudad, aunque pronto fue asesinado. Le sustituyó Charles Bassett, que pronto contrató como ayudante a Wyatt Earp. Bassett fue sustituido a finales de 1879 por Jim, el tercer hermano Masterson, que ejerció puestos de responsabilidad en Dodge City, y que sería reemplazado en abril de 1881.

En febrero de 1883, el jugador y pistolero Luke Short se mudó a Dodge City y compró el célebre saloon Long Branch, que regentó junto a su socio W. H. Harris, que pronto sería derrotado en su candidatura al puesto de alcalde por Larry Deger, protegido del editor del *Dodge City Times,* Nicholas B. Klaine. Nada más tomar posesión, Deger promulgó una ordenanza que prohibía la prostitución en la ciudad. Dos días después, un policía local arrestó a una de las cantantes del local de Luke Short, acusada de no cumplir con la nueva ordenanza. Esa misma noche, Short y el funcionario municipal L. C. Hartman intercambiaron disparos en la calle. Short fue arrestado y obligado a dejar la ciudad, pero el pistolero pidió ayuda a sus muchos amigos (entre ellos, Wyatt Earp, Bat Masterson, Charles Bassett, Doc Holliday y otros conocidos pistoleros), que formaron lo que se dio en llamar "Comisión de Paz". Afortunadamente, no se llegó a producir el enfrentamiento armado entre ambas facciones. En noviembre de 1883, Short y Harris vendieron el Long Branch y se trasladaron a Fort Worth, Texas.

No obstante, los habitantes de Dodge, por regla general, sobrellevaban la violencia y ciertos excesos mucho mejor que los de otras ciudades del entorno, pues muchos eran, a su vez, aventureros y hombres duros, acostumbrados a las armas. Con todo, por el día, Dodge era tan tranquila como cualquier ciudad provinciana. Casi todos los vecinos estables practicaban con fe religiosa el "vive y deja vivir". Además, los ingresos municipales por tasas e impuestos pronto permitieron muchas mejoras en la ciudad, como una nueva escuela alojada en un edifico de ladrillos de dos plantas. De igual modo, en 1880, se erigió una iglesia sufragada con las donaciones voluntarias de los muchos pecadores de la comunidad. No era cuestión, pues, de acabar con el negocio.

Por encima de todo, Dodge fue el paraíso de los jugadores, pese a que, paradójicamente, los juegos de azar estaban teóricamente prohibidos. En la práctica, los jugadores pagaban por adelantado la correspondiente multa a modo de tasa para poder ejercer así libremente su lucrativo, pero a la vez, peligroso negocio. Se cuenta que un cowboy, airado por haber perdido todo su dinero en un tapete, se dirigió al marshal reclamando al sentirse estafado; inmediatamente, el agente le detuvo acusándole cínicamente de participar en actividades ilícitas. Pero no solo se jugaba abiertamente, sino que hasta se organizaban concursos y competiciones, como la que en 1885 estableció que el mejor jugador de Dodge City era el célebre pistolero Bat Masterson.

Sin embargo, los días de Dodge City como próspera ciudad ganadera, al igual que los vividos como centro del negocio de los búfalos, estaban contados. El declive comenzó a notarse en 1881, coincidiendo con el inicio de un periodo de fuerte sequía y consecuente depresión económica en todo el país, que provocaría un descenso del comercio ganadero y un aumento del número de granjeros, que comenzaron a ocupar, labrar y vallar los campos circunstancialmente vacíos de reses tejanas. Cuando los rancheros tejanos reanudaron el envío de manadas en 1884, se encontraron con muchas nuevas dificultades en el camino, incluidas las alambradas y la fuerte y activa resistencia al contagio de la fiebre de Texas. Finalmente, en 1885, presionada por los granjeros, la Asamblea de Kansas extendió la cuarentena a las reses tejanas hasta la frontera occidental del estado. Esto privó a Dodge de su modo de vida. Los negocios quebraron, los pastos y el resto de propiedades se vendieron a precios de saldo y el cowboy desapareció de escena. Pero, pese a todo, la ciudad sobrevivió, lo que la permitió convertirse en un icono del Salvaje Oeste y en un símbolo imperecedero del espíritu de la gente que lo domó.

Dodge City fue la última gran ciudad ganadera de Kansas. Su declive vino a significar también el de la época de las grandes expediciones ganaderas. Al cerrarse el acceso al Este por los embarcaderos ferroviarios de Kansas y a falta de que el ferrocarril llegase hasta la misma Texas, los ganaderos tejanos buscaron una alternativa. Pronto la encontraron en las inmensas planicies desiertas de las Grandes Praderas del norte. Inmediatamente, las sendas ganaderas se ampliaron hasta alcanzar las llanuras de Nebraska, Wyoming, Montana y las Dakotas, hacia donde se trasplantó un boyante negocio ganadero con centro neurálgico en las ciudades de Ogallala (Nebraska) y Cheyenne (Wyoming). De esa forma, del Oeste norteamericano basado en el búfalo se pasaría en un abrir y cerrar de ojos, casi inadvertidamente, al basado en el buey. Comenzó entonces una nueva página de la historia norteamericana, la de los grandes espacios abiertos, la de las grandes praderas del Norte.

MITOS Y LEYENDAS DE VIOLENCIA

Ya que las ciudades ganaderas crecieron con gran rapidez, en ellas la ley y el orden tardaron a menudo más tiempo en establecerse. Fue más habitual la justicia de los vigilantes, que en muchos casos se mantuvo aun cuando se contrataron servicios de policía cada vez más adecuados. Aunque algunos comités de vigilancia sirvieron al bien común con ecuanimidad y exitosamente en ausencia de jueces y funcionarios judiciales, más a menudo actuaban motivados por la intolerancia y las emociones básicas, cuando no por los intereses ilícitos.

No obstante, las peleas a tiro limpio no fueron tan frecuentes en la realidad histórica como lo fueron después en las películas. En varias de las ciudades ganaderas, las armas estaban prohibidas dentro de los límites de la ciudad, y en muchas otras existió algún otro tipo similar de control de armas. También a diferencia de las películas, los marshals raramente disparaban a los forajidos, especialmente en mitad de la calle mayor en duelos cara a cara. En realidad, la principal actividad policial en las ciudades ganaderas consistía en detener a los borrachos y llevárselos del lugar antes de que se hiriesen a sí mismos o a los demás. También desarmar a los que violaban el control de armas, intentar prevenir los duelos y vérselas con las violaciones de las ordenanzas referentes al juego y la prostitución.

Por su parte, los jueces de paz tenían, por lo común, una muy pobre formación en leyes, eran corruptos y dependían del cobro de impuestos y multas para ganarse la vida. Los mejores eran los que regían sus actos por el sentido común y la experiencia, pero podían resultar algo incoherentes, pues no se ajustaban a un estatuto conocido que regulase sus actuaciones. Solo los jueces federales tendían a tener la formación debida y a ajustarse a la ley escrita. Los jurados honestos eran difíciles de encontrar y la mayoría se basaba en sus relaciones personales.

La leyenda negra, proclive a la exageración, dibuja unos escabrosos retratos de la anarquía y la depravación aportadas por el cowboy a las ciudades ganaderas. Sin embargo, solo reflejan una de las face-

Hubo sheriffs muy activos que se empeñaron, muchas veces
a costa de su propia vida, en garantizar la paz y
el cumplimiento de la ley en su ciudad. Hubo otros,
sin embargo, que mantuvieron una actitud
más contemplativa.

tas, la menos agradable, del personaje. Estos chicos, que en su gran mayoría apenas habían salido de la adolescencia, pasaban en las travesías varios meses lejos de la civilización. Día tras día, tenían que respirar el polvo del camino; empaparse hasta los huesos con la lluvia; detener estampidas jugándose la vida a galope tendido por una pradera oscurecida plagada de madrigueras; cruzar a lomos del caballo ríos, guiando a una manada de aterrorizados bueyes semisalvajes; soportar tremendas tormentas eléctricas y contumaces sequías, y, sin importar su cansancio o su hastío, hacer cada noche una guardia sin parar de dar vueltas alrededor de la manada, sujetándose a duras penas, somnoliento, sobre el caballo... Por eso, a nadie debería sorprender que cuando aquellos muchachos entregaban por fin la manada en destino y se encontraban con dinero fresco en el bolsillo, lo único que deseasen fuera correrse una juerga. Su diversión resultaba a veces peligrosa, pero, en realidad, era inofensiva y siempre acababa igual: con los jóvenes desplumados por una legión combinada de camareros desaprensivos, jugadores de ventaja y mujeres profesionalmente alegres. El tópico de su transformación en un sujeto agresivo, violento y salvaje, además de borracho, jugador y mujeriego, es justamente eso, un tópico, y, por tanto, en gran medida, falso. Muchos de ellos ni fumaban ni jugaban y los borrachos tampoco abundaban. Entre otras cosas, no hubieran podido sobrevivir mucho dado el nivel de exigencia física y mental de su dura tarea diaria. Además, según su código de honor, el hombre es siempre responsable de lo que hace y no cabía aducir merma alguna de facultades por hallarse bebido.

Quizás ahí radicaba precisamente el origen del mito: su altísimo sentido del honor. En las ciudades ganaderas en las que daba rienda a su ocio y a su hartazgo de tedio, muchas convenciones sociales le eran ajenas y las exigencias de la etiqueta urbana le llevaban a menudo a una encrucijada moral: su código le exigía afrontar su responsabilidad y salvar su honor, a menudo mancillado por la actitud incompresible para él de los habitantes de la ciudad.

4

LAS VACAS LLEGAN A LAS GRANDES PRADERAS

> Era una tierra de vastos y silenciosos espacios, de ríos solitarios y de llanuras en las que la fauna salvaje observaba atentamente a los hombres a caballo que por allí pasaban. Era una tierra de ranchos dispersos, de... ganado de largos cuernos y de temerarios jinetes que, impasibles, sostenían la mirada a la vida y la muerte.
>
> Theodore Roosevelt, *An Autobiography* (1913).

EL BÚFALO DEJA SITIO A LA VACA

El alza definitiva de la industria ganadera y, por tanto del cowboy de la época clásica, estuvo directamente relacionado con la desaparición de las ingentes manadas de bisontes de las Grandes Praderas del interior de Norteamérica.

Hubo un tiempo no muy lejano en que unos 25 millones de bisontes constituían un inagotable recurso vital para los indios de las llanuras, al proveerlos de alimento, pieles para vestirse y guarecerse y huesos y tendones con que fabricar instrumentos, herramientas y utensilios. Durante el siglo XIX, la sequía, la pérdida y el deterioro de sus hábitats naturales, las epidemias y, sobre todo, el exceso de caza redujeron drásticamente su número hasta el punto de acercar al bisonte *(Bison*

bison), el mal llamado búfalo, al límite extremo de la extinción.

Inicialmente, los cazadores comerciales blancos los abatían para fabricar *pemmican,* una mezcla de carne de búfalo machacada, grasa y bayas con la cual los tramperos y pioneros, a imitación de los indios, hacían un alimento hipercalórico de larga duración. A ese exceso de caza también contribuyeron las muchas tribus de indios del Este desplazadas hacia las Grandes Praderas. A esta matanza más o menos *justificada* hay que añadir la carnicería inútil y sin sentido cometida por los cazadores deportivos, los emigrantes y los soldados e incentivada por el Gobierno estadounidense. Disparar al bisonte desde trenes en marcha se convirtió en un *deporte* muy habitual, que las compañías ferroviarias ofrecían como *ocio* a disposición de los pasajeros. Además, las sendas de emigración y los crecientes asentamientos comenzaron a bloquear el libre movimiento de las manadas hacia las zonas de alimentación y de apareo.

Sin embargo, el mayor de los efectos negativos sobre las manadas fue el enorme mercado que se abrió para las pieles y los demás productos derivados del bisonte al irse completando las principales líneas ferroviarias y especialmente la transcontinental. Ingentes cantidades de pieles fueron curtidas para ser aprovechadas como cuero y para la confección de vestidos y muebles. La matanza excedió a diario los requerimientos del mercado, al sobrepasar en mucho el millón de pieles al año, a razón de unos 100 bisontes muertos al día por cada cazador experto. Aproximadamente se mataban cinco animales por cada piel que llegaba al mercado y la mayor parte de la carne se abandonaba para que se pudriera después de desollarla. Enseguida surgiría una industria secundaria basada en los esqueletos, con los que se comenzó a fabricar fertilizantes.

Hacia los años setenta, la gran matanza del bisonte comenzó a dejar notar en toda su crudeza su radical impacto sobre las tribus de las Grandes Praderas, dependientes del animal tanto en lo económico como en lo espiritual. Los soldados fueron animados e, incluso, instigados por sus mandos a esa matanza estratégica como parte de las campañas contra los indios de las praderas, en un intento de privarles de su principal fuente de subsistencia y, de paso, de desmoralizarles. Con el paso de los años, el sostenido declive de las manadas fue creando en las praderas del interior un vacío que pronto iba a poder ser explotado por la industria ganadera.

LAS GRANDES PRADERAS

Cuando, en 1803, los primeros grandes exploradores de la inmensidad del Oeste, Meriwether Lewis y William Clark, estaban a punto de partir para su gran viaje a través del continente, fueron advertidos por el presidente Thomas Jefferson de que podían encontrar durante su travesía mamuts o mastodontes, cuyos huesos ya se habían encontrado en los grandes depósitos de sal de Kentucky. Ahora puede hacer sonreír tal aviso, pero entonces no era irracional. Nadie conocía casi nada de aquel tremendo país que se extendía al otro lado del río Missouri. Cuando los exploradores cruzaron en parte aquella vasta tierra, vieron que no era en absoluto como la habían previsto. Décadas después, la región se convertiría en la gran pradera del país, pero de entrada fue considerada durante mucho tiempo una inmensidad yerma e inhabitable, un mar de hierba inhóspito e inútil, del que, al menos durante el siguiente medio siglo, se supondría comúnmente que solo era aprovechable como territorio de caza de las tribus salvajes y que no tenía valor alguno para la ocupación colonial de los blancos.

Pero lo tenía y mucho. El búfalo campaba a su antojo desde el río Grande hasta el Athabasca canadiense, y desde el río Missouri a las montañas Rocosas, y más allá, pero nadie en aquellos días pareció caer en la cuenta de que, después de todo, había muy poca diferencia entre el búfalo y su pariente lejano, el buey doméstico, y que aquél, durante siglos, a millones, había conseguido hallar más que suficiente sustento en aquellos infinitos herbazales. Sin embargo, poco del valor potencial que ese dato permitía deducir fue siquiera intuido por lo exploradores.

En los mapas escolares estadounidense, ese inmenso territorio que ahora es considerado uno de los más fértiles de todo el planeta era rotulado ambiguamente "Gran Desierto Americano". Quizás fuera la ausencia de árboles la que creara esa falsa impresión de infertilidad. Nadie por entonces pudo prever que las granjas de la región algún día llegarían a costar una fortuna, ni que aquellas infinitas praderas desarboladas, en pocas generaciones, se cubrirían de ciudades y constituirían el mayor granero nacional y, por ende, uno de los más importantes del mundo. En ellas, Lewis y Clark, y los demás exploradores y pioneros que les siguieron, encontraron a muy diversas tribus nativas, que dependían en gran parte del búfalo para su existencia. De todo ello dieron buena cuenta los exploradores, pero sin atisbar futuro alguno para el colono en aquellas tierras que habitaban, sin apuros, decenas de miles de indios y millones de búfalos.

Casi medio siglo después de aquel viaje, los buscadores de oro de California, los llamados "Forty-Niners" ("los del [año] 49"), cruzaron a miles las llanuras, sin detenerse siquiera. Tampoco se ha de olvidar a los mormones, que habían viajado en busca de una región donde pudieran vivir como querían y que se habían establecido en Utah, en lo que parecía un yermo que, sin embargo, pronto se convirtió en un vergel.

Pese al olvido de décadas, con gran celeridad, las llanuras
hasta entonces inútiles del centro de Norteamérica
determinaron el futuro estadounidense. En infinitas
columnas, casi de puntillas, las vastas manadas de los
prolíficos pastos del sur se mudaron al norte, cada vaca
con su marca indeleblemente fijada en la piel.

Aun así, la riqueza de las Grandes Praderas permaneció, de momento, intacta e, incluso, inadvertida. Por entonces, California y su oro monopolizaban el pensamiento y los cálculos de todos los estadounidenses. El inmenso pastizal del interior permaneció olvidado.

Al comenzar la década de los cincuenta, cuando los yacimientos auríferos californianos comenzaron a escasear y ser menos rentables, los mineros giraron su mirada ansiosa hacia el norte, incluso más allá de la frontera canadiense. Sin embargo, pronto volverían sobre sus pasos y pondrían por fin su interés en los inmensos territorios dejados atrás en las Grandes Praderas. Cuanto más fueron explorando y explotando territorios más cercanos a las grandes llanuras áridas más se fue tambaleando el falso mito de la improductividad de aquellos territorios, que aún seguían sin colonizar. Sin embargo, el cerco se estaba estrechando por los cuatro puntos cardinales. Finalmente, sería desde el sur desde donde vendría, por una vez, el flujo colonizador.

Todos los colonos blancos que fueron poblando poco a poco el interior de Norteamérica tenían que ser alimentados, pero desestimaron de entrada aprovechar los mismos medios de subsistencia que habían sostenido a los pieles rojas durante los siglos anteriores. En consecuencia comenzó a tomar auge una nueva y próspera industria: el transporte de provisiones y suministros. Sin duda, un negocio sui géneris, altamente especializado y acometido por hombres de gran habilidad mercantil y también de gran audacia y temeridad.

No obstante, durante muchos años continuó sin haber muchos asentamientos permanentes en las Llanuras y nadie definió esta región como la próxima frontera de colonización. Los hombres que se internaban en ella para explorar o para buscar riquezas siguieron siendo tachados de aventureros. Nadie parecía ser capaz de aprovechar la lección que daban los indios y el búfalo. Ocupados con sus actividades habituales (minería, transporte, guerra contra los indios, caza, trampeo o mercadeo), los estadounidenses que se aventuraron a internarse o a establecerse en las praderas se preocuparon muy poco del potencial ganadero de la región.

Fue después de la Guerra de Secesión cuando los ganaderos del Sur se dieron cuenta de pronto de que aquellas praderas constituían un pasto excelente para sus ingentes manadas de cornilargos. Así comenzaron las grandes expediciones ganaderas desde Texas hacia el Norte, tras apreciarse que el ganado desplazado desde el área del río Grande a las zonas del norte del estado, alimentado básicamente con la misma hierba que crecía en las Grandes Praderas, no solo sobrevivía, sino que incluso prosperaba y alcanzaba una envergadura y un peso muy superiores a los que normalmente tenía en sus zonas de origen de la tórrida costa sur.

Pese al olvido de décadas, enseguida, con gran celeridad, incluso con inusitado alborozo, aquellas regiones hasta entonces inútiles pasaron a determinar el futuro estadounidense. En grandes grupos, formando infinitas columnas, despacio, en fila india, casi de puntillas, las vastas manadas de los prolíficos pastos del sur se mudaron hacia el norte, cada vaca con su marca indeleblemente fijada en la piel. El cornilargo tejano y sus cruces posteriores estaban a punto de tomar el lugar de aquellos de los cuales los indios habían dependido para su existencia secular. Acababa de amanecer un nuevo día en la historia estadounidense: el día en que el imperio del búfalo, ahora vacante, sería sustituido por el no menos salvaje del longhorn tejano. Desde este punto de vista, pues, la Conquista del Oeste tuvo, al margen de sus aspectos míticos y cinematográficos, una notable importancia económica: implicó la incorporación al ciclo económico de cientos de miles de hectáreas de tierras aptas para la agricultura y la ganadería. Sus rendimientos agropecuarios permitieron que el Este se especializara en la producción industrial capitalista y que los Estados Unidos, como conjunto, fueran capaces de cubrir sus necesidades internas y, a la vez, de crear excedentes. Eso hizo posible exportar alimentos y lograr divisas en un momento propicio en que la economía occidental iniciaba la Segunda Revolución Industrial.

Paralelamente, el acelerado *boom* demográfico estadounidense (en 1850 se llegó a los 23 millones de habitantes) y la proliferación de núcleos habitados, impulsada sobre todo por la extensión de los ferrocarriles, estaban generando unas necesidades alimenticias a las que había que atender perentoriamente. Como ya se ha dicho, todos los nuevos colonos blancos que inundaron las Grandes Praderas y las faldas de las Rocosas, Sierra Nevada y las Cascadas tenían que ser alimentados. En esas circunstancias, las miradas de unos cuantos avispados se dirigieron a aquella cabaña oceánica formada por millares y millares de cabezas de una raza aparatosamente cornuda que, en estado semisalvaje, pastaba por los inacabables llanos tejanos con la misma libertad que los bisontes lo habían hecho durante siglos por las grandes praderas de más al norte. Y, así, la vaca extendió su dominio a las grandes praderas del Norte, lo que elevó la industria ganadera, hasta entonces monopolizada por los tejanos, a la categoría de industria nacional.

Un imperio herbáceo vacante

Según la leyenda, la constatación de que entre la franja ya colonizada de Dakota, Nebraska y Kansas, al este, y Sierra Nevada y los pastos de la Costa, al oeste, había un área, tan grande como la de los estados situados al este del Mississippi, en la que el ganado se podría criar y engordar en libertad, dejando que él mismo buscase su alimento, su agua y su refugio, sin ayuda del hombre, hasta estar en condiciones de ser llevado al mercado, fue un descubrimiento fortuito que, sin duda, a la larga, se revelaría como mucho más importante y trascendente que el del oro de California, la plata de Nevada o el petróleo de Pennsylvania.

La leyenda cuenta que, a primeros de diciembre de 1864, un comerciante gubernamental viajaba hacia el Oeste en dirección a Camp Douglas, en el Territorio de Utah, al frente de un convoy de carretas tiradas por bueyes, cuando fue sorprendido en las llanuras de Laramie, Wyoming, por una tormenta de nieve inusualmente virulenta y se vio obligado a regresar a su campamento de invierno. Para agilizar la vuelta, soltó a los bueyes, sin esperanza alguna de que sobreviviesen al frío y el hambre.

Sin embargo, los animales no se alejaron mucho del campamento y, según se iba fundiendo la nieve de aquellas tierras altas, la hierba seca les fue proporcionando forraje en abundancia. Y sobrevivieron; es más, engordaron. Cuando la primavera abrió de nuevo los caminos, el comerciante se llevó la sorpresa de reencontrarse con unos bueyes no solo vivos, sino más lustrosos y en mejores condiciones que cuando, cuatro meses antes, los había condenado a una muerte que él creía segura. Naturalmente, cuando este hecho se divulgó y se sacaron las lógicas consecuencias sobre la adaptabilidad del ganado vacuno a aquel inmenso territorio de pastizales que se iba quedando vacante, el precio de las vacas comenzó a subir, lo que hizo que la demanda de pastos libres se incrementara en igual medida.

Pero a partir de ahí casi todas las primeras iniciativas de implantar la ganadería bovina en las Grandes Praderas se vieron entorpecidas por la resistencia de las tribus indias (fundamentalmente, cheyenes, arapajoes y siux), cuyos territorios estaban amenazados por el avance de la colonización y de los soldados destacados para su defensa. Pero, poco a poco, la estrategia blanca iría reduciendo cada vez más la tierra atribuida a estas tribus.

Finalmente, gracias al genocidio de los indios y a la matanza sistemática de los bisontes, las grandes llanuras del interior del subcontinente fueron quedando vacantes y expeditas para el ganado vacuno y sus cuidadores. Ya se pudo disponer libremente de ellas, aprovechando los muchos recursos agrícolas y mineros que los indígenas mantenían baldíos. Ganaderos, granjeros y compañías mineras, ferroviarias y de navegación fluvial defendían encarnizadamente sus intereses y acosaban al general William T. Sherman pidiéndole la liberación de todo el territorio; es decir, el destierro definitivo o el exterminio final de los indios.

Aun cuando las continuas oleadas de colonos, cada vez más numerosas, fueron canalizadas por el ejército hacia los territorios indios para que precipitaran la sublevación esperada, éstos, lejos de desenterrar el hacha de guerra, se limitaron de momento a denunciar todos los abusos. En 1874, acuciado por las presiones, Sherman tomó la decisión de organizar una expedición a las órdenes del general Custer a las sagradas Colinas Negras de los siux, en las que pronto encontró, a conveniencia, oro. La noticia se propagó inmediatamente y provocó una auténtica avalancha de buscadores. Esta población más o menos flotante cercana a las vetas necesitaba carne, mucha carne tejana, y estaba más que dispuesta a pagarla bien. La cría en las propias llanuras de Wyoming y Montana, aún incipiente, era totalmente incapaz de cubrir la demanda y, de momento, nadie apostaba por aumentarla, pues se estaba a la espera de una gran rebelión india, que, tras ser aplastada, solucionase el problema para siempre.

Lo que nadie pudo prever es que esta rebelión se produjese enseguida y que obtuviese una gran victoria inicial. Durante el verano de 1876, el general Custer y buena parte de sus tropas fueron exterminados en Little Big Horn. Sin embargo, aquella victoria fue el principio del fin de la forma de vida tradicional de los indios y a punto estuvo de provocar su exterminio total. La prensa nacional exaltó el heroísmo de Custer y sus soldados, obviando su megalomanía y sus enormes errores tácticos, lo que sirvió de excusa para pedir casi unánimemente la guerra santa de exterminio contra los indios.

A la vez, los rancheros de Nebraska, Wyoming y Montana vieron en la consecuente guerra la cura de todos sus males, al facilitarles la toma de posesión de las praderas. De forma indirecta, los primeros grandes beneficiados de este cambio de rumbo en la política india fueron los bancos nacionales que se apresuraron a abrir en las zonas que iban siendo expoliadas a los indios sucursales que financiaran a alto interés este nuevo *boom* ganadero.

Entre 1870 y 1880, el censo ganadero de Kansas pasó de 374.000 a 1.534.000 cabezas; el de Nebraska, de 80.000 a 1.174.000; el de Colorado, de 70.000 a 790.000; el de Montana, de 37.000 a 428.000; el de Wyoming, de 11.000 a 521.000, y el de las dos Dakotas, de 12.000 a 140.000. Hasta entonces, solo había ranchos en la orilla sur del río North Platte, y siempre amenazados por las continuas incursiones de los indios. Al ser neutralizados éstos, la actividad ganadera vivió un considerable auge. La industria ganadera, aún en sus inicios, prometía unos beneficios que dejarían pequeños los obtenidos en todas las sucesivas fiebres del oro.

Por entonces, las praderas del Norte eran un vasto y abierto dominio salvaje, el mayor ofrecido nunca para uso y disfrute de un pueblo. Nadie lo reclamaba ni nadie lo quería. Las hierbas y las aguas dulces estaban abiertas, accesibles, para todo aquel que tuviera vacas que criar. Las leyes de propiedad eran aún vagas y de aplicación muy laxa, y cada cual las podía interpretar como gustara. La Ley de Asentamientos de 1862 funcionaba a la perfección en tanto en cuanto había buenas tierras en que establecerse y era la única aplicable en el caso de la ganadería. En la práctica era violada miles de veces; de hecho, lo era necesariamente por cada ganadero que deseaba adquirir suficientes prados como para sostener a una manada media. Los barones ganaderos amasaban sus fortunas mediante su personal interpretación de la ley, que había sido dictada para dar a todos una misma oportunidad. Con bastante rapidez, a lo largo de las grandes vías fluviales de los prados del Norte, los rancheros y sus empleados fueron rellenando a destajo reclamaciones de tierras colindantes o que contuvieran manantiales con que regar los secarrales circundantes y dar de beber al ganado. En la mayor parte de las tierras sin propietario se seguía una práctica de ocupación; el primer ganadero que llegaba a cualquier valle vería respetados sus derechos, al menos por un tiempo. Ese uso y abuso de las oportunidades conformó y malformó, a la vez, a los Estados Unidos.

Eran tiempos, pues, de campo abierto y libre. Las vallas y los alambres de espino no habían llegado todavía ni había granjas delimitadas con estacas. Desde el Sur, esa tremenda y elemental fuerza, la más revolucionaria de las muchas que fueron cambiando de continuo el Oeste, fue llegando a través de las sendas que se iban abriendo al paso de aquellos animales de terrible cornamenta.

Las tribus ya sometidas iban siendo agrupadas en las reservas y tenían que ser alimentadas, a ser posible, con proteínas animales. En tal sentido, qué mejor que la carne de vacuno. La gran mayoría de los corruptos agentes indios amasaron grandes fortunas gracias a las migajas que se les pegaban en las manos al administrar esta intendencia. El Beef Ring de Washington, uno de los más influyentes grupos estadounidenses de presión que hayan existido nunca, y el resto de círculos mercantiles interesados estaban escribiendo en esos momentos su breve y, en más de un sentido, indigna historia. De esta torticera forma, los políticos y los empresarios corruptos condicionaron la evolución de la industria ganadera como antes habían condicionado las relaciones con los indios.

Naturalmente, dado el incremento de la demanda, el precio de las reses comenzó a subir y, naturalmente también, la necesidad de nuevos prados libres se incrementó en igual medida.

UN EJÉRCITO DE *COWBOYS* SE TRASLADA AL NORTE

Puesto que se contaba ya con el ganado, los pastos y los enlaces con los mercados, y que el sistema financiero había aportado el capital, solo faltaba un quinto elemento para completar la ecuación ganadera en las praderas del Norte. Era algo que también existía en abundancia en Texas: *cowboys*. Hombres no solo expertos y hábiles, sino también acostumbrados a afrontar por sí solos cualquier adversidad y a derrotar a cualquier enemigo, fuera indio, cuatrero o competidor. Empresarios sagaces conjuntaron esos elementos y, enseguida, el buey tejano reemplazó al búfalo y el *cowboy* se convirtió en el poder dominante en Nuevo México, Colorado, Montana, Wyoming, la reserva cheroqui del Territorio Indio y las zonas occidentales de Dakota, Kansas y Nebraska.

Como regla general, el negocio ganadero en estos territorios sería, siempre que fue bien administrado, una aventura muy exitosa y rentable. Cientos de hombres que unos pocos años antes entraron en el negocio con extremadamente pocos medios se convirtieron en nuevos barones del ganado y ahora contaron sus ingresos por cientos de miles e incluso millones de dólares.

De esta forma, a los diez años del inicio del trasiego ganadero a través de las rutas hacia el norte comenzó la época de bonanza del sistema de rancho abierto: el transporte por tierra, las inagotables praderas donde las bestias pastaban y los corrales fueron suficientes no solo para abastecer el mercado interno estadounidense, sino también para afrontar la exportación de carne a Europa. Las primeras exportaciones comenzaron en 1875; solo tres años después, se despacharon 50 millones de libras de carne; para 1881, el volumen de exportación se incrementó a 100 millones de libras, dirigidas principalmente a Gran Bretaña.

Por entonces, los inversionistas comenzaron a dirigir sus excedentes monetarios al Oeste, donde esperaban obtener pingües beneficios. Incluso, la actividad se internacionalizó con la llegada de europeos que se asentaron, participando incluso en actividades propias de los *cowboys*. A la vez, muchos estadounidenses de otros estados aprendieron el oficio y pasaron a dedicar su vida, cada uno a su nivel, a la ganadería. Atender a los ávidos mercados mantuvo ocupados por mucho tiempo a todos aquellos que hicieron de la silla de montar su hogar y que rápidamente se constituyeron en la mano de obra, pero también en la fuerza de choque, de los "barones ganaderos".

Los métodos de cría, la terminología vaquera y las prácticas de campo desarrolladas en Texas se divulgaron junto con las nuevas manadas por toda la parte occidental de los Estados Unidos. A partir de entonces, los ganaderos del sur y el oeste de Texas llevaron sus resistentes y adaptativos animales a través de Texas, el Territorio Indio y Kansas hasta Ogallala, en Nebraska. Desde este enclave ganadero de distribución, las rutas se desplegaban en abanico en todas direcciones. A través de ellas, los *cowboys* fueron llevando las manadas a que madurasen en las inmensas praderas, vacantes desde que habían desaparecido los búfalos. Luego, transcurridas un par de temporadas, los animales se volvían a llevar a las cabeceras ferroviarias de Ogallala, Cheyenne (Wyoming) o Julesburg (Colorado), donde eran embarcados hacia los mercados finales del Este.

El volumen de ganado movido por aquellas nuevas rutas fue de nuevo impresionante. En los años cumbre de 1880 a 1884, las manadas de reses formaban casi una cadena sin fin en la llamada Senda Occidental. Si algún río crecido interrumpía la auténtica procesión, se formaba un cuello de botella en que quedaban atrapadas decenas de miles de reses en un mismo lugar. Aquello se convertía en una pesadilla para los ganaderos.

En total, se calcula que unos cinco millones de reses y un millón de caballos fueron finalmente embarcados en incesantes convoyes formados por entre 20 y 25 vagones cada uno, con destino a Kansas City, Omaha, Saint Louis o Chicago.

Los métodos de trabajo del Este fueron rápidamente reproducidos y, luego, superados. Junto a ello, nuevos recursos, como el politiqueo, los chanchullos y el tráfico de influencias, cosas hasta entonces desconocidas, comenzaron pronto a escribir su propia historia, sobre todo en esta recientemente ganada región en la cual aún no se había disipado del todo el humo de los rifles. Pero cada manada que llegaba al Norte llevada de una forma u otra significaba un avance en el aprendizaje de su negocio por parte de todos los ganaderos de una parte u otra. Algunos de los sureños comenzaron a poner en funcionamiento prados de engorde en el norte, reteniendo con ellos a sus crías hasta que alcanzaban la edad apropiada para desplazarse y engordar de cara el mercado. La demanda de ganado de los grandes prados del Norte fue de momento insaciable.

Los constructores de ferrocarriles se apercibieron rápidamente del tremendo potencial que la industria ganadera recientemente establecida en aquellas regio-

La Senda Occidental

Casi todas las reses llevadas a los prados del Norte recorrieron la llamada Senda Occidental, que conducía originalmente desde Bandera, Texas, a Dodge City, pasando por Fort Griffin y Doans Store, pero ahora se extendió en dirección norte hasta Ogallala (Nebraska) y Cheyenne (Wyoming). Un ramal permitía tomar dirección noroeste e ir a Colorado desde Doans Store, localidad de apenas doce cabañas situada en la orilla sur del río Rojo, que tuvo pronto una importancia capital para las expediciones que atravesaban Kansas: por una parte, su vado daba la posibilidad de evitar el Territorio Indio y, por tanto, el pago de peaje alguno, y, por otra, ofrecía en sus almacenes el whisky, las municiones, las armas, las sillas de montar, los arneses y todo lo que los cowboys necesitaban para reabastecerse en el camino.

El trayecto duraba como promedio cinco meses y, una vez llegados al norte, los cowboys de Texas podían aún ganar algo de dinero extra: se habían dado cuenta en los ranchos de que los caballos tejanos de origen español eran más apropiados para el trabajo de los vaqueros que los autóctonos. Por eso, a partir de 1879, sus monturas alcanzaron cotizaciones muy elevadas. Nada más llegar al norte, las vendían inmediatamente, pues, debido a la existencia de innumerables *mustangs*, el depósito de Texas era prácticamente inagotable, y luego volvían, de una manera menos fatigosa, vía tren.

Uno de los primeros que recorrió con una manada toda la longitud de la Senda Occidental fue James Cook, en 1876, y lo hizo gracias a una casualidad ciertamente sorprendente. Sus 25.000 *longhorns* atravesaron, sin mayores contratiempos, el territorio de los siux en pie de guerra, gracias a que su viaje coincidió con el momento en que el general Custer era derrotado y muerto en Little Big Horn. Gracias a la coincidencia de que todos los indios de la región estaban concentrados en la batalla contra Custer, el ganadero no tropezó con uno solo y llegó a Dakota del Norte, donde el comprador le esperaba, sin haber disparado ni un solo tiro.

nes despobladas suponía para su actividad de transporte de mercancías a larga distancia. Según sus cálculos, sus sendas de hierro sustituirían no a mucho tardar a las ganaderas que se dirigían hacia el norte y podrían competir con solvencia en el transporte de carne. Este vertiginoso desarrollo, coincidente con el imparable avance de los raíles que iban surcando y entrecruzando aquella frontera recientemente conquistada, apenas llevaría veinte años.

La vida salvaje, audaz y despreocupada, que comenzó a llegar desde el Sur, difundió un nuevo interés por ese nuevo Oeste que ejercía en el público de las viejas tierras un extraño y fascinante atractivo. Todos en los prados tenían, mucho o poco, *suficiente* dinero y, sobre todo, todos eran independientes y libres. Una vez más parecía que el hombre había sido capaz de sobrepasar las opresivas limitaciones de su vida para lograr una autocomplacida, sencilla y libre autonomía. Un coro de alborozo, descontrolado, se extendió por todo el campo abierto, llevando su eco prelegendario al resto del país, que comenzó a desarrollar una cierta admiración por aquellos *cowboys* supuestamente felices. Después de todo, parecía que para ellos había comenzado un mundo nuevo en una tierra aún no hollada. Allí todos eran todavía, por mucho tiempo, jóvenes.

Este eco resonó tanto en forma de reclamo que, ante la avalancha de gente deseosa de comprobar las bondades y las oportunidades de la vida del Oeste, pronto no hubo allí suficiente tierra para todos. Este inmenso territorio, hasta ayer estéril y sin valor, ahora resultaba estar recubierto de oro, más aun que los yacimientos de California o de cualquier otro lugar. En consecuencia, se produjo un completo reajuste de los valores dominantes y de los criterios de seguridad. Los bancos dejaron de interesarse por la tierra como aval, pues no tenía prácticamente valor sin el ganado, pero se avinieron con entusiasmo a prestar dinero a unos intereses que entonces no parecieron usurarios, siempre que los aspirantes a barones contasen con la garantía del ganado.

Al principio, la cría de ganado en las praderas del norte se redujo principalmente a colonos con pocos medios. Pero, pronto, los empresarios y capitalistas vieron que el emplazamiento de grandes manadas en aquellos pastos, como había venido sucediendo en Texas y México, podría reportar, con la adecuada protección, grandes beneficios. Era un empeño que requería, sin embargo, tanto capital como valor y arrojo. Pero no eran solo demanda y precio los únicos reclamos para los capitalistas del Este. Ambos factores provocaron una pequeña revolución mercantil añadida, que se manifestó en aspectos tan diversos como la aparición de fábricas de conservas de carne, la invención del vagón frigorífico y, sobre todo, el auge ferroviario. Ahora el ganado podía ser convertido en carne antes de ser enviado a los grandes centros distribuidores como Chicago. La invención del vagón frigorífico por el empresario cárnico Gustavus Franklin Swift (1839-1903) también ayudó al rápido declive de las largas conducciones de reses. Al irse extendiendo los ferrocarriles hasta alcanzar los grandes centros productores, los animales ya podían ser sacrificados con un mayor peso y en unas condiciones más idóneas de crianza, al ahorrarse 1.000 o 1.500 kilómetros de duro viaje hasta las cabeceras ferroviarias.

El negocio ganadero de las praderas del norte era nuevo, y se caracterizaba ya por la organización, la disciplina y el orden. Los que se dedicaron a él como propietarios procedían principalmente de estados situados al este del río Missouri y norte del Territorio Indio, aunque entre ellos había también muchos capitalistas ingleses, escoceses, franceses y alemanes, muchos de los cuales llegaban a los Estados Unidos como turistas o con el propósito de cazar búfalos, pero quedaban cautivados por ese mundo y se convertían, con o sin nacionalización de por medio, en ganaderos estadounidenses. Algunos de ellos se desplazaron al origen y comenzaron a fundar inmensos ranchos en el oeste y el norte de Texas para aprovechar esa tierra de excelentes pastos y aguas. El XIT, el Matador, el JA de Charles Goodnight, el Espuela Land, el Cattle Company's Spur y otros muchos ranchos estuvieron en manos de inversores extranjeros procedentes de Inglaterra y Escocia.

Hubo muchas otras mejoras tecnológicas, como la invención y el uso de molinos de viento, que proporcionaron agua asequible a las sedientas vacas, eliminando la necesidad de llevarlas a las fuentes naturales. Pero, además, se produjo otro cambio decisivo. En los pastos del Norte, el robo de ganado se convirtió en algo obsoleto. Los estados y territorios dictaron leyes que exigían que todo el ganado fuese marcado y que todas las marcas se registraran en los archivos públicos de la oficina del condado en que el propietario de cada manada residiera. Esto dio una total transparencia al negocio ganadero y, al mismo tiempo, todas las características y los rasgos que definen a un comercio reglado y ordenado, aunque, eso sí, dominado por los barones del ganado, los nuevos señores feudales del Oeste.

LOS "BARONES DEL GANADO"

Seguramente la libertad sin límites en una naturaleza también sin límites, más que cualquier otro motivo, impulsaba al *cowboy* a acompañar a su manada de rancho en rancho o hasta mercados lejanos. Estos aristócratas proletarios de las estepas iban y venían según el ciclo de las estaciones. Tras haber gozado durante el invierno de las relativas comodidades y diversiones de la sociedad del Norte, regresaban en primavera a las inmensidades del Sudoeste, huyendo así de los para ellos excesivos convencionalismos sociales. Muchos amaban la soledad, se sentían más libres en los espacios descubiertos y evitaban las ciudades, prefiriendo los riesgos de un enfrentamiento con la naturaleza salvaje a la incómoda y coercitiva seguridad de una comunidad organizada.

Muchos eran jóvenes y locamente temerarios; otros, que no consideraban que la vida consistiera en jugársela a cada momento, se mostraban más prudentes y reflexivos. Los más exitosos de éstos últimos pensaban que la existencia de un hombre solo tenía auténtico sentido en el desarrollo de la propia personalidad y en la optimización de sus logros; éstos nutrieron las filas de los barones del ganado. El provecho estaba en el primer plano de sus preocupaciones. Querían ganar el máximo dinero y lo más rápidamente posible a fin de poder acceder al poder y ejercerlo.

Obviamente, no todos ellos se salieron la suya pero, como ocurre siempre, la memoria no suele desgastarse en hacer hueco a los fracasos y prefiere los más digestivos éxitos que, en este caso concreto, aun siendo poco numerosos, resultan mucho más fantásticos.

RICHARD KING, "EL REY DEL GANADO TEJANO"

Sin duda, el más legendario de todos los grandes barones de Texas no fue un *cowboy*, ni siquiera un oriundo del Oeste, sino un piloto de barcos de vapor nacido en el corazón del Este, en la ciudad de Nueva York. Poco se sabe de los primeros años de Richard King (1824-1885), un ejemplo perfecto del hombre hecho a sí mismo tan abundante en la historia del Oeste. Nacido en un suburbio pobre de Nueva York, en el seno de una familia de inmigrantes irlandeses, cuando tenía once años se escapó de una joyería donde trabajaba como aprendiz y viajó como polizón en un barco que zarpó de Mobile, Alabama, con destino al golfo de México. Descubierto enseguida, pagó su billete trabajando como grumete. El capitán del barco le enseñó a leer y escribir y la aritmética suficiente para la navegación.

Después trabajó en los muelles de Galveston haciendo de todo y, como era muy despierto y aprendía muy deprisa, al cumplir los diecinueve años, ya poseía una licencia para capitanear vapores en la costa de Florida. Allí entró en contacto con un cuáquero llamado Mifflin Kenedy, un bien formado y experto piloto de barcos de vapor, que acababa de firmar un importante contrato con el cuerpo de ingenieros del ejército del general Zachary Taylor, acampado en el río Grande, que preparaba la guerra contra México. Kenedy se llevó consigo como piloto del vapor *Corvette* a King, quien pronto se hizo experto en fletes y, en poco tiempo, ganó tanto dinero que pasó a ser armador. En 1846, a los veinticuatro años, King era ya dueño de una próspera flota de 22 barcos fluviales que navegaban entre los peligrosos bancos de arena del río Grande.

Durante la guerra mexicana, el capitán King transportó tropas y suministros arriba y abajo del río desde la desembocadura hasta la población mexicana

El más legendario de todos los grandes barones de Texas
fue un piloto de barcos de vapor nacido en el corazón
del Este, en la ciudad de Nueva York:
Richard King (1824-1885), un ejemplo perfecto
del hombre hecho a sí mismo.

de Camargo. Cuando la guerra acabó, en noviembre de 1847, King no había sufrido ni un solo accidente, algo insólito en el traicionero río. Durante los siguientes veinticuatro años, King se convertiría en uno de los *reyes* del gran río.

En abril de 1852, el capitán King cabalgó hasta la ciudad tejana de Corpus Christi para asistir a la feria estatal y quedó maravillado por la inesperada abundancia de agua potable en un mar de hierba repleto de ganado salvaje no marcado y vio en él su oportunidad. El único inconveniente era el de los bandidos, cuatreros e indios hostiles que abundaban en la zona. En aquellos caóticos días, una marca significaba poco, a menos que el ranchero contase con vaqueros duros y bien armados que le protegiesen. A King, su éxito en los negocios fluviales no le había hecho olvidar su viejo sueño infantil de convertirse en ranchero y en 1853 aprovechó la oportunidad de adquirir por 300 dólares una parcela de 6.275 hectáreas de pastos en Santa Gertrudis, localidad del sur de Texas, a unos 75 kilómetros al sudoeste de Corpus Christi, pero solo después de convertirse en socio de Gideon K. "Legs" Lewis (1823?-1889), que, muy convenientemente, era capitán de una compañía de rangers de Texas y, a la vez, editor del periódico local *Nueces Valley*. Mientras los implacables rangers de Lewis patrullaban la comarca e iban limpiándola de cuatreros, el capitán King construyó presas en pequeños desfiladeros para poder dar de beber a 1.000 vacas a la vez. Poco después, ampliaría su posesión adquiriendo 21.500 hectáreas más de tierras de excelentes pastos, que también dedicó a la ganadería. En 1861, su cabaña constaba ya de 20.000 vacas y 3.000 caballos.

Desde el comienzo, dependió mucho de los vaqueros mexicanos como fuerza de trabajo. Además, contrató como capataces a vaqueros con reputación de tipo duro y dejó correr la voz de que su rancho era una fortaleza armada defendida por *cowboys* preparados para cualquier tipo de pelea. En consecuencia, nunca tuvo problema alguno, ya que los bandidos se alejaron sabiamente de sus dominios.

Pero King no fue solo un mero ganadero de cría y venta, sino que se propuso mejorar las razas vacuna y caballar mediante cruces. Para el primer caso, importó toros ingleses hasta conseguir una carne menos correosa y más sabrosa, altamente apreciada en el mercado. En cuanto a los caballos, no paró hasta que, por diversos cruzamientos del *mustang* salvaje con sementales de pura raza árabe, por un lado, y con yeguas irlandesas, por otro, consiguió crear un ejemplar tan veloz para el galope corto como resistente e inteligente, muy adecuado para el trabajo del *cowboy*.

Y así siguió, prodigando su astucia e intuición para los negocios. Cuando una sequía azotó el área, en vez de reducir sus manadas como hicieron la mayoría de sus colegas, King compró miles de nuevas reses a precios de ganga, arriesgando todos los ahorros de su vida de piloto a la ventura de que la sequía acabase pronto. Y ganó su apuesta pues, finalmente, llegaron fuertes lluvias.

Su socio Lewis fue asesinado por el marido despechado de una de sus amantes, pero King pensó que ya era lo suficientemente fuerte como para seguir adelante solo, aunque no del todo, pues se procuró el respaldo de la guardia fronteriza estadounidense.

Durante la terrible ventisca del invierno de 1863-1864, se benefició de todo el ganado que se quedó sin dueño y que se acercó a sus propiedades. Esta terrible tormenta de nieve había llevado hacia el sur a grandes cantidades de ganado que hasta entonces pastaba más al norte. Antes incluso de la invención del alambre de espino, King cerró sus fincas con vallas, un despilfarro a ojos de los ganaderos veteranos, que preferían dejar a su ganado moverse libremente para pastar en cualquier tierra que eligiese por sí mismo, antes de que llegara el momento del rodeo. Todo aquel ganado que pastaba libremente, la mayor parte del cual estaba sin marcar ya que buena parte de los vaqueros estaban fuera por la guerra, había reavivado el interés de cuatreros y bandidos, muchos de estos disfrazados de compañías irregulares de vigilantes. El rancho King perdió aproximadamente cuatro quintas partes de sus reses a pesar de sus vallas y sus patrullas armadas. King cabalgaba siempre armado con una escopeta de dos cañones cargada con perdigones (nunca confió en los revólveres) y emplazó dos cañones de artillería en el rancho. Además, compró 30 rifles y contrató a pistoleros para reforzar a su equipo de *cowboys*.

Más adelante, King contrató a un buen grupo de ex rangers para que le ayudaran a reunir varias decenas de miles de reses y llevarlas a Abilene, a unos 1.750 kilómetros al norte. Con los beneficios de esta lucrativa operación, King se compró más tierra. Hacia los años setenta, aquellas parcelas adquiridas por él en Santa Gertrudis diecisiete años antes valían ya millones y su cabaña, mejorada por selección y alimentación científicas, era la primera de Texas, por lo que su propietario mereció ser llamado el "Rey de Texas". Su obra, continuada por sus sucesores, aumentó los límites de su rancho hasta hacer de él la propiedad ganadera privada mayor del mundo. A su muerte en 1885, su rancho cubría casi 2.600 kilómetros cuadrados, el tamaño aproximado de un principado europeo de la época.

John Chisum, el barón por excelencia

Otro buen ejemplo de barón ganadero, quizá el más arquetípico, fue John Simpson "Jinglebob" Chisum (1824-1884), oriundo de Tennessee, pero que, como tantos otros, vio pronto que su porvenir y su fortuna estaban en tierras ganaderas. A los treinta años ya era un gran terrateniente, con sede en Nuevo México y dueño de más de 10.000 reses, cabaña que, con el tiempo, no hizo más que incrementarse, llegando en 1875 a las 80.000. En sus mejores momentos, su rancho empleó a más de 100 *cowboys*.

Nacido en el condado de Hardeman, Tennessee, su familia se trasladó en 1837 a Texas, donde el adolescente encontró pronto trabajo como contratista de obras y, más tarde, como funcionario del condado Lamar. En 1854, se trasladó al condado de Denton, donde se asentó como colono y ganadero en Clear Creek, a unos cinco kilómetros al norte de la ciudad de Bolívar. Tras ser uno de los primeros en conducir rebaños hasta Shreveport, Louisiana, en 1857 puso en marcha su primer gran rancho. Pronto los colonos le acosaron hasta tal punto que, en 1863, tuvo que marcharse en busca de nuevos prados.

Un buen día partió hacia el Oeste, con todas sus pertenencias en un caballo de carga. Al ver por primera vez la región de las grandes praderas de Nuevo México, ocupada entonces por indios, bisontes y caballos salvajes, se dio cuenta de que ofrecía las condiciones ideales para la cría de ganado y fundó un rancho en Bosque Grande, en el condado Lincoln, a unos 65 kilómetros al sur de Fort Sumner. Desde el principio, su rancho se vio expuesto a los ataques de los comanches y los bandidos mexicanos. Chisum no tenía más que una posibilidad de sobrevivir: inspirar el suficiente respeto. Cuando unos mexicanos le robaron parte de sus caballos, les persiguió acompañado de tres hombres, les alcanzó en el vado de la Cabeza de Caballo del río Pecos, les mató y colgó los cadáveres de las ramas de unos álamos cercanos. Después de eso, ya no sufrió más ataques de bandidos mexicanos.

Otro buen ejemplo de barón ganadero, quizá el más arquetípico, fue Jinglebob Chisum (1824-1884). A los treinta años ya era un gran terrateniente establecido en Nuevo México y dueño de más de 10.000 reses, cabaña que, con el tiempo, no hizo más que incrementarse, hasta llegar en 1875 a las 80.000.

En 1866, formó una sociedad con Charles Goodnight y Oliver Loving para el suministro de ganado al ejército acuartelado en Fort Sumner y Santa Fe. Entre el otoño de ese mismo año y el verano del año siguiente, Chisum emprendió el temible trayecto entre los ríos Conchos y Pecos con numerosas manadas pequeñas, empleando la táctica "run and walk", que le permitió atravesar en tres días y sin pérdidas la reseca estepa. Primero, los animales descansaban unos días a orillas del río Conchos, hidratándose bien. Por la noche, comenzaba la carrera contra la sed; el ganado era azuzado con el látigo hasta que se lanzaba a un galope que se transformaba, al cabo de tres horas, en un trote sostenido. Seguidamente, de nuevo, el galope durante tres horas, y finalmente el trote hasta el amanecer del día siguiente. A partir de ese momento, el paso se aminoraba cada vez más hasta el anochecer. El ejercicio se repetía durante la noche y, cuando amanecía, el Pecos solo estaba a unos 15 kilómetros de distancia.

Chisum estuvo demasiado ocupado durante un par de años en cumplir su contrato de aprovisionamiento de carne para pensar en llenar sus praderas de ganado; no obstante, a finales de 1872, ya poseía 15.000 cabezas en su rancho de Bosque Grande. Cuando su asociado Loving murió en un enfrentamiento con los comanches, Chisum continuó su relación comercial con Goodnight, que no dejó de reportar beneficios a ambos en los siguientes cinco años. En 1873, creó otro rancho a unos 30 kilómetros al sur de Fort Sumner, en el condado San Miguel. En 1875, compró otro en South Spring, a unos cinco kilómetros al sur de Roswell, Nuevo México, que convirtió en el nuevo cuartel general de un imperio ganadero que comprendía ya unos 240 kilómetros de tierra a lo largo del río Pecos. Un año después, aun se hizo con otro rancho, esta vez en Sulphur Springs, Arizona. Por esta época, Chisum comenzó a acumular el odio de los pequeños ganaderos debido a que sus inmensas manadas acaparaban casi todos los pastos de dominio público.

También por entonces, Chisum trabó amistad con un abogado del condado de Lincoln, Nuevo México, llamado Alexander McSween, quien, junto a John Tunstall, mantenía un agudo enfrentamiento con Lawrence Murphy y James Dolan, los caciques de la zona. Chisum respaldó a McSween y Tunstall cuando abrieron un negocio rival en 1876 y comenzaron a amenazar al pingüe monopolio de Murphy y Dolan. El enfrentamiento conduciría finalmente a lo que históricamente se conoce como Guerra del Condado Lincoln. Aunque, al parecer, Chisum no tuvo implicación directa en los violentos tiroteos y sangrientas batallas sucedidos en Lincoln, sí se supo que había dado refugio y asistencia financiera a los que luchaban del lado de McSween y Tunstall, incluido el luego famoso Billy el Niño. Acabada la guerra local, este acudió a Chisum reclamándole una supuesta deuda de 500 dólares en pago a su participación, pero el ganadero se negó a pagarlo. En represalia, Billy y sus secuaces comenzaron a robarle ganado. En 1880, Chisum apoyó la elección de Pat Garrett como *sheriff* del condado de Lincoln, con la esperanza de que lograse acabar con los cuatreros que tanto daño le estaban causando. Estaba en lo cierto. En diciembre de 1880, Garrett mató a Tom O'Folliard y Charles Bowdre y, acto seguido, capturó a Billy el Niño, Dave Rudabaugh y Billy Wilson. El Niño fue capaz de escaparse, pero Garrett le siguió hasta Fort Sumner, Nuevo México, donde le mató el 14 de julio de 1881. Tres años después, en diciembre de 1884, Chisum murió a consecuencia de un tumor en el cuello.

Un amplio muestrario de barones para todos los gustos

Un año después de que Richard King empezara a acaparar tierras colindantes con el Golfo de México, el aventurero y extravagante Abel Head "Shanghai" Pierce (1834-1900), natural de Rhode Island, comenzó a hacer lo propio a unos 100 kilómetros más al oeste, en el curso inferior del río Brazos. La personalidad de Pierce era ciertamente peculiar. Comenzó su carrera al llegar a Texas a los diecinueve años con 75 centavos en el bolsillo como único patrimonio. Tras su primer año de trabajos diversos, logró ahorrar 200 dólares, con los que pudo iniciar su propia ganadería, que fue creciendo con la ilegal pero muy común costumbre de marcar como propias reses extraviadas (estuvieran o no marcadas de antemano).

Pierce, delgado y de talla media, siempre vestido con un traje de franela marrón claro y, según se dijo con "el valor de un león y la voz de un cíclope", era un notable tirador, pero desdeñaba llevar armas. Como muchos de sus colegas, prefería moverse en diligencia o cabriolé, y nadie se libraba de sus groseras bromas. Importándole poco el patriotismo y mucho menos aun las acciones heroicas, durante la guerra civil se alistó en el ejército confederado, a pesar de que era nordista por nacimiento, pero se las apañó para servir como carnicero en su unidad de caballería tejana, lo que le alejó de cualquier frente. A alguien que, tiempo después, le preguntó qué méritos militares tenía, le respondió: "¡Por Dios, señor! Yo era algo así como general de brigada: siempre en la retaguardia para avanzar, siempre en la vanguardia para largarme a toda prisa".

A pesar de su proverbial tacañería (era capaz de cerrar un negocio en el que ganaba 25.000 y, acto seguido, ir a exigir a un *cowboy* el pago de una deuda de 50 centavos), se hacía acompañar por un enorme *cowboy* africano, de etnia zulú, que le seguía como si fuera su sombra con un gran saco lleno de monedas de oro, que el atildado ganadero utilizaba como *dinero de bolsillo*. No obstante, casi siempre sabía utilizar la caridad para sus propios intereses. En cierta ocasión sufragó la madera aserrada necesaria para construir una iglesia. Alguien le preguntó si pertenecía a esa congregación y él respondió, con total sinceridad, "¡No, no! Esa congregación me pertenece a mí".

Ya legendario en vida, en 1886, exigió a los ciudadanos de Bay City, ciudad construida sobre terrenos suyos, que le erigieran un monumento. Como los ediles vacilaban, Pierce hizo vallar un espacio cuadrado en el centro de la plaza del mercado y erigió allí una columna de bronce de 13 metros de altura, cuya plataforma superior estaba adornada con su estatua, de mayor tamaño que el natural, aunque a última hora hizo reducir el copete del sombrero para conseguir que el escultor le hiciera una rebaja.

Las actividades de su colega virginiano de origen Milton Faver (1822-1889), conocido popularmente como "Don Melitón", fueron mucho más diversas. Creó en 1857 su rancho de Cibolo Springs, cuyas plantaciones de melocotoneros (o mejor dicho, el alcohol que producían los frutos) gozaban de mucha reputación entre los indios de la región. La casa donde vivía, construida como una fortaleza, con torretas defensivas en cada esquina, estaba provista incluso de cañones. Faver fue el primer barón tejano que también crió ovejas y cabras junto a sus aproximadamente 10.000 bueyes. Más tarde, abrió una empresa de transportes que habría bastado por sí sola para hacerle rico.

Su colega Christopher Columbus Slaughter (1837-1919), el primer barón tejano de pura cepa, nacido en el condado de Sabine, creó en 1857, a los veinte años, cerca de Palo Pintor, entonces en el límite de la colonización, el considerado primer rancho moderno del Oeste con 600 cabezas de ganado. Se casó con Cynthia Anne Jowell, joven que, al decir de quienes la conocieron, además de su belleza virginal, poseía talentos notables como amazona, tiradora y bailarina. Pero, al principio, C. C., como todo el mundo lo llamaba, apenas tuvo tiempo de ocuparse del ganado; bastante tenía con rechazar, con ayuda de su mujer, a los belicosos comanches. Convertido en coronel muy condecorado en la Guerra de Secesión, vendió su manada, que había aumentado hasta las 12.000 reses, para ser libre y consagrarse a las grandes expediciones ganaderas al Norte. En los veinte años siguientes no hubo apenas mercado entre el río Rojo y la frontera canadiense en el que no se hubieran vendido animales de su célebre rancho Long-S. En 1890, su imperio abarcaba una superficie de 404.670 hectáreas, o sea, dos veces la de Luxemburgo.

Por su parte, el comandante Andrew Drumm (1828-1919) encarnó otro tipo de magnate del ganado al abrir una fábrica de embutidos con la fortuna que había ganado en California como buscador de oro. Esta actividad empresarial le pareció, a la larga, demasiado tranquila, por lo que decidió irse en busca de aventuras. Así lo hizo y, por tercera vez, tuvo suerte, esta vez promoviendo expediciones ganaderas, de las que solía decir que cada una le doblaba su capital. En 1870 hizo que una de sus manadas atravesara por primera vez lo que se llamaba la Franja Cheroqui, una región, completamente deshabitada, con praderas de primera calidad, que había sido atribuida a los cheroquis para evitar que penetraran en los territorios de sus enemigos (kiowas, comanches y cheyenes), durante las grandes cacerías de bisontes. Inmediatamente después de la expedición, se estableció en el país con su asociado Andy Enyder y no tardó en poseer más de 60.000 hectáreas. Su ejemplo contribuyó a la extensión de la cría de ganado en Kansas y la futura Oklahoma. Igualmente fue el primero en rodear su finca de vallados de alambre de espinos.

John W. Iliff (1831-1878) comenzó por explotar un pequeño rancho donde recuperaba animales enfermos o hambrientos comprados a los emigrantes a bajo precio. Fue el primero en comprender la importancia del control de los abrevaderos en estas inmensidades abiertas a todos. Gracias a la Ley de Asentamientos de 1862, obtuvo una larga banda de terreno a orillas del río Platte, que agrandó después mediante testaferros, sus propios *cowboys*. Acabó por poseer más de 50 kilómetros de orilla, lo que le daba el dominio de extensiones mucho más considerables en el interior. Convertido en el más importante barón ganadero de Colorado y Wyoming, con una finca de casi 100 kilómetros cuadrados, con centro en la ciudad de Julesburg, aprovisionaba los campamentos de obreros ferroviarios, las ciudades mineras y las reservas indígenas. Fue uno de esos pocos magnates de la carne que recorría siempre sus praderas a caballo, para estar personalmente al corriente de todo lo que pasaba.

Hacía poco que Arizona formaba parte del territorio de los Estados Unidos y ya el rancho de Peter "Pete" Kitchen (1822-1895) era uno de los más célebres del país. El edificio, con aspecto de fortaleza, estaba rodeado de un espeso muro de adobe y se hallaba no lejos de Nogales y la frontera mexicana, sobre una colina desde la que se dominaba todo el valle. Más de 4.000 hectáreas de la comarca circundante eran propiedad de Kitchen que, además de criar reses, cultivaba cereales, legumbres, frutos y melones, aunque su mayor orgullo era su gran piara de cerdos. Su tocino y sus jamones, célebres en 150 kilómetros a la redonda, eran servidos como exquisiteces en los restaurantes de Tucson. Su aislado rancho representaba una tentación permanente para los apaches que merodeaban por los alrededores y que habían matado a más de 300 blancos y mexicanos entre 1865 y 1871. Por ello, Kitchen había dispuesto que un centinela montase guardia continuamente sobre el tejado de la terraza del edificio y, en cuanto observara un movimiento sospechoso, disparara un tiro, con lo cual todos los hombres que trabajaban en los campos se replegarían tras los muros. Este sistema, y sus muchos *cowboys* bien armados, consiguieron que los pieles rojas no se aproximaran jamás al rancho, contentándose con dispararle desde la lejanía algunas flechas. En cuanto los indios se marchaban, un hombre recorría el muro exterior y arrancaba todas las que se hubieran clavado.

Kitchen, de origen holandés y oriundo de Kentucky, era uno de esos hombres originales como solo la Frontera pudo producir. Más que enjuto, siempre con un sombrero ribeteado bien calado, de maneras muy tranquilas y lentas y muy parco en palabras, su hospitalidad para con los numerosos viajeros era digna de un gran señor. Jugador apasionado, como la mayoría de sus contemporáneos, era conocido en Tucson por sus fenomenales apuestas. También era, por supuesto, un guerrero de lo más peligroso. Habiendo perseguido un día a tres cuatreros hasta el territorio mexicano, mató a dos y capturó al tercero; luego, según contó más tarde, le entraron ganas de echarse un sueñecito en el camino de regreso. Ató a la espalda las manos del cautivo, que naturalmente iba a caballo, le pasó un nudo corredizo por el cuello, pasó la cuerda por encima de la rama de un árbol y ató la extremidad a una raíz. Pete terminaba siempre esta historia que le gustaba tanto contar diciendo: "Pues bien, cuando me desperté, ¿qué es lo que vi? ¡Aquel jamelgo se había ido dejándome al ladrón colgando de una rama!". Hacia el fin de su vida, Kitchen vendió su rancho por 60.000 dólares, se fue a Tucson y lo perdió todo en las mesas de juego en solo tres semanas.

PRINT OLIVE, UN BARÓN ATÍPICO

En general, los barones del ganado se mostraron implacables con los ladrones y cuatreros, a quienes abatían a tiros o ahorcaban sin vacilar, pero siempre fue muy fuerte la solidaridad entre ellos, por lo que se puede decir que fueron excepción los que marcaron con su propio hierro los novillos extraviados de sus vecinos o que recurrieron a la violencia contra sus colegas directos. La más célebre de las excepciones fue la protagonizada por Prentice "Print" Olive (1840-1886), un ganadero originario del condado tejano de Williamson.

Print, siempre serio y esquivo, volvió de la Guerra de Secesión convertido en jugador y bebedor, siempre con la pistola en la mano. Bajo su dirección, la manada familiar empezó a crecer más rápidamente que la de sus vecinos y, en 1870, se empezó a decir que robaba ganado. Algunos pequeños ganaderos tuvieron el valor de presentar una queja ante un tribunal, pero como resultado tuvieron que marcharse rápidamente del país, dadas las amenazas de Olive. Uno de los colonos que se quedó, Deets Phreme, no tardó en ser acusado por Olive de haber matado una vaca que le pertenecía y, tras varias discusiones y peleas, se produjo un duelo, en el cual ambos resultaron gravemente heridos. Print se recuperó con lentitud, mientras que Phreme murió.

Algunos otros colonos vecinos del rancho de Olive desaparecieron sin dejar rastro. Dos ladrones de ganado sorprendidos en unas de sus praderas fueron abatidos a tiros y cosidos, todavía vivos, a los pellejos de bueyes recién muertos. Aunque el asunto provocó la indignación general, y pese a que el hijo de una de las víctimas recurrió a la justicia, no pasó nada, porque los grandes ganaderos aún protegían a Olive y su familia. En agosto de 1866, su rancho fue atacado de noche por desconocidos y, en el curso del tiroteo que siguió, Thomas Olive y uno de sus *cowboys* negros fueron mortalmente heridos, mientras Print, aunque mató a los asaltantes, fue alcanzado en la cadera. El tribunal de Georgetown le declaró inocente de la muerte de los dos ladrones. Durante el juicio, la ciudad parecía un campamento atrincherado. Los *cowboys* del rancho de Olive estaban en las calles, con las armas en las manos, vigilados por ciudadanos y colonos igualmente armados. El esperado enfrentamiento no llegó a producirse, gracias a que el ranchero absuelto se marchó enseguida cabalgando, respaldado por los suyos. Poco después, el cadáver de un hombre muerto a tiros fue hallado en las praderas de los Olive y Print abatió en sus tierras a un forastero negro; pero fue absuelto de nuevo de ambos crímenes. Por entonces ya llevaba en su haber 12 muertos en doce meses. Los ganaderos vecinos mejor dispuestos decidieron por fin que aquello era ya demasiado e hicieron comprender a Print que sería mejor que se marchara. Su propia mujer insistió en que lo hicieran; pero él no cedió hasta el día en que su hermano Bob, que había matado a un hombre en un bar, tuvo que huir para eludir una orden de busca y captura.

Los Olive partieron con sus rebaños (60.000 bueyes y 2.000 caballos), numerosos carros y 75 *cowboys*, mexicanos y negros en su mayoría. La columna tenía más de 35 kilómetros de longitud. A la llegada del invierno, Print se detuvo a orillas del río Republican, cerca de la frontera entre Kansas y Nebraska. Allí encontró buenas praderas cerca del río Dismal, construyó una casa en las cercanías de una antigua estafeta de correos y no tardó en convertirse en uno de los mayores barones de Nebraska.

Muchos colonos se marcharon asustados por sus amenazas y su violencia; otros quisieron resistir. Dos de estos últimos tuvieron la desgracia de matar a Bob

Olive, hermano de Print, en una disputa. Print obtuvo un mandato judicial que le nombraba agente de la ley provisional y se lanzó en persecución de los dos hombres, a los que nadie osó ayudar. Solo el juez Aaron Wall les ocultó; pero los hombres de Olive les atraparon finalmente y les ahorcaron sin juicio previo. No contentos aun, vertieron gasolina sobre los cadáveres y les prendieron fuego. La noticia de este exceso de crueldad vengativa se propagó como un reguero de pólvora por todo el país; los diarios publicaron artículos virulentos contra el "quemador de hombres" y estas palabras aparecieron continuamente pintadas sobre sus carretas. Finalmente, Print tuvo que marcharse de Nebraska, dejando el rancho a cargo de otro de sus hermanos, Ira. Esta vez se dirigió a Texas, donde el *cowboy* Joe Spanow lo mató durante una disputa en un bar.

Hay que insistir en que Print Olive era una excepción entre los ganaderos. Su temperamento incontrolable y su desprecio por la vida de los demás estaban en contradicción con el código de honor propio del *cowboy*. Pertenecía, sin embargo, a la aristocracia de las praderas que entendía que la justicia no hay que pedirla, sino hacerla. En un tiempo en que los ganaderos constituían la élite *natural,* esta actitud no podía por menos que provocar enfrentamientos continuos.

Por su parte, el código vaquero prescribía no disparar jamás contra un hombre desarmado y dar a todo adversario la posibilidad que se reclamaba para uno mismo; la regla se observaba estrictamente en todas partes y muchos rancheros y *cowboys* habían llegado a la conclusión de que renunciar a llevar un arma era la única garantía de que en el momento crítico ni unos ni otros recurrían a la violencia. Por ejemplo, el escocés Murdo Mackenzie (1850-1939), quizás el mejor pagado de todos los presidentes de sindicatos de ganaderos estadounidenses, jamás iba armado. En tanto que, por ejemplo, Chisum trataba de modo brutal a los bandidos e indios saqueadores, él se negaba a recurrir a las pistolas cuando tenía asuntos que tratar con sus colegas. Su afirmación de que "solo un cretino o un bocazas tira a quemarropa contra un hombre de carne y hueso" puede parecer arrogante pero fue resultado de un razonamiento muy lógico: cualquiera que dispare contra un adversario desarmado ha de estar seguro de exponerse a represalias, generalmente inmediatas, de la familia, los amigos o los testigos del incidente. Por lo tanto, prácticamente ningún agresor tenía la menor posibilidad de escapar, a la larga, indemne. Tal acto equivalía, pues, a un suicidio.

5

EL MUNDO DEL
COWBOY

El *cowboy* estadounidense debe al mexicano todas las herramientas y todas las técnicas de su oficio, hasta los términos con que las designaba y los animales que cuidaba. Pero su carácter solo se lo debe a él mismo.

Philip Ashton Rollins, *The Cowboy* (1922).

Solo hay dos cosas a las que los *cowboys* de antaño tuvieran miedo: a una mujer decente y a tener que moverse a pie.

Edward C. "Teddy Blue" Abbott (1860-1939), *cowboy*.

UN HOMBRE DE SU TIEMPO Y SU LUGAR

El Oeste, vasto y rudo, produjo hombres también vastos y rudos. Se podría decir que la misma gran mano que cinceló sus formas monumentales también modeló a la gente y la hizo ruda y férrea, armónica con el entorno. De todas las muchas criaturas arquetípicas forjadas en el Oeste, el *cowboy* fue quizás su más querida y ello porque fue la última y, a la vez, la más efímera. Algunos de sus otros hijos vivieron durante siglos; este no disfrutó siquiera de tres décadas antes de comenzar a ser viejo.

Grandes extensiones de ese vasto dominio árido en que el *cowboy* reinó una vez se han convertido hoy en fértiles granjas gracias a las acequias de irrigación o a la planificación de la agricultura de secano. Es cierto que en los prados de Texas, Nuevo México, Arizona, Wyoming y partes de Nevada aún se puede encontrar al *cowboy*, pero ya no es la figura mítica que una vez dominó las llanuras.

Con independencia de su origen, el tópico nos habla de un *cowboy* alto y magro, con las piernas arqueadas propias de alguien que ha pasado largas horas montado a caballo y que, desmontado, muestra el andar patoso del que está fuera de su elemento natural y se ve obligado a arrastrar sus botas, de tacones altos y con espuelas, diseñadas para cualquier cosa menos para caminar.

La nueva cultura del *cowboy* se forjó sobre muchos aspectos heredados o aprendidos de los vaqueros mexicanos. Pero, muy pronto, el estilo ranchero de vida desapareció y fue sustituido por el de los *cowboys*. La nueva figura, nacida en Texas y Nuevo México, fue extendiéndose a medida que la población del Este fue requiriendo carne para su alimentación y ellos se encargaron de transportar el ganado a los puntos de embarque previstos para su abastecimiento. Así, en muy pocos años, su figura se fue extendiendo por las llanuras y las ciudades de Texas, Nuevo México, Arizona, Kansas, Nebraska, las dos Dakotas, Colorado, Wyoming, Montana, el sur de California y las estribaciones de las montañas Rocosas. En su papel de adelantado de un modo de vida, el *cowboy* colaboró, aunque fuera de una manera involuntaria, en la colonización de las tierras que en su día habían sido calificadas de "Gran Desierto Americano", que demostraron ser habitables, aunque fuera por hombres rudos como ellos. A su modo, contribuyeron como nadie a la creación de una leyenda que pronto llegó al Este y, desde allí, a Europa, configurando el arquetipo del hombre del Oeste, fuente de inagotable inspiración para la literatura, el cine y la televisión.

Esa leyenda dice que el *cowboy* solía tener espíritu de clan y que los insultos o desaires, reales o imaginados, podían provocarle una rápida y a menudo desproporcionada reacción, ya que usaba las pistolas con enorme facilidad. Por eso, se aconsejaba a cualquiera que hubiera molestado a un tejano vigilar desde entonces por dónde se movía, pues, según el tópico, el *cowboy* también era propenso a disparar emboscado. De ese comportamiento tan agresivo se solía culpar al whisky matarratas que solía trasegar en grandes cantidades, porque, insiste la leyenda, en circunstancias normales, el vaquero era un hombre decente y honorable, tranquilo y formal; solo bajo la influencia etílica se convertía en peligroso e impredecible.

La vida de un vaquero típico era la de un peón cualquiera, con la diferencia de que hacía falta cierta habilidad y coraje para manejar al ganado cornilargo tejano, un animal malhumorado e imprevisible que aceptaba el dominio del hombre a caballo porque veía a ambos como un solo ser, pero que, en cuanto observaba a un vaquero descabalgado, perdía el respeto y el hombre corría el riesgo de convertirse en su objetivo y ser atacado, lo que significaba un alto riesgo de morir corneado o pisoteado. Su ocupación era única. En el ejercicio de sus funciones era siempre un hombre a caballo que ejercía sus cometidos siempre apoyado en el coraje, la alerta física, la habilidad para soportar el clima o la fatiga, y la pericia en el manejo del caballo y del lazo.

El *cowboy* original era esencialmente un producto de sus circunstancias y principalmente un producto del oeste y el sudoeste de Texas. Armado hasta los dientes, con botas y espuelas, pelo largo y cubierto con sombrero de ala ancha, la distinguible insignia de su profesión, su apariencia personal proclamaba el tipo de hombre que había debajo. Era un hombre de frontera, acostumbrado desde su infancia a las alarmas, los riesgos, los peligros, las amenazas y los contratiempos, incluidos los incidentes con los indios de naturaleza más feroz y belicosa y con los bandidos mexicanos, que buscaban robar su ganado y desvalijar sus hogares. Consecuentemente, para él, las armas de fuego eran una herramienta más, que usaba con gran ligereza y, en muchos casos, no menor habilidad.

Estar solo y aislado en una vasta extensión y más allá de la eficaz protección y las restricciones de la vida ciudadana hizo que ellos mismos se tuvieran que inventar y aplicar sus propias leyes y su propio sentido de la justicia. No es extraño, pues, que tal oficio y tal entorno desarrollaran un tipo de hombres que, a ojos de las personas acostumbradas a los usos de la sociedad civilizada y cultivada, pareciesen auténticos rufianes. Pero, como vuelve a aclararnos la leyenda, los mejor dispuestos de los *cowboys* tejanos, la inmensa mayoría, eran hombres veraces, sinceros, sin dobleces y en los que se podía confiar por completo; hombres generosos y, dados el tipo de aventuras y peligros que vivían cotidianamente, casi heroicos. Nadie, se decía, era más generoso que el vaquero, ya fuera en tiempo o en dinero. Compartiría todo con el compañero de cabalgada y pondría en juego todo por él.

La misma experiencia, sin embargo, hacía que otros, los más inclinados a las bajas pasiones, dieran rienda suelta a sus instintos. Con la mínima provocación podían abatir a tiros a cualquiera con los mismos pocos reparos con que disparaban a una bestia salvaje.

Pero la verdadera esencia del *cowboy* era el trabajo duro; al igual que la insolación, la austeridad y el peligro eran las sustancias de su vida, lo que forjó en ellos un carácter recio y duro. Todo signo de debilidad era rápidamente eliminado o, al menos, disimulado. Un solo momento de cobardía o indecisión al atravesar los vastos prados, vadear los ríos y buscar el ganado por entre las montañas más inaccesibles y las riberas más recónditas podría poner en peligro la vida propia y la de los compañeros.

Por virtud de su coraje y temeridad ante el peligro, sus excelentes capacidades como jinetes y sus habilidades en el uso de las armas de fuego, e incluso a causa también de la influencia que ejercieron sobre sus hermanos menos rudos de los prados del Norte, se convirtieron en eficaces instrumentos para la prevención de las revueltas indias y para la protección de los asentamientos fronterizos, los prados y los ranchos contra las incursiones y las masacres de los indios. Esto fue un resultado natural del hecho de que los *cowboys* constituyeron una especie de cuerpo fronterizo, bien armado, de unos 40.000 exploradores a caballo.

Según el manido tópico, era un hombre callado, de muy pocas palabras, y muy reservado con los extraños, incluso reticente y taciturno, aunque no, desde luego, cuando estaba entre colegas. Puesto que no tenía compromisos ni responsabilidades ajenos a su trabajo, ni siquiera posesiones propias que defender, salvo su caballo, su silla y su pistola, era proclive a apuntarse a cualquier aventura, de cualquier índole, lo que a menudo le llevaba a meterse en todo tipo de problemas. Ha de tenerse en cuenta que se solía tratar de personas muy jóvenes, con gran experiencia en su trabajo, pero muy poca en lo que a habilidades sociales se refería. Esa misma vida personal sin ataduras les hacía también proclives a la trashumancia: cuando se cansaban del paisaje o el ambiente, ensillaban su caballo y se iban hacia lo desconocido, perdiéndose por el horizonte.

El legado del vaquero mexicano

Desde el primer día de la ganadería tejana, la figura del *cowboy* adquirió mucha importancia. Los jóvenes estadounidenses que pasaron a cuidar las reses pusieron pronto a punto las enseñanzas aprendidas de los vaqueros mexicanos y se convirtieron en unos inmejorables jinetes, en unos excelentes laceros y, ya en manos de la leyenda, en los héroes estoicos y honorables de la mitología del Oeste. En su trabajo diario, les eran indispensables pericia en la doma y monta de caballos, destreza en el rodeo y arreo del ganado, dominio del lazo, y también de las armas, además de gran resistencia ante la fatiga y adecuación a las austeras condiciones de vida en que debían desenvolverse.

Los vaqueros hispanos de los tiempos coloniales fueron vistos por su sociedad, en términos generales, como un colectivo grosero y pendenciero. Muchos de ellos operaban fuera de la ley y se aprovecharon del ganado sin marcar que vagaba por los vastos prados del norte de México. A menudo eran indios mestizos o semicivilizados, pero invariablemente tenían una gran pericia en el manejo de caballos y habilidades idóneas para el del ganado.

En su día, a la vez que el arte del ranchero se iba extendiendo hacia Texas desde la hilera de provincias colindantes con el río Grande, los vaqueros formaron la vanguardia de la colonización española. En algunos casos se casaban y construían una cabaña de su propiedad; en el resto, tenían hijos que pasaban automáticamente a estar al servicio del patrón, un acuerdo que a veces duraba generaciones. Los primeros propietarios de ranchos estadounidenses, tales como Richard King, se sentían herederos de esta tradición, que continuó hasta bien entrado el siglo xx.

El vaquero o pastor montado del periodo colonial español y su homólogo mexicano del siglo xix son

El vaquero del periodo colonial español y su homólogo
mexicano del siglo XIX son unas figuras históricas que alcanzaron en su momento rasgos románticos y
una envergadura casi mítica. Gracias a trabajar a su lado,
los *cowboys* aprendieron sus técnicas y las adoptaron
como algo dado, invariable, inmejorable.

unas figuras históricas que, como el *cowboy* anglonorteamericano, alcanzaron en su momento rasgos románticos y una envergadura casi mítica. Realmente, unos y otros afrontaron idénticas condiciones de trabajo duro y tuvieron más aspectos en común de los que se suelen reconocer. Gracias a trabajar al lado de los vaqueros, los jóvenes *cowboys* estadounidenses aprendieron sus técnicas y las adoptaron como algo dado, invariable, inmejorable.

Con el boom de la ganadería estadounidense, la silla de montar, los chaparejos, la bandana, el sombrero, el lazo, las espuelas e, incluso, muchos rasgos definidores de la pericia profesional del vaquero fueron tan comunes que perdieron su identidad hispánica y se convirtieron simplemente en "tejanos". Igualmente, los criadores de ganado anglonorteamericanos estaban muy influidos por sus antecesores hispanomexicanos. Muchas técnicas de cría de ganado de éstos pasaron con naturalidad al modo estadounidense de hacer las cosas y las distinciones entre las dos tradiciones son, en última instancia, muy borrosas. Aunque esa influencia también se dio en otros estados fronterizos, en Texas fue más amplia y persistente, y posteriormente se extendería hasta las Grandes Llanuras, ensombreciendo otros métodos de trabajar con ganado en campo abierto.

Gran mezcla de orígenes

La mayor parte de los aproximadamente 40.000 *cowboys* que, entre 1865 y 1880, atendieron el ganado tejano eran jóvenes de entre dieciocho y treinta años y, a diferencia de lo que se pudiera pensar, eran de orígenes de lo más variopintos. Recién acabada la guerra civil, muchos eran veteranos de ambos ejércitos, particularmente del bando confederado, que volvieron a sus ciudades arruinadas y se encontraron sin futuro, por lo que se fueron al Oeste a buscar nuevas oportunidades. Los ex soldados confederados, en su mayor parte tejanos, formaban el mayor de los contingentes. También había muchos veteranos del bando unionista, atraídos a ese mundo, en principio ajeno a ellos, al quedárseles algo insulso volver a sus rutinarias granjas después de vivir las emociones de la guerra. Quizás un 15% del total eran libertos negros acostumbrados a manejar el ganado en su antigua etapa de esclavitud en los ranchos tejanos. Otra considerable porción estaba formada por mexicanos o chicanos (estadounidenses de origen mexicano), herederos directos del ancestral arte de los vaqueros. Pero también había entre ellos muchos inmigrantes europeos, trabajadores itinerantes, indios y mestizos de todo tipo.

Esta gran variedad de orígenes hizo que la mayor parte de los *cowboys* superara sus prejuicios raciales, políticos o culturales. Aun así, los *cowboys* blancos no sentían gran simpatía genérica por ninguno de los otros grupos, pero, si se les preguntaba, preferían a los negros, pues a los mexicanos los consideraban todavía el *enemigo* a consecuencia de la aún reciente guerra con México.

Antes de la Guerra Civil, su zona de actividad se limitaba a las praderas de Texas, pero a partir de la posguerra, a consecuencia de la enorme ola de inmigración proveniente del Este en busca de nuevos pastos y oportunidades, los *cowboys* empezaron a proliferar en todos los territorios en los que había pasto para el ganado, como Missouri, Kansas, Wyoming, Montana, etcétera. A pesar de ello, el tejano fue considerado siempre "el rey de los *cowboys*". Así lo reflejaba un coetáneo: "Los tejanos no tienen rival para la ganadería, son los mejores jinetes, son fuertes y han nacido para el oficio. Encajan con la durísima vida de las praderas, han nacido sobre la silla de montar y crecen manejando el lazo, la pistola y el rifle". No en balde, Texas imprimió su carácter a esta actividad heredada de otra cultura, exportándola luego al resto de los estados de la Unión, con la única excepción de California, donde, debido a las raíces y maneras hispano-mexicanas propias, mantuvieron un estilo personal de montar, sujetar las riendas o manejar el ganado, además de los aparejos y la silla de montar californiana, que hacían notoria e inconfundible esa procedencia del *cowboy*.

LOS *COWBOYS* NEGROS

A pesar de que después la iconografía y los relatos del mundo de los *cowboys* casi los ha borrado por completo, los *cowboys* de raza negra fueron parte importante de la historia de Texas desde principios del siglo XIX, cuando comenzaron a trabajar en los ranchos de todo el estado. En algunos casos, los *cowboys* negros eran tan numerosos, sobre todo en la frontera de Louisiana y el río Trinity, que a veces constituían todo el personal de un rancho.

Tras la Guerra de Secesión, aquella vida libre y sin ataduras del campo abierto les pareció una buena salida a su nueva condición de libertos, además de preferir aquel ambiente en el que se sentían con menor intensidad las discriminaciones raciales propias de las ciudades, aún después de la abolición. Y es que, en el mundo tejano de la ganadería, la diferencia de color de piel tenía la misma importancia, más o menos, que de sombrero.

Muchos se emplearon como domadores de caballos y en otras tareas preferentemente auxiliares, pero pocos se convirtieron en capataces o gerentes de ranchos. Algunos emprendieron carreras como competidores de rodeo o fueron contratados como oficiales de paz federales en el Territorio Indio. En última instancia, otros pocos poseyeron sus propias granjas o explotaciones ganaderas,

A pesar de que después la iconografía del Oeste casi los borró por completo de la historia, los *cowboys* de raza negra fueron parte importante de la historia de Texas desde principios del siglo XIX. En algunos casos, eran tan numerosos que constituían todo el personal de un rancho.

mientras que un pequeño grupo de hombres negros que sintieron la llamada del Salvaje Oeste se convirtieron en pistoleros y forajidos. Un número significativo de afroamericanos participaron en las grandes conducciones de ganado y los *cowboys* negros predominaron en los ranchos de las llanuras costeras de Texas.

Algunos lograron envidiables reputaciones, como el legendario Bose Ikard (1843-1929), un *cowboy* de élite al servicio del ranchero Charles Goodnight, al que también sirvió como detective jefe y como banquero. Los hubo también ganaderos, como el ex esclavo de Louisiana Aaron Ashworth, que llegó a poseer 2.570 bueyes y 19 esclavos en 1850, e incluso llegó a contratar a un preceptor blanco para que educara a sus hijos. Cuando, tras la separación de México, el Congreso de Texas promulgó una ley por la que se expulsaba a todos los negros libres del estado, los vecinos blancos de Ashworth intervinieron y consiguieron que se hiciera oficialmente una excepción en su caso. El tejano Daniel W. Wallace comenzó a arrear ganado hacia el norte a los doce años. Luego, invirtió todos sus ahorros en la compra de un rancho de más de 485 hectáreas cerca de Loraine, donde nunca hubo menos de 600 reses. Fue miembro de la Texas and Southwestern Cattle Raisers Association durante más de treinta años. Bill Pickett (1870-1932) destacó como uno de los más sobresalientes jinetes de rodeo del país e incluso se le tiene por el creador de la especialidad conocida como *bulldogging*. Sus muchos méritos le fueron reconocidos al ser incluido en 1971 en el National *Cowboy* Hall of Fame. Pero, sin duda, el *cowboy* de raza negra más famoso de todos fue Nat Love.

Durante aproximadamente veinte años, Nat Love (1854-1921) tomó parte en conducciones de ganado en Texas, Arizona, Nuevo México, Kansas, Colorado, Wyoming y las Dakotas. En 1907 publicó su autobiografía: *Vida y Aventuras de Nat Love, mejor conocido*

Sin duda, el *cowboy* de raza negra más famoso de todos fue Nat Love que, durante aproximadamente veinte años, tomó parte en conducciones de ganado en Texas, Arizona, Nuevo México, Kansas, Colorado, Wyoming y las Dakotas y cuya autobiografía fue un *bestseller*.

entre los ganaderos como "Deadwood Dick", relato que intentaba tomar las proporciones épicas al gusto del momento y en el que Love aseguraba haber conocido, entre otros, a Buffalo Bill Cody, Bat Masterson, Jesse James, Frank James, Kit Carson, Billy el Niño y Pat Garrett, así como haber tomado parte en la guerra del Condado de Lincoln. Aunque en su autobiografía alardeó de que todo lo relatado había sucedido realmente, no todo se ha podido comprobar. Sin embargo, el gran público no entró en disquisiciones sobre la verdad o no del relato y lo cierto es que lo aceptó como bueno y leyó con avidez el libro.

Nacido como esclavo de la plantación de Robert Love en el condado de Davidson, Tennessee, Nat se crió en una cabaña de madera, junto a su padre, capataz esclavo de la plantación, y de su madre, que trabajaba en la cocina de la "casa grande". Criado por su hermana mayor, hubo de cuidarse él mismo en cuanto ésta pasó a trabajar en la cocina, como su madre. Pese a las enormes dificultades, aprendió, con ayuda de su padre, a leer y escribir. Tras la Guerra de Secesión, cuando los esclavos fueron liberados, su padre sacó adelante una pequeña granja que alquiló a su antiguo amo, Robert Love, pero eso duró poco, pues murió enseguida. Nat fue cambiando de trabajos en algunas plantaciones hasta que su habilidad en la doma de caballos comenzó a llamar la atención. En 1869, dejó a su familia al cuidado de un tío suyo y se dirigió hacia el Oeste con 50 dólares en el bolsillo. Nada más llegar a Dodge City, Kansas, fue a pedir trabajo al equipo del rancho tejano Duval, acampado casualmente a las afueras. El capataz, medio en broma, le prometió trabajo como *cowboy* si lograba domar a un caballo llamado *Good Eye* ("Buen Ojo"), el más salvaje e indomable de todos (tiempo después, Nat reconoció que era el más salvaje que nunca había montado). No sin apuros, Nat logró el objetivo y, consiguientemente, se hizo con el trabajo, por un sueldo de

30 dólares mensuales. Por entonces tenía solo dieciséis años, pero logró adaptarse perfectamente a la vida de *cowboy*, mostrando excelentes habilidades como peón y también manejando el revólver. Así, poco a poco, se fue ganando reputación como uno de los mejores *cowboys* del rancho Duval, en el que pronto se convirtió en encargado y jefe de ojeadores. Como tal, fue enviado a México en varias ocasiones, lo que le permitió aprender a hablar español con fluidez. Tras tres años en aquel rancho, se trasladó a Arizona en 1872 y comenzó a trabajar en el rancho Gallinger, en el río Gila, con el que participó en algunas de las mayores conducciones de ganado de la historia, enfrentándose en ocasiones a situaciones peligrosas, como los ataques de indios, cuatreros y bandidos. Durante estos años en Arizona, Nat fue conocido como "Red River Dick" y aseguró haber conocido a muchos personajes famosos del Oeste.

En la primavera de 1876, los *cowboys* del rancho Gallinger fueron enviados a arrear una manada de 3.000 bueyes hacia Deadwood, Dakota del Sur. Cuando el equipo llegó el 3 de julio, la ciudad estaba en plena preparación de la celebración de la fiesta nacional del 4 de julio. Uno de los muchos eventos organizados era un concurso de *cowboys* con un premio de 200 dólares para el ganador. Los aspirantes competían en lazar, embridar, ensillar y disparar. Tras ganar todas y cada una de las competiciones, sin demasiado esfuerzo, Love se fue con el premio de 200 dólares y el sobrenombre, que ya le acompañaría para siempre, de "Deadwood Dick". Después, siguió trabajando como *cowboy* en el Sudoeste durante quince años más antes de asentarse y casarse en 1889. El siguiente año tomó un trabajo en Denver, Colorado, como mozo del ferrocarril Denver-Río Grande. Como tal, trabajó en las rutas del oeste de Denver y se tuvo que trasladar varias veces a Wyoming, Utah y Nevada, antes de afincarse definitivamente en el sur de California.

En 1907 Nat Love publicó su autobiografía: *Vida y Aventuras de Nat Love* donde aseguraba haber conocido a Buffalo Bill, Bat Masterson, Jesse James, Frank James, Kit Carson, Billy el Niño y Pat Garrett *(foto de arriba)* .

Según la autobiografía de Nat Love. Él también conoció a Billy el Niño (que aparece en la foto), aunque, claro, estos datos no se pudieron corroborar jamás.

ALGUNOS RASGOS DEL CARÁCTER DEL *COWBOY*

Muchos de los jóvenes que recorrerían los caminos de Texas a Kansas junto con las manadas de cornilargos tejanos eran ex soldados analfabetos, y esa fue su primera imagen pública predominante en el resto del país. De hecho, hasta la década de los ochenta, cuando el empresario Buffalo Bill les presentara ante el mundo como unos románticos y nobles jinetes de las praderas, no perdieron su imagen de peones pendencieros, amantes de las peleas y los disparos, que, por lo que se sabía y se apreciaba en las ciudades, sobrevivían primordialmente a base de una dieta casi exclusiva de whisky y tabaco. Luego, desde que los espectáculos de Buffalo Bill crearan el estereotipo de *cowboy*, parece que ya fue innecesario explicar su verdadera naturaleza. Sin embargo, el verdadero carácter del *cowboy* no es bien conocido del todo.

Hombre enjuto, parco, nervudo y bronceado, su rasgo más distintivo era su absoluta fidelidad. Una vez que aceptaba su relación personal con el patrón, el sueldo y las condiciones de manutención que se le ofrecieran, ya se podía confiar plenamente y para siempre en su lealtad, inquebrantable, y en su honestidad, a carta cabal. Baste recordar que en el Oeste se desconocieron los cerrojos en las puertas hasta que llegaron los colonos. Al ser hombre de palabra, era digno de toda confianza. En su trabajo no existía el concepto de compromiso por escrito: para él bastaba un apretón de manos, que equivalía a la palabra de un hombre. Cuando el terrible invierno de 1886-1887 desbarató casi por completo la industria ganadera, los rancheros arruinados se esforzaron literalmente, a riesgo de su propia vida, antes que volverse atrás de la palabra dada. Si alguien moría antes de saldar todas sus deudas, el heredero o la heredera las asumían como propias. La declaración de quiebra o bancarrota oficiales no era una opción. El *cowboy* nunca traicionaba la verdad ni la confianza, ni tampoco se retractaba de una palabra comprometida. Todo *cowboy* se sentía orgulloso de su lealtad hacia su marca. Por otra parte, para él no había una obligación más sagrada que estar allí cuando un amigo te necesita. Cualquiera que cabalgase por la pradera, aunque fuera un enemigo, era bienvenido a una mesa, sin que mediasen prejuicios o intolerancias raciales o religiosas. Eso sí, si se quería ser respetado, se debía respetar a los demás, y si se quería tener un amigo, primero se había de serlo. En tal sentido, beber alcohol en horas de trabajo era suficiente para sentir inmediatamente el rechazo de los demás y pasar a la lista negra.

Los *cowboys* despreciaban las dobleces u ocultaciones de cualquier tipo, así como el aprovechamiento de cualquier situación de ventaja, incluso aunque afectase a un enemigo. Por tanto, siempre había que avisar antes de golpear a alguien. No obstante, toda consideración se acababa si alguien estaba siendo acosado, maltratado o perseguido.

En el Oeste era peligroso preguntar a alguien por su pasado. Bastaba esa incorrección para tomar la medida de una persona. Y es que la consideración hacia los demás era un asunto central del código vaquero. Por ejemplo, no se podía levantar polvo en las cercanías del *chuckwagon,* ni tampoco se podía despertar al compañero equivocado a la hora del cambio de guardia. El *cowboy* pasaba la mayor parte de su tiempo al aire libre, pero raramente fumaba durante las cabalgadas, y especialmente al atravesar una comarca con mucho peligro de incendio. Tampoco tenía tolerancia con los que estropeaban un árbol o una roca.

Destacaba por su paciente y resignada aceptación de una vida de duro trabajo y de privaciones solo comparable con la de los marineros. Empapado por la lluvia o calado por la nieve, deshidratado por el calor o agarrotado por el frío, lo que se esperaba de él es que sobrellevara todo eso a base de chanzas y bromas. Siempre estaba orgulloso de su trabajo y siempre acababa lo que empezaba, en consideración a que si hoy se malgasta el tiempo o el dinero, mañana surgirá el arrepentimiento. Muy raramente se quejaba ante sus camaradas y jamás ante extraños. Ese autocontrol solía ser interpretado como simpleza de carácter o como excesiva parquedad. En realidad, el auténtico *cowboy* era un infatigable narrador de historias, amigo de las imágenes coloridas, de las exageraciones fantasiosas e, incluso, de los bulos y los chistes, especialmente de los procaces. Esta imaginación desbordada se manifestaría en un vocabulario especialmente rico y preciso, muy proclive a los neologismos y las palabras inventadas, las metáforas, las comparaciones sonoras y rimbombantes y, sobre todo, las hipérboles. En el Sudoeste, el amplio y rico vocabulario se nutrió de muchas palabras españolas; en el Noroeste, de voces indias, y en las praderas del centro, francesas, alemanas o suecas.

Para el *cowboy* medio, la religión significaba vivir de acuerdo a una regla de oro. Tarde o temprano, de un modo u otro, en un sitio u otro... se ha de llegar a un acuerdo con el mundo y pagar por lo que se ha tomado de él. Las buenas acciones siempre salen a la luz. En palabras de Nat Love: "El trabajo de cualquier hombre está ahí para hacerlo y la vida para vivirla, y cuando la muerte viene buscándonos, se sale a su encuentro como un hombre".

El *cowboy* aprendía dónde no hay que pasarse de la raya. Para él, siempre hay que estar preparado física, mental y moralmente para luchar por todo aquello que se tuviera por correcto. Se había de ser siempre valiente, pero nunca imprudente; hablar menos y decir más, y recordar que algunas cosas, aunque sean pocas, no están en venta. A pesar de que el valor era indispensable para el *cowboy*, este a veces se *desanimaba* y tenía que abandonar su oficio, pues para eso no había remedio ni prótesis. Sí lo había, sin embargo, siempre que el ánimo no se perdiese, para una extremidad perdida o algunas otras mermas físicas, pese a las cuales podía seguir desarrollando, mal que bien, su único oficio.

A menos que se encontrase contaminado por el excesivo contacto con los anglotejanos, el vaquero miraba con desprecio los revólveres del "gringo", pues valoraba más la derrota del oponente con astucia y, si la lucha había de ser a muerte, la consideraba más valiente y más limpia frente a frente y armados con armas blancas, látigos o cuerdas, pues, aunque el revólver era mas resolutivo, cualquier cobarde podía apretar un gatillo. Además, el código de honor del *cowboy* también preconizaba el no disparar nunca por la espalda.

De lo que no hay duda es de que, pese a la monotonía, la austeridad y la dureza de su vida y de su trabajo, el *cowboy* amaba la vida más que cualquier otro estadounidense de su momento. Mientras que los progresos de la civilización no dejaban de dulcificar la vida de los ciudadanos pobres de las ciudades con más y mejores comodidades, pero también de empeorársela con más necesidades y más motivos de descontento, la de los *cowboys* seguía siendo muy simple y austera y ello conformaba su personalidad. La lucha cotidiana, la ininterrumpida exigencia de toda su capacidad física y síquica en el desarrollo de su trabajo cotidiano, hacían de él un individuo por lo común sano de cuerpo y de espíritu, aunque cada vez más inadaptado a las condiciones vitales de la civilización urbana, para la que ni se sentía preparado ni deseaba estarlo. El *cowboy*, que se sentía torpe y esclavo en la ciudad, no entendía ni la escala moral ni los hábitos ciudadanos.

Otro rasgo inconfundible del carácter del *cowboy* era su profundo respeto a las mujeres. Era amable y gentil con los niños, los ancianos y los animales, y respetaba siempre a los padres y las leyes de la nación, pero, sobre todo a las mujeres. Nunca se oyó que un verdadero *cowboy* maltratara, mancillara o, siquiera, menospreciara a una.

Sin duda, para el *cowboy* el peor y el más incompresible de todos los crímenes era matar a una mujer, por quien sentía un respeto casi reverencial. Por ejemplo, la llegada de una dama suspendía en el acto cualquier pelea, de igual modo que ningún *cowboy* se hubiera atrevido a utilizar palabras malsonantes en su presencia, ni tampoco a esgrimir armas, ni siquiera en broma. A este respecto se contó el caso ocurrido en 1880 en Tacosa, Texas, cuando a un vaquero excesivamente alegre le dio por divertirse disparando a las gallinas a las que en ese momento daba de comer una mujer. Ésta se desmayó y sus conciudadanos, al verla en el suelo, creyeron que había muerto y mataron inmediatamente al infeliz *cowboy*. Cuando la mujer volvió en sí, ninguno de los linchadores se arrepintió de su acto, pues, al fin y al cabo, el vaquero se había atrevido a molestar a una mujer con un arma.

Mientras que en los territorios más al norte, bailarinas, prostitutas y aventureras eran tratadas sin muchos miramientos, lo que podría ser una consecuencia de la moral puritana de los yanquis, los *cowboys* tejanos mantenían siempre todo tipo de miramientos y consideraciones para con las mujeres, con independencia de su oficio. Tal vez en la base de este respeto se hallara el hecho de su renuncia voluntaria al matrimonio y la familia. A sus ojos, toda mujer era una dama en cuya defensa todo *cowboy* estaba dispuesto a arriesgar su vida.

El *cowboy* medio no sentía demasiado apego por el dinero, le daba igual tenerlo que gastarlo, pues lo consideraba solo un bien de uso y su código repro-

Si no un caballero, el cowboy sí era siempre, al menos, un
caballista integral. En ocasiones, establecía con su caballo
una relación de amistad y camaradería, que, a veces,
como en la fotografía, traspasaba lo imaginable.

A falta de médicos...

Si sufrían heridas o enfermedades, los *cowboys* no se andaban con chiquitas. A falta casi siempre de médicos, los desgarros de carne se lavaban con agua; los jirones, se cortaban con cuchillo, que era también útil para extraer cuerpos extraños (balas, puntas de flecha). Las hemorragias se detenían por cauterización con hierro al rojo o con pólvora; para las amputaciones se utilizaban cuchillos y sierras, recurriendo a las crines de caballo para ligar los vasos sanguíneos seccionados y a las tripas de gato o al modesto hilo de coser para reparar músculos y piel. No había otros anestésicos que el puñetazo en la mandíbula, el garrotazo en la nuca o, en otro estilo, el jugo de adormidera espesado por evaporación. Los testigos de toda intervención quirúrgica solían sujetar al paciente por brazos y piernas, le daban a morder un trozo de madera y le suministraban whisky o cualquier otro aguardiente a simple chorro. En los casos de muelas y dientes picados intervenía el cocinero del rancho, bien pertrechado de alicates, martillo y cincel. Las mordeduras de serpiente de cascabel, mofeta o lagarto gila, así como las picaduras de tarántula, araña migala o escorpión se solían solucionar cortando por lo sano, es decir, rebanando con cuchillo afilado un buen trozo de carne de alrededor de la zona afectada, rellenando el hueco con pólvora y esperando a ver qué pasaba. Si el remedio no funcionaba, el *cowboy* condenado solía recurrir a dispararse en la cabeza. En todo caso, sus compañeros le hacían el favor.

Contra la fiebre traumática, el tétanos, la septicemia y las inflamaciones se utilizaba el alcohol, así como una serie infinita de ungüentos, tinturas y linimentos. Todos los abscesos y lesiones internas se procuraban aliviar con incisiones y drenajes. Además, las medicinas tradicionales mexicanas e indias reunían su ancestral sabiduría curativa en una amplia y variada farmacopea de raíces, hojas, ramas, flores, semillas, cortezas y frutos, con que se elaboraban todo tipo de emplastes, cataplasmas, infusiones y pócimas. Pero los recursos no acababan ahí: también se recurría al estiércol de cordero, la sangre de buey o el inevitable whisky. No obstante, muchas heridas, operaciones o enfermedades acababan de forma fatal al entrañar hemorragias internas o infecciones, para lo que realmente no había remedio alguno. Las enfermedades infecciosas (viruela, sarampión, tifus, cólera, tuberculosis, escarlatina, difteria...) causaban numerosos estragos, como también la peritonitis, la apendicitis o la neumonía. Incurables y a menudo fatales eran los cólicos nefríticos y hepáticos.

Pese a todo, los índices de morbilidad y mortandad eran muy inferiores a los de otros colectivos de la época y el lugar, seguramente porque la higiene del *cowboy* era superior a la de otros muchos colectivos de la época, pues él consideraba que había que ser pulcro y limpio ya que un cuerpo fuerte y sano era un regalo precioso.

chaba la avaricia. En tal sentido, perder o ganar no era lo importante, sino jugar bien. Eso tenía también validez con los negocios. Ni el *cowboy* ni el ganadero se sentirían jamás moralmente arruinados por estar económicamente arruinados. Seguirían, pues, jugando a lo mismo, aunque esa vez hubieran perdido. De hecho, cuando los barones del ganado comenzaron a cambiar y a juzgar su éxito por el de sus negocios, el mundo del *cowboy* comenzó a decaer.

Entre sus vicios estaban el ser demasiado gamberro en las ciudades y el de echar mano demasiado rápido de la pistola para solucionar cualquier nimia discusión. En el trato personal, si no se era otro de ellos, lo mejor para estar seguro era mantenerse lejos de la punta de su pistola, de la que haría uso en cuanto sospechara cualquier cosa. En cambio, se sellaba una amistad con él, ya se podía estar seguro de que esa misma pistola saldría en defensa del amigo en cuanto fuera mínimamente necesario, sin importar los riesgos y quién fuese el enemigo.

En el terreno de los hábitos y supersticiones, el *cowboy* hacía gala de todo un ritual a la hora de vestirse y desvestirse. Siempre se quitaba la ropa de abajo arriba y se vestía justamente al contrario. Lo primero era quitarse las botas (nunca se sacaba las espuelas, ya que las consideraba una prolongación de aquéllas); luego, se quitaba los calcetines, los pantalones, la camisa y, por último, el sombrero; después colocaba este en el suelo y ponía sus botas pisando el ala para evitar que se volara. La silla de montar hacía la veces de almohada y se tapaba con la manta que llevaba enrollada en la grupa de su caballo. Dormía con la ropa interior puesta que, por cierto, no se solía cambiar mucho ya que creía que cambiarse de ropa interior podría traerle mala suerte; incluso cuando tomaba un baño en algún río lo hacía con ella puesta. Para vestirse seguía invariablemente el orden inverso al de desvestirse: primero se ponía era el sombrero, luego la camisa, sacaba del bolsillo de ésta su tabaco Bull Durham y papelillos de fumar y se liaba un cigarrillo, y mientras lo fumaba, seguía con los pantalones, los calcetines y las botas. En general, la superstición era una parte más del código moral del *cowboy*. Aunque visto desde lejos podía parecer pueril, en una

El *cowboy* solía vestir llamativamente con sombrero
de ala ancha, camisa de franela, pañuelo al cuello de colores
chillones y generalmente de seda, pantalones de pana,
embutidos en unas altas botas de caña con tacones altos,
un par de tintineantes espuelas mexicanas y uno
o dos revólveres a la cintura.

vida repleta de peligros, cualquier cosa podía ser tomada como presagio de un futuro percance.

EL *COWBOY*, UN PERSONAJE INCONFUNDIBLE

El genuino *cowboy* aceptaba cualquier trabajo siempre y cuando pudiera desarrollarlo sin bajarse de la grupa de su caballo y, muy importante, siempre y cuando no tuviera nada que ver con ordeñar vacas. Pero, como se sentía y era, aunque a su modo especial, un caballero y no un vulgar trabajador, no aceptaba nunca rebajar su dignidad, ni siquiera leyendo o escribiendo, artes de señoritos o, peor aun, de pastores. Lo cierto es que, si no un caballero, el *cowboy* sí era al menos un caballista integral. Si le era posible, se negaba a caminar ni siquiera en distancias cortas. Sus piernas zambas, sus altos tacones, sus botas superajustadas y sus espuelas con cascabeles que cada dos por tres se enganchaban con el suelo al caminar no le equipaban adecuadamente para moverse a pie.

A pesar de su juventud, se tenía por algo más que mano de obra agrícola. Sabía que era admirado por los hombres comunes, los que no tenían más remedio que trabajar y desplazarse a pie, y para quienes era imposible dominar a un tremendo buey de 1.000 kilos. Esa autoconciencia de hombre *diferente* se solía manifestar en un orgullo tácito y vindicativo que se mostraba en primera instancia como una cortés reserva hacia cualquiera que no perteneciera a su propio clan. También se ponía de manifiesto en su atuendo; y es que el *cowboy* tenía un poco de dandi..., dentro, por supuesto, de los límites de lo que sus colegas tolerarían sin llegar a reírse de él y dentro, desde luego, de los cánones de la hombría entendida a la vieja usanza.

EL ATUENDO VAQUERO

Se suele decir que por el traje se conoce al personaje. Su vestimenta combinaba lo utilitario con lo decorativo, era armoniosa con su entorno y se adecuaba perfectamente a sus necesidades y a los requerimientos de su oficio. En su duro y peligroso trabajo cotidiano, necesitaba protegerse de los elementos y de la impredecible conducta de las vacas y los caballos. La indumentaria y el equipo del *cowboy*, al igual que la mayoría de usos y costumbres, tuvo su origen en la tradición de los primeros vaqueros mexicanos. Al principio, fue habitual que la mayoría de ellos llevara al trabajo ropa de segunda mano, desechada por las clases más altas; luego, muchos de los veteranos de la guerra aprovecharon su antigua ropa militar. Pero, enseguida, adoptarían su indumentaria clásica. Su imagen más habitual era la de un experto y habilísimo jinete, vestido llamativamente con sombrero de ala ancha, camisa de franela roja o azul, pañuelo al cuello de colores chillones y generalmente de seda, chaqueta o chaleco de cuero hechos a mano, pantalones de pana, embutidos en unas altas botas de caña con tacones altos, un par de tintineantes espuelas mexicanas y uno o dos revólveres metidos en el cinturón o enfundados en las pistoleras. Casi siempre llevaba barba y, en el Norte, cabalgaba erguido sobre los estribos, mientras que en el Sur y en California, acompañaba más los movimientos del caballo sobre la silla.

El sombrero, un icono del Oeste y reminiscencia del sombrerón mexicano, era por lo común pesado, ancho y con una banda de cuero abrochada cubriendo la base de la copa. En cualquier caso, se adecuaba perfectamente a sus necesidades. Además de ser estético y de buena calidad, debía servir, incluso aunque fuera nuevo, para atizar un fuego o recoger agua;

EL SOMBRERO STETSON

El padre de John Batterson Stetson (1830-1906) dirigía en Nueva Jersey la No Name Hat Company, donde el joven aprendió los secretos de la fabricación de sombreros de fieltro. A los veinte años enfermó de tuberculosis y fue enviado a Misuri, en busca de un entorno más saludable. Tras un tiempo trabajando en una fábrica de ladrillos de Saint Joseph (lo que, en principio, no parecía ajustarse al entorno saludable buscado), tras ser ésta arrasada por una riada, intentó enrolarse en el ejército, pero fue rechazado a causa de su precaria salud. Entonces decidió irse más al Oeste, a Colorado, a buscar oro. Durante las largas jornadas de trabajo, que no dieron grandes frutos, aprovechó para diseñar un modelo de sombrero de ala ancha que protegiese mejor de los elementos que los habituales. El sombrero en cuestión era el ahora legendario modelo «Boss of the Plains» («Amo de las llanuras»), también conocido como «diez galones» (en exagerada alusión a su capacidad para transportar tal cantidad de agua), que enseguida se convirtió en el símbolo clásico del Salvaje Oeste y de sus colonos.

En 1865, con su salud totalmente recuperada, Stetson regresó al Este, a Pensilvania y, tras abrir una sombrerería en Filadelfia, comenzó a diseñar y fabricar sombreros artesanales en la línea de los que había probado con éxito en California. Finalmente, fundó la compañía John B. Stetson, que fabricó con gran éxito sus diseños, más ligeros y resistentes al agua que los de la competencia y que solían incorporar un ala ancha para proporcionar más sombra. El «Boss of the Plains» se vendió indistintamente a agricultores, granjeros, rancheros y cowboys.

En poco tiempo, el negocio creció tanto que pronto se necesitó una fábrica mayor. La compañía continuó creciendo y, a principios del siglo XX, Stetson poseía la mayor empresa de sombreros del mundo, que empleaba a más de 4.000 operarios en una vasta fábrica que incluía hospital, gimnasio, escuela dominical y biblioteca gratuita. Cuando falleció, en 1906, su empresa fabricaba más de dos millones de sombreros al año. La compañía continuó fabricando sombreros, con excepción de la Segunda Guerra Mundial, cuando se dedicó a fabricar gorras militares y arneses para paracaídas. Sin embargo, los altos precios de la piel y el brusco descenso de los precios y de la demanda acabaron con la compañía en 1971. Aunque los sombreros modernos siguen llevando la etiqueta Stetson, no son fabricados por la compañía original.

igualmente debía tener alas anchas que protegieran tanto de la lluvia como del sol, el aguanieve y la ventisca, e incluso debía servir de almohada. Las alas tenían que ondear un poco y, en su momento, doblarse hacia arriba. No obstante, el *cowboy* casi siempre las bajaba por la parte delantera para protegerse del sol. Además, debía permitir su ajuste a la coronilla mediante una correílla de cuero en caso de que soplara el viento. Es decir, siempre. Su usuario tensaba a veces las alas pasando un cordón de cuero a través de una serie de agujeros repartidos por el borde exterior. Por lo demás, admitía numerosas variantes en función del color (blanco o negro), el material (cuero o fieltro) y los adornos que llevara (chaquiras, cuero sin curtir...), pero generalmente se caracterizaba por su forma y su ala ancha.

Las camisas del *cowboy*, por lo común a cuadros o rayas, solían ser de franela o lana, éstas últimas con

El sombrero, un icono del Oeste y reminiscencia del sombrerón mexicano, era por lo común pesado, ancho y con una banda de cuero abrochada cubriendo la base de la copa.

amplias mangas, aunque ellos tenían costumbre de arremangárselas y ponerse braceras de vivos colores. Por encima, solían llevar una chaqueta o un chaleco cómodo, que no dificultara los movimientos de los brazos. Muchos eran de cuero, lo que los hacía impermeables. Pero sobre todo eran prácticos, pues llevaban pequeños bolsillos donde guardar los contados enseres personales del *cowboy*, como el tabaco, el reloj, la navaja o las monedas. Los pantalones solían ser de lana, preferentemente de color marrón, y era bastante común que los llevaran sujetos con tirantes y embutidos en las botas. Con el tiempo se fueron imponiendo los *blue-jeans* o pantalones vaqueros de gruesa lona, ribeteados con grueso hilo amarillo y reforzados y tachonados en los lugares más expuestos con remaches de cobre. La ropa interior era de algodón o pana, según la época, y de una sola pieza (el popular *long john),* mientras que los calcetines también eran de algodón. El atuendo típico era raro que contuviese un abrigo, a excepción del famoso *sliker* o impermeable de lona engrasada. La pesada camisa de lana, holgada y abierta por el cuello, era el más común resguardo para todas las estaciones del año excepto el invierno, e incluso entonces, cuando estaba de faena, no solía llevar nada más. Pero si usaba abrigo, lo solía llevar tan abierto y holgado como fuera posible. Si se ponía un chaleco, este tenía que ser flexible y colgar abierto o parcialmente desabotonado casi todo el tiempo. Así, con ropas holgadas, el *cowboy* impedía que su cuerpo transpirase durante el trabajo; en caso contrario, se arriesgaba a enfriarse al detener su actividad física por el gélido viento de la llanura. Si soplaba con fuerza cuando el *cowboy* desmontaba para comer o descansar, entonces sí se abotonaba su chaleco para conservar el calor. En términos generales, las prendas más importantes de su indumentaria eran de cuero. Eran muchos los *cowboys* que siguiendo la tradición de repujado de sus antepasados vaqueros se confeccionaban ellos mismos sus prendas de cuero y algunos solían adornarlas con flecos, al estilo indio.

El pañuelo o bandana, generalmente de seda de color brillante, a menudo roja, y anudado con holgura al cuello, se convertía a conveniencia en una máscara contra el polvo o contra la nieve, en útil torniquete en caso de herida o mordedura de serpiente, o incluso en lazo de mano con que atar la pata de un becerro. Anudado al cuello, protegía la nuca del sol del pleno verano y, si el calor era excesivo, se podía humedecer para que refrescara la nuca. Tampoco era desdeñable su uso como servilleta.

Para protegerse las piernas de los arbustos espinosos y de las posibles quemaduras por roce de las cuerdas, el *cowboy* usaba unas pesadas perneras de cuero de becerro, unidas mediante un estrecho cinturón o correa, y superpuestas sobre los pantalones, llamadas propiamente zahones, chaparreras o chaparejos, pero que los *cowboys* llamaban *chaps*. En el Sur, a veces se hacían de piel de cabra curtida sin esquilar, pues allí era necesario protegerse mejor de las peligrosas púas de cactus y este material era el mejor para ese propósito. Estaban enteramente recortados por la parte de atrás, de modo que solo cubrían el muslo y las espinillas y no daban tanto calor como una prenda completa. Solo se usaban como protección, aunque en tiempo lluvioso también aislaban de la humedad.

Las botas de cuero repujado hechas a medida eran caras pues solían costar hasta dos meses de paga e iban siempre muy bien atadas. Tenían suelas finas y estrechas, eran pequeñas, incluso demasiado, y con unos tacones altos que permitían un mejor acoplamiento a los estribos y que el *cowboy* pudiese contrabalancear su peso mientras lazaba a un buey. También evitaban que, en caso de caída del caballo, el pie quedara estribado y el jinete fuera arrastrado. Seguramente era el calzado aparentemente más irracional diseñado nunca, pero, para un *cowboy*, sus botas ajustadas y puntiagudas eran esenciales, además de tener un gran significado y considerarse incluso la enseña de su profesión. Por eso, quizás, no era raro que se adornaran con bordes de cuero de colores y con la estrella solitaria que simboliza el estado de Texas. Que fueran poco prácticas para caminar tenía poca importancia: un *cowboy* de pie era una persona inequívocamente fuera de lugar. Él estaba orgulloso de ser un jinete y sentía cierto desprecio por todos los humanos que no tenían más remedio que caminar. De pie, parecía perdido, por eso procuraba estar así lo menos posible.

Las espuelas clásicas consistían en una rueda dentada muy grande con dientes de una pulgada de longitud. A veces, las de plata primorosamente labrada se complementaban con pesados cascabeles metálicos, cuya única función era anunciar, a las reses y a sus congéneres, la llegada o la presencia del *cowboy*. Su curioso orgullo de jinete llegaba también a la elección

Para protegerse las piernas de arbustos espinosos y de posibles quemaduras por el roce de las cuerdas, el *cowboy* usaba las *chaps*, unas pesadas perneras de cuero de becerro, unidas mediante un estrecho cinturón y superpuestas sobre los pantalones. En el Sur, para mayor protección, se hacían a menudo de piel de cabra curtida sin esquilar.

de los guantes, que llevaba a cabo con sumo cuidado. Por lo general, estaban hechos de ante o del cuero más fino y resistente a la humedad, y en invierno los utilizaba con mitones de lana debajo. Solían estar curtidos en blanco y cortados con bocamanga o muñequera, de la que colgaban unos flecos cortos que se agitaban con el viento cuando cabalgaba a galope tendido. En todo caso, eran prendas de vital importancia, pues el trabajo de manos era básicamente sujetar riendas, lazos, reatas..., en definitiva, todo tipo de cuerdas o cueros de los que había que tirar con fuerza y cuyo roce podía ocasionar importantes quemaduras en las manos.

Las herramientas y las armas de un *cowboy*

Las principales herramientas de trabajo del *cowboy* también eran un legado mexicano. Por ejemplo, los antiguos vaqueros utilizaban con singular destreza una cuerda a la que llamaban reata; los *cowboys* heredaron su uso y su nombre, aunque pronunciado y luego ya también escrito en su propio idioma: *lariat* ("la reata"). Se solía fabricar de cáñamo, cuero o crin de caballo y se llevaba arrollada, colgada a un lado de la empuñadura de la silla y atada con una de las muchas tiras que colgaban de la montura. El lazo era la herramienta indispensable del *cowboy*: con él arreaba al ganado, reducía y sujetaba a los terneros y hasta capturaba caballos salvajes. Se hacía de "hierva", como solían llamar los *cowboys* a la fibra vegetal manila, o más modernamente de cáñamo, y medía unos 9 metros de largo.

La fusta habitual del *cowboy* era corta y pesada, con el mango de madera o hierro recubierto con cuero trenzado y una tralla hecha con dos o tres tiras anchas.

Igual de importante para el *cowboy* eran los arreos de sus caballos, pues también dependían de ellos su seguridad y su trabajo. Las bridas solían ser lo más sencillas posibles: normalmente consistían en dos carrilleras de cuero que bajaban desde la testera para sujetar el peso del bocado. Este era de muy variado tipo, que iba desde la jáquima exenta de hierro hasta el bocado de espada o *spade,* que era uno de los más duros, pasando por el de argolla de filete y el de palanca, quizá el más común. El más característico era un tremendo bocado curvo conocido como bocado español. El *cowboy* no solía ejercer mucha presión en las riendas; prefería dejarlas reposar contra el cuello del pony en el lado opuesto a la dirección en que deseaba ir, girando solo su mano en dicha dirección e inclinando su cuerpo para ese mismo lado. Así, cabalgaba mediante la presión de sus rodillas, la inclinación de su cuerpo y la mencionada ligera desviación de las riendas. Éstas, por cierto, eran dos tiras de cuero, independientes la una de la otra, de unos 2 metros de longitud cada una, que permitían desmontar rápidamente y tener en el suelo un amplio campo de acción, sin por ello perder el control del caballo.

Por otra parte, en aquellos tiempos en que los hombres necesitaban armas y todos las llevaban, el *cowboy* no solía utilizar una inferior al calibre 44, y la más habitual era la de 45 con cañón largo. Este pistolón solía cargarse con cartuchos de rifle de 40 granos de pólvora y una bala de punta roma que convertía sus disparos en un terrible misil. El revólver era a la vez una pieza esencial de su equipo y también un potente y mortífero juguete, además de una exaltación y una promoción de su masculinidad. El más popular fue el colt *New Model Army 1873,* aunque también fue famoso el *Frontier* o *Peacemaker,* así como el *Colt Navy,* el *Remington* o el *Smith & Wesson Scoffield.* Solía llevarse en un cinturón desgastado que se apoyaba en una cadera, con la culata hacia delante, y colgaba más en la otra para que su peso no descansara sobre el abdomen. Lo normal es que el arma quedara en el petate mientras el *cowboy* realizaba los trabajos más duros. Solo aparecía ocasionalmente en sus manos durante la conducción de ganado, cuando tenía necesidad de defenderse, de hacer ruido para redirigir una estampida o de indicar a sus camaradas que estaba en el suelo y era incapaz de moverse. Pero su uso más propio era armar escándalo en ocasiones gozosas. Para el joven *cowboy*, disparar unos cuantos tiros al aire o al espejo de un saloon añadía diversión, al parecer, al jolgorio propio de llegar a una ciudad tras finalizar una travesía.

El rifle, enfundado a un lado de la silla, era un último recurso para cuando el patrón decretaba un estado de guerra por la ocupación de una dehesa o la defensa de una pradera. Entre ellos, el más famoso y popular fue sin lugar a dudas el Winchester, aunque también fueron muy apreciados por los *cowboys* el *Sharp,* el famoso "cazabúfalos", o las carabinas *Spencer* o *Springfield 1873.*

La silla de montar

Cada *cowboy* tenía su propia silla de montar, especialmente diseñada para los requerimientos de su trabajo y para hacer que su cuerpo soportara meses de cabalgada continua sin resentirse, y solía costarle como mínimo de uno a dos meses de paga. Por lo general, era de gran tamaño y de unos 15 a 18 kilogramos de peso. Era muy especial, distinta a cualquier otra del mundo. Era de estructura maciza y pesada, ya que una más ligera hubiera saltado en pedazos al primer tirón de un buey embravecido. Su gran grosor daba un firme asiento al *cowboy* cuando volteaba a un buey, al igual

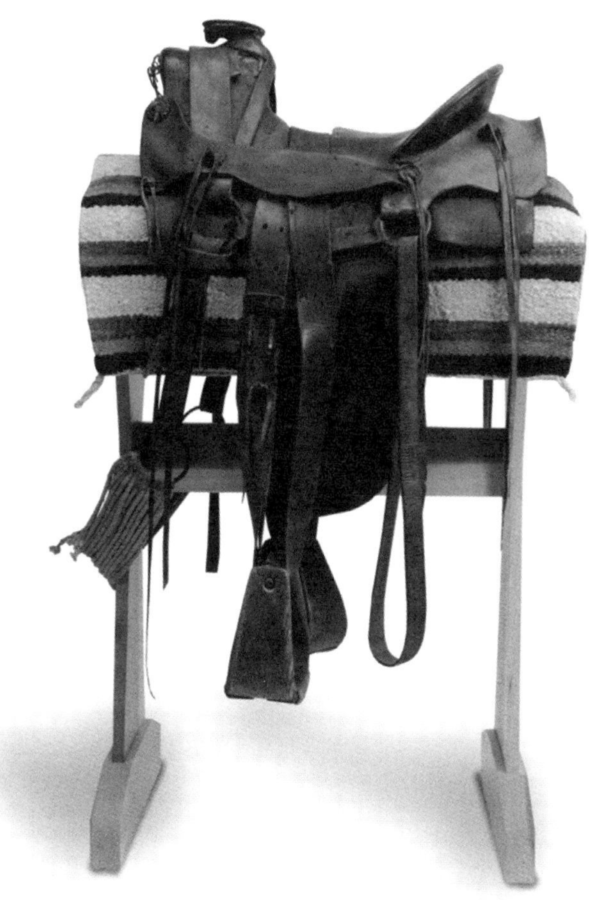

Cada *cowboy* tenía su propia y peculiar silla de montar, especialmente diseñada para los requerimientos de su trabajo y para hacer que su cuerpo soportara meses de cabalgada continua sin resentirse. De estructura maciza y pesada, su gran grosor daba un firme asiento al *cowboy* cuando volteaba a un buey.

que su parte delantera suficientemente amplia le permitía pasar las rodillas por encima de la cabeza del caballo. El borrén delantero casi había desaparecido, quedando prácticamente solo un pomo o cuerno alto, forjado en acero y recubierto con trenzas cruzadas de cuero, que servía como ancla en la que sujetar la cuerda con que el *cowboy* intentaba dominar a los bueyes. El caballo colaboraba manteniendo la cuerda en tensión mientras el *cowboy* desmontaba. Si la res era muy peleona, al tirar del pomo, podía levantar la silla. Para solucionar este problema se impuso el uso de una segunda cincha. El tronco o fuste de la silla se bifurcaba sobre la espalda del caballo para que se asentara con mayor firmeza y fuera muy difícil que llegara a resbalar. Las cinchas, grandes y anchas, la sujetaban de forma tal que pareciese que silla y caballo eran una misma pieza. El calapié de madera del pesado estribo impedía que el pie del *cowboy* sufriese demasiados golpes en sus continuos choques contra los lomos de los animales. Tras un tiempo de uso, la silla solía tomar la forma anatómica de su dueño, que no se solía separar de ella, y, por tanto, era incómoda para otro. Venderla se consideraba vergonzoso, y podía jugarse todo en una partida de cartas, pero su silla, nunca.

El *cowboy* buscaba que su equipo fuera lo más funcional posible, de modo que las sillas fueron evolucionando con el tiempo de acuerdo a las necesidades cambiantes del trabajo diario del *cowboy*. La silla de montar vaquera evolucionó a partir de la charra mexicana y ésta, a su vez, de la de perilla que los españoles llevaron consigo a América. Hacia 1850, los fabricantes tejanos refinaron su trabajo y comenzaron a construir los chasis con madera (sauce, olmo, fresno...). Incorporaron también un faldón sencillo y cuadrado, mientras que una banda de cuero recubría la madera del pomo, que era corto y grueso, de una gran resistencia. Los estribos solían ser de madera ancha combada al vapor, lo que les hacía más fuertes que los usados por los mexicanos, tallados en madera con huecograbados.

Con el tiempo, los fabricantes comenzaron a diseñar modelos más artísticos, entre los que destacaron los de los sellos Hope, S. D. Myers y W. T. Wroe e hijos, de Austin. El estilo *hope,* basado en sendos diseños de 1830 y 1850 de Adolphus Hope, fue el más popular. En la década de 1860, muchos fabricantes remodelaron y mejoraron sus modelos, creando una infinidad de ellos. A la silla que imitaba o se inspiraba directamente en la charra y que, vista de costado, presentaba una forma ligeramente curvada hacia atrás, se le denominaba silla de brazo. La silla Texas era más plana, aunque mucho más lo era la denominada silla cheyenne, que surgió al norte, como la denver o sauce blanco, que fue muy común. Entre las más famosas se encontraba también la *mother hubbard,* caracterizada por su uso de una pieza de cuero, llamada *mochilla,* que protegía las cinchas y los faldones durante el trabajo, y de cuyos salientes, latiguillos y anillas colgaba el *cowboy* todo lo que le era necesario. En el saliente trasero anudaba su manta enrollada, en cuyo interior colocaba su equipaje, alguna prenda de ropa o el *sliker* o impermeable. Bajo la manta, colgaban a ambos lados las alforjas. El rifle, enfundado, podía ir en dos posiciones: con salida por detrás de la cincha (al estilo del ejército) o por delante (al estilo de los cazadores de búfalos), pero siempre por debajo de la pierna. El lazo caía por el lado derecho y por encima de la pierna, sujetándose con un tira de cuero con una abertura que se pasaba por el pomo. La cantimplora, si no cabía en las alforjas, también colgaba de la silla. A mediados de 1870, los fabricantes de sillas tejanos comenzaron a cambiar el pomo de madera por uno corto de metal, que resistía mejor los tirones de las reses.

6

EL *COWBOY* EN ACCIÓN

Montado en mi caballo favorito, con mi reata al alcance de la mano, mis fieles pistolas en el cinturón y las grandes llanuras, de las que cada rincón me era familiar, extendiéndose millas y millas por delante, sentía que podía desafiar al mundo.

Nat Love, *The Life and Adventures of Nat Love, Better Known in the Cattle Country as "Deadwood Dick"* (1907).

UN TRABAJO ESTACIONAL

Lejos de la imagen romántica que luego se impondría, el *cowboy* era, de hecho, un esforzado trabajador de la industria del ganado, que trabajaba cuidando los bienes de otros, arriesgando su vida y viviendo la mayor parte del tiempo a la intemperie, a cambio de un dólar por día y la manutención.

El trabajo de *cowboy* se desarrollaba principalmente en el rancho y solía ser temporal, cuando no ocasional, y aunque algunos tuvieran la suerte de encontrar un patrón que les pudiera dar trabajo todo el año, eran muy pocos los que se dedicaban a este oficio de por vida, ya que las exigencias de la labor y las duras condiciones en las que se realizaba lo hacían imposible para hombres de cierta edad. El sueño de todo *cowboy* era ahorrar para algún día poseer su propio rancho. Casi nunca se cumplió.

Su trabajo con el ganado era estacional y variaba en función de la estación del año. En las etapas de sequía había que llevar el ganado a nuevos pastizales y abrevaderos; en las de lluvias, había que vigilar las estampidas provocadas por las tormentas, durante las que se perdían numerosos animales; en época de alumbramientos, cuando las vacas se separaban de la manada para parir, había que reunir el ganado extraviado... Así, el *cowboy* se pasaba el día entero cabalgando, yendo y viniendo constantemente, adelantándose muchas veces a toda velocidad a la manada, cortando el paso, haciendo regresar a las reses descarriadas, etcétera.

Los primeros brotes de hierba de la primavera señalaban el comienzo de la temporada alta del trabajo de *cowboy*, que no finalizaba hasta bien entrado el otoño, cuando recibía su paga tras la conducción del ganado hasta una ciudad ganadera. Durante estos meses, su trabajo era duro, arriesgado y muy peculiar. De entrada, su oficio le hacía estar casi todo el tiempo a caballo.

A lo largo del año, la vida del *cowboy* se ordenaba alrededor de tres actividades estacionales básicas: atender los pastos, llevar a cabo el rodeo anual y arrear el ganado hasta los centros de distribución. De los dos segundos hablaremos más en extenso más adelante, pero en cuanto a atender los pastos entrañaba cabalgar centenares de kilómetros para supervisar el ganado mientras este deambulaba en busca de los mejores pastos, impidiendo que las reses a su cuidado invadieran las fincas vecinas, que comiesen hierbas venenosas o que bebiesen en los muchos pozos de agua contaminada que salpicaban el territorio. A menudo, los *cowboys* tenían que rescatar animales que habían caído en barrancos o que se habían atascado en pasajes peligrosos entre las rocas.

En esta fase del año, la tarea cotidiana consistía básicamente, pues, en patrullar a caballo por todas las praderas del rancho y en traer a su interior a las reses

El espíritu indómito del cowboy hallaba la compensación a todos sus sufrimientos en su independencia. Como escribió en cierta ocasión uno de ellos: "El cowboy, si conoce su oficio, nunca recibe órdenes cuando está en el campo. Es siempre su propio jefe".

que se hubiesen salido de los límites, además de revisar y, en su caso, reparar las cercas, romper el posible hielo que cubriera las pozas de agua, repartir bloques de sal para las reses y detectar y combatir en lo posible los brotes de enfermedades de los animales.

Cuatro veces al año se reunían los capataces de cada rancho para discutir y decidir, entre otras cuestiones, la fecha de los rodeos, las compraventas de ganado y equipo y las necesidades de personal de esa temporada. En marzo o abril, el patrón reclutaba los vaqueros necesarios en su explotación ese año. Su compromiso comprendía la realización del rodeo de las reses y su traslado desde el rancho hasta el punto de embarque ferroviario.

Aparte de los pocos lapsos relajados, el *cowboy* hacía honor a su fama. Trabajaba brutalmente y sus tareas le exigían agilidad, fortaleza, valor y resistencia. No había bajas laborales posibles y cualquier accidente, herida, enfermedad o molestia se tenía que curar por sí solo, sobre la marcha. A todo *cowboy* que se preciase se le suponía capaz de mantenerse en pie toda la noche si el cuidado de la manada así lo exigía, así como la capacidad para manejar revólveres y de disparar con ambas manos y, curiosamente, la falta de algunos dientes a causa de alguna coz recibida durante los rodeos, momento del año en que los vaqueros solían decir que las reses tenían por lo menos ocho patas. Si un *cowboy* conservaba su dentadura intacta, se le miraba con cierto recelo y se pensaba que era un vago y que se había escaqueado del trabajo.

Las condiciones climáticas en que trabajaba eran, además, muy exigentes. Durante gran parte del año se las tenía que apañar sin compañía femenina, algo no siempre llevadero para muchachos que acababan de dejar su adolescencia. Y, cuando finalmente la conseguían, las únicas mujeres que podían esperar encontrar en condiciones de igualdad eran las prostitutas. Su bajo nivel social y cultural, sus penurias, su vida nómada..., todo se confabulaba para negar al *cowboy* la posibilidad de casarse y tener una familia, por lo menos mientras permanecía activo en aquel mundo cerrado. Además, si la suerte le ponía en compañía de una mujer, por lo común tampoco sabía muy bien cómo sacar provecho de ello, pues, por falta de costumbre, no solía dominar las artes sociales.

Pero su espíritu indómito hallaba la compensación a todo en su independencia. Como escribió en cierta ocasión uno de ellos: "El *cowboy*, si conoce su oficio, nunca recibe órdenes cuando está en el campo. Es siempre su propio jefe".

El rodeo primaveral

En Texas, donde las vacas parían por regla general a mediados de marzo, cada primavera, más o menos el 1.º de abril, comenzaba el rodeo *(round-up),* una batida de animales que duraba como mínimo una semana o diez días, y en la que se localizaba y se reunificaba la manada del patrón. Aquel era el momento en que la hierba comenzaba a ser de buena calidad y abundante y los terneros ya habían crecido lo suficiente como para ser marcados.

Era frecuente que el ganado se dispersara muchas millas en busca de pastos y la labor de reunirlo fuese ardua. Para llevarla a cabo, los *cowboys* se organizaban bajo las órdenes de un capataz y, en grupos de dos o tres, batían los prados en busca de todo el ganado propiedad de sus patrones, lo reunían y lo arreaban de vuelta al corral del rancho. Muchos de estos animales estaban en estado salvaje, por lo que completar la tarea podía llevar varios días.

Una vez reunidos los animales y, por lo común, tras llevar a cabo la buena práctica de vecindad de

En Texas, donde las vacas parían por regla general a
mediados de marzo, dos o tres semanas después comenzaba
el rodeo, una batida de animales que duraba como mínimo
una semana o diez días, y en la que se localizaba y se
reunificaba la manada del patrón.

devolver las reses perdidas a sus legítimos dueños, se separaban los terneros de sus madres para proceder a su marcado. Los terneros no marcados eran una gran tentación para los cuatreros. Después, se tenía que aislar a los novillos para proceder a su castración, si es que no se iban a dedicar a la cría. Finalmente, en los ranchos de Texas y de todo el Sur, también había que separar y reunir aparte los bueyes maduros aptos para la venta que formarían parte de la expedición al norte de ese año. En los ranchos de las Grandes Llanuras, esta operación se llevaba a cabo durante el otoño.

En tiempos de rodeo en campo abierto, los *cowboys* trabajaban casi unas dieciséis horas seguidas. La jornada comenzaba a eso de las tres de la madrugada cuando el cocinero avisaba de que el desayuno estaba ya listo. Poco después, el capataz daba la orden de ponerse en marcha y los *cowboys* finalizaban el desayuno, cogían su reata y se acercaban a la remuda para escoger su caballo de trabajo. Se improvisaba un corral de cuerdas pasando una por cada rueda de un lateral del *chuckwagon,* formando con ella una gran uve.

Cuando todos los caballos estaban ensillados y embridados, el capataz especificaba el orden del día y los cometidos individuales de cada uno, y les convocaba para una hora y un lugar precisos al final de la jornada, al atardecer.

Mientras el cocinero conducía el *chuckwagon* durante los kilómetros asignados para llegar al próximo lugar de acampada y prepararlo todo antes de mediodía, los *cowboys* cabalgaban unos 25 kilómetros, cada uno en una dirección, para comenzar a reunir el ganado que encontrasen en su área designada. Una vez recuperadas las reses del día, todos se reunían en el punto prefijado, donde les esperaba el *chuckwagon.*

A medida que los animales iban engrosando una manada cada vez mayor, se hacía más necesario que algunos jinetes formasen cada noche un anillo de seguridad alrededor de la manada.

Durante los años de superabundancia de reses, muchas personas oportunistas (a las que se solía llamar *sooners,* es decir, "tempraneros") recorrían los pastos libres unos días antes de iniciarse el rodeo de primavera para recoger todos los animales que encontrasen sueltos sin marcar, reunirlos y aplicarles su propia marca, incluidos los terneros, aunque para ello tuvieran que apartar o matar a las madres, cuya marca hubiera delatado la apropiación indebida. Cuando el ganado salvaje fue haciéndose más raro y los rancheros instituyeron un control más férreo, más industrial, de las manadas, esta práctica fraudulenta prácticamente desapareció, sobre todo al instituirse el rodeo en común de todos los animales de una zona, cuando los *cowboys* de diferentes ranchos o equipos trabajaban juntos para localizar y separar los animales de cada uno de ellos.

El marcado de las reses

Desde los primeros años de la ganadería comercial, el sistema del rancho abierto se fue expandiendo poco a poco por todo el Oeste, pero con la multiplicación de los ranchos y la proliferación de las ganaderías se hizo necesario distinguir la propiedad de los animales, por lo que se hizo forzoso su marcado o *branding* antes de que abandonaran la tutela de su madre. Esa marca individualizada se convirtió en símbolo de identificación de los propietarios, que llegaban incluso a ponerla en su ropa y en su papelería particular. Cualquier tipo de alteración fraudulenta o utilización indebida de la marca era considerada un grave delito.

Muchos de los primeros rancheros anglotejanos no podían interpretar el significado de las marcas pictográficas utilizadas anteriormente, en la época hispano-mexicana, por lo que solían llamarlas genéricamente "quiensabes", confesando pues que no podían leerlas ni sabían cómo referirse a ellas.

La mayoría de las primeras marcas tejanas consistieron en iniciales de mucha mejor interpretación. En general, se solía tratar de las iniciales del nombre del propietario (por ejemplo "JR"); otros colocaban bajo sus iniciales una raya, generalmente llamada *barr* ("barra"); si una letra se inclinaba hacia un lado, recibía el nombre de *lazy* ("floja"), de forma que una "J" inclinada se leía "lazy J"; la línea curva bajo la letra se llamaba *rocking,* de manera que una "T" sobre una línea curva se leía como "rocking T"...

La primera marca documentada en Texas la registró en 1832 Richard H. Chisholm en el condado de Gonzales. Los primeros registros oficiales surgieron durante la etapa independiente de Texas en la zona eminentemente ganadera de la costa del Golfo; por ejemplo, el condado Harris lo abrió en 1836. A partir de 1848, funcionarios estatales llevaron un registro oficial de marcas, aunque todavía no se estableció legalmente que la simple inscripción de una marca en el registro sirviera como prueba fehaciente de propiedad.

Cuando cada año llegaba el momento de separar de sus madres los terneros a marcar, el *cowboy*, trabajando al alimón con su bien entrenado caballo de recorte, tenía que anticipar los movimientos de la vaca y bloquear todos sus intentos de volver a la manada. Cada *cowboy* solía disponer de ocho o diez caballos para su uso personal. Cuando el vaquero entraba en la manada para separar a los terneros, montaba un caballo fresco, y cada pocas horas cambiaba de montura, ya que no había caballo que pudiese aguantar la fatiga del rápido e intenso trabajo de recorte. Antes de que el jinete afrontase un mar de cuernos entrecruzados, agitados y arremolinados según las densas filas empaquetadas de ganado se cerrasen sobre él o se fuesen abriendo a su paso, no era momento para mostrar debilidad alguna, sino para conducir con decisión a su caballo, sin hacer mucho caso a los cabeceos, apretujamientos y empujones del excitado ganado.

Por entre la mole de la manada, medio escondido en el remolino de polvo, el *cowboy* y su caballo no perdían de vista al pequeño y crespo ternero elegido cada vez, que no dejaba de correr, esquivar y culebrear alrededor de su madre. El caballo, con un ojo avizor, descubría casi al mismo tiempo que su jinete qué ternero era el elegido y, a partir de ese momento, necesitaba pocas órdenes. Seguía al galope a la madre del ternero, ciñéndose constantemente hacia el flanco de la manada. A su pesar, la vaca se iba acercando gradualmente al borde y, al final, se salía de la manada, seguida muy de cerca por su ternero. Una vez aislado este, el *cowboy* tenía que poner en práctica toda su pericia con la cuerda: hacía un lazo corredizo en su reata, lanzaba el lazo sobre la cabeza del ternero o alrededor de sus patas traseras y lo apretaba, trabando al animal.

En aquellos momentos, el corral era un auténtico caos. El aire se rasgaba con los mugidos de las angustiadas vacas privadas de sus terneros, con el ruido de fondo del fragor de las reses empujándose unas contra otras en el corral, con los relinchos de los caballos, con los disparos al aire, silbidos y gritos de los *cowboys*, con el crepitar de los hierros de marcar al posarse sobre el pelo y la piel y con los gemidos de dolor de los asustados y doloridos terneros...

Una vez inmovilizado el becerro, intervenía el *flanker* o tumbador, que le pellizcaba en la oreja, lo que le hacía dar un brinco, y, al mismo tiempo, tiraba violentamente de las patas traseras, de manera que el animal caía al suelo sobre su lado derecho, presentando el izquierdo al hierro de marcar. Otro método consistía en agarrar la piel floja del vientre, cerca del costado; el becerro se sobresaltaba, el *cowboy* apoyaba una rodilla sobre su vientre y tiraba de los pliegues de la piel, lo que hacía caer al animal. Otro *cowboy* se arrodillaba sobre el cuello del animal y le ataba las patas delanteras, mientras que un tercero le extendía a la fuerza las traseras. En ese momento, el *iron man* o marcador aplicaba el hierro, lo que exigía cierta destreza: si lo apoyaba demasiado, podía provocar una quemadura grave al animal; si no lo apoyaba lo suficiente, la marca no quedaba clara. Algunos *cowboys* maleados recurrían al ardid de marcar muy poco al animal, quemándole solo el pelaje, a fin de que, cuando le volviera a crecer, el animal quedase sin marca y pudiese ser herrado fraudulentamente por el *cowboy* en cuestión o por sus compinches.

Mientras tanto, el alboroto y la confusión seguían. Las cuerdas lazadas silbaban por el aire. Los caballos de recorte resollaban, sudaban, corcoveaban y se encabritaban. El *cowboy*, se cubría de polvo hasta las cejas y el bigote. Los bueyes mugían, mientras la manada se cimbreaba de un lado a otro. Las vacas cargaban contra sus perseguidores. Los añojos corrían veloces por el campo abierto, perseguidos por los *cowboys* de apoyo...

En general, el marcado era un trabajo sudoroso, sucio y duro, pero se palpaba una gran camaradería y amistad entre los hombres que sabían que cada cual estaba trabajando en favor de un objetivo común. Algunas reses marcadas eran mantenidas en la manada escogida que seguía al *chuckwagon,* mientras que a otras se las soltaba hasta el próximo rodeo, según su destino final. Cada jornada, algunos *cowboys* se encargaban de vigilar y cuidar la manada que cada día se iba formando al lado del *chuckwagon.* Esto era un trabajo aburrido y duraba desde las cuatro de la madrugada hasta las ocho de la noche, las horas más calurosas del día.

Sin embargo, no todos los terneros acababan marcados. Existían también los llamados *mavericks:* terneros que abandonaban por distintas razones a su madre antes de recibir la marca identificativa. Puesto que no tenían dueño conocido, en los primeros tiempos, cualquiera podía apropiárselos y marcarlos con su distintivo. A medida que el país se fue llenando de pequeños rancheros, la práctica de buscar y hacerse con mavericks se fue generalizando. Los grandes propietarios protestaron y lograron por ley que el marcado de los mavericks se hiciera en tiempo de los rodeos, repartiéndolos entre los propietarios en proporción a sus manadas, para que nadie ajeno a los propietarios de la zona se aprovechase de estos ejemplares sin identificar.

El descontento popular por esta reforma, que impedía una especie de redistribución de la riqueza, dio como resultado el surgimiento de personas que apartaban a propósito los terneros de sus madres y rápidamente los marcaban o alteraban las señas. Como era difícil probar tal delito y, a la vez, era impopular perseguir a los que así actuaban, tratándolos por igual que a los simples cuatreros, los ganaderos se organizaron y contrataron pistoleros diestros que defendieran privadamente, sin juicios por medio, sus intereses. Con el tiempo, a medida que se fueran radicalizando las posturas, el bandido que no era capturado en condados legalmente establecidos era juzgado por un tribunal improvisado compuesto por los mismos vaqueros; de ser hallado culpable, la sentencia, a muerte, era ejecutada al instante.

Tras el marcado del lomo, venía después el de las orejas. Cuando los animales estaban reunidos en manada, esta señal era mucho más visible que la de los lomos, lo que era muy útil cuando había que descubrir y apartar los animales de un mismo dueño dentro de una manada de varios. A efectos legales, estos signos no

El *iron man* o marcador aplicaba el hierro, lo que exigía
cierta destreza: si lo apoyaba demasiado, podía provocar una
quemadura grave al animal; si lo apoyaba poco,
la marca no quedaba clara.

eran considerados testimonios de propiedad, sino que solo tenían utilidad como simple medio de identificación rápida. Como así lo sabían los ladrones, se limitaban a hacer en las orejas la marca exacta de un propietario, pero sin llegar a suplantar su marca del costado, con la esperanza de que en el rodeo los *cowboys* se confundieran y no marcaran por error a estos animales. Al año siguiente, los becerros tenían ya edad para dejar a su madre y los ladrones los atrapaban, aplicaban su propia marca y recortaban de nuevo las orejas de modo que desaparecieran las muescas anteriores.

Una vez acabada las fases de los distintos marcados, entraba en acción el *knife-man* o capador que se encargaba de castrar a los machos y que, además, les quitaba un trozo de la oreja izquierda y hacía en la derecha un agujero y una hendidura peculiares de cada rancho. Estas operaciones de marcado y castración no parece que fueran excesivamente dolorosas para los animales jóvenes, que enseguida se recuperaban. Sí lo era, en cambio, el serrado de los cuernos de los adultos, durante el cual se les inmovilizaba la cabeza entre dos postes, lo que no impedía que su cuerpo se retorciera y que algunos perdieran incluso el conocimiento.

Acabada la operación completa de marcado, el ternero era liberado y se le permitía que se reuniese de nuevo con su madre, mientras otro *cowboy* separaba y traía al siguiente, y un tercero se encargaba de ir anotando el número, sexo y marca de cada ternero.

En cuanto al rodeo de bueyes para el mercado, se llevaba a cabo entre los meses de julio y agosto. En esta fase, solo se separaban de la manada los animales maduros o bien engordados, listos para ser enviados al matadero. Las reses elegidas eran llevadas aparte y arreadas en manada de un lugar a otro según se desplazaba el rodeo de un punto a otro de los prados, hasta formar la manada final de animales a arrear hacia el mercado.

LOS BECERROS MAVERICKS

Samuel E. Maverick (1803-1870) era un letrado que ejercía de procurador en San Antonio, Texas, al que un cliente, que no podía abonarle en efectivo la minuta, le pagó con una punta de 400 cabezas de ganado, con gran disgusto del letrado, para el que nada había más ajeno a su naturaleza que convertirse en criador de reses. Sin saber muy bien qué hacer con ellas, mantuvo su propiedad, pero sin abandonar sus otras tareas y, por tanto, sin prestarles demasiada atención. En eso estalló la Guerra de Secesión y Maverick marchó a luchar en las filas confederadas, con el grado de coronel, dejando aquel legado a cargo de un capataz.

Tuvieron que pasar ocho años antes de que Maverick pudiera regresar a Texas, pero finalmente lo hizo y se llevó la sorpresa de que se había convertido sin saberlo en propietario de miles de cuadrúpedos. Aquella manada recibida como pago en especie de un cliente, aceptada a regañadientes, había procreado y sobrevivido entre el merodeo y la trashumancia. Pero lo que marcó la peculiaridad de Maverick fue el hecho de que el capataz no se había molestado en marcar a los animales de su patrón, por lo que éste optó por atribuirse la propiedad de todo el ganado que aparecía por la zona carente de hierro. La difusión del hecho hizo que el vocablo *maverick* quedara incorporado a la lengua inglesa como sinónimo de "ternero sin herrar".

LA DOMA DE CABALLOS

También era cometido del *cowboy* la doma anual de caballos, un procedimiento de lo más brutal tanto para el caballo como para el jinete. Para el primero, la doma implicaba hacerle pasar hambre, golpearlo y agotarlo hasta doblegar su voluntad de ofrecer resistencia. Para el segundo, suponía muchas posibilidades de, como mínimo, salir magullado.

Una vez debilitada la voluntad del caballo, a veces se le hacia caer trabándole las patas con cuerdas para, una vez postrado, colocarle la silla. A otros se les hacía girar constantemente con los ojos vendados hasta que caían mareados. Una vez ensillado, el *cowboy* le montaba y el caballo empezaba a dar grupadas para librarse de aquello que tenía encima de su lomo y que le era molesto. El jinete tenía que aguantar las terribles sacudidas y golpearle con el látigo los cuartos traseros (nunca en la cabeza ni en las costillas) cada vez que daba un brinco, hasta que el caballo cedía rendido ante la imposibilidad de quitárselo de encima... o hasta que el jinete salía volando por los aires dando con sus huesos en el suelo. Esta primera fase de doma era llamada "desbravado", y era seguida por otra de entrenamiento, en la que se enseñaba al caballo a obedecer al jinete y a realizar todas las tareas en las que después intervendría. No obstante, no era raro que no hubiera mucho tiempo para domar (el caballo se consideraba domado cuando se dejaba ensillar y desde su lomo se podía lazar una res) y entrenar a los caballos, pues siempre había mucho trabajo aguardando. Así que se prefería asumir el coste de que algunos caballos se arruinaran al ser dejados a mitad de doma que dedicarle demasiado tiempo a cada uno. Con tal de que se sacara un pequeño porcentaje de caballos válidos, ya les era rentable a los rancheros.

En un principio, antes de que se generalizaran los criterios de cría selectiva, los caballos que normalmente utilizaban los *cowboys* eran *mustangs* ("mesteños") atrapados en las praderas, que se habían criado solos y que resultaban fáciles de conseguir. Dada la exuberancia de las manadas salvajes, tardó bastante en extenderse la cría selectiva que practicaban los hacendados mexicanos de tradición española, aunque enseguida que los ganaderos estadounidenses la probaban, se veían recompensados con creces, al cruzar con criterios selectivos los caballos traídos por los colonos del Este con los de sangre española autóctonos, en su mayoría involucionados por la vuelta al estado salvaje, que habían ganado en frugalidad y adaptación al medio, pero habían perdido la alzada y la estampa de sus orígenes. Las nuevas aportaciones de sangre supusieron una notable mejora de sus dimensiones, su carácter y su predisposición, lo que permitió obtener caballos de cualidades óptimas para el trabajo con el ganado. Además también se fueron utilizando métodos mucho más racionales en su doma y entrenamiento.

Las vastas extensiones de terreno abierto de las praderas hacían necesario el uso continuo del lazo para controlar las reses. Este trabajo era arduo y peligroso para el *cowboy*, que montaba jornada tras jornada y necesitaba confiar en los instintos del caballo, ya que no tenía tiempo para enseñarle. Era necesario que caballo y jinete se comunicasen perfectamente durante el trabajo. Para conseguir que el caballo reaccionase rápido a los requerimientos del jinete, los *cowboys* desarrollaron la técnica de monta llamada *loose rein* ("rienda suelta" o "rienda floja"), en la que se trataba de transmitir al caballo que todo iba bien y que podía mantener la velocidad y la postura, si no se le indica lo contrario.

Con el paso del tiempo, se fue desarrollando y perfeccionando el estilo de monta llamado *western*, propio del *cowboy*. Se aprendió a entrenar a los caballos a cargar el peso en los cuartos traseros, a avanzar de forma balanceada y agrupada y a ceder al contacto de la rienda con el cuello y a la presión de la pierna del jinete. Para ello, se iniciaba al potro con el filete, llevando el jinete las riendas con las dos manos; luego se le iba acostumbrando pacientemente a dejarse dirigir por un jinete con las riendas en una sola mano. El caballo idóneo para realizar este tipo de monta era el que poseyera una gran agilidad y un sentido vacuno excepcional, cualidades acostumbradas en razas como la *appaloosa* (caballo moteado de carácter, elegancia y resistencia excepcionales), la *quarter* (inteligente, compacto y musculoso, el ideal para el *cowboy*), la *mustang* (caballo salvaje o semisalvaje pequeño, de todas las tonalidades posibles, que vagaba en manadas por el Oeste) y la *colorado ranger* (caballo de brega).

El paro invernal

Lo normal es que todos los ranchos despidiesen en invierno a la mayoría de sus *cowboys*, quedándose solo con los imprescindibles para atender las labores mínimas invernales (dar forraje a los animales, hacer reparaciones en las instalaciones, combatir a los depredadores, vigilar la hacienda, etcétera). Esta actitud, algo rara para unos ganaderos que obtenían beneficios inmensos y que soportaban muy pocos gastos fijos (no pagaban impuestos, los pastos eran libres y gratuitos, el equipo se lo solía procurar el propio *cowboy*...), obedecía a la misma visión libérrima de la vida. El genuino *cowboy* solo quería cobrar por lo que hacía; él no vendía su capacidad de trabajo ni se hipotecaba a un solo patrón, prefería vagar libremente y cambiar de trabajo cada temporada, irse a otros sitios y conocer mundo y gentes. Un trabajo de por vida no era para muchos de ellos más que una atadura de por vida.

No obstante, para buena parte de los desempleados invernales, que nunca reprochaban a los patrones que les despidieran una vez acabado el trabajo, eran meses difíciles, muy difíciles, pues el *cowboy* no se distinguía por su capacidad de ahorro ni tampoco tenía

Para el caballo, la doma implicaba hacerle pasar hambre, golpearlo y agotarlo hasta doblegar su voluntad de ofrecer resistencia. Para el jinete, suponía muchas posibilidades de, como mínimo, salir magullado.

un hogar al que regresar. Para ellos, el hambre o el frío estacionales no eran otra cosa que accidentes naturales de la vida, una especie de ciclo biológico que determinaba su vida. El estar sin trabajo no era algo vergonzoso, por eso se limitaban a vagar de rancho en rancho en busca de un plato de sopa caliente y de un techo y un lecho provisionales en los peores momentos del invierno, que nadie les negaba, pues al año siguiente podían ser ellos los que estuviesen en tal situación.

Todos los cocineros de los ranchos diseminados entre las fronteras de México y Canadá tenían la costumbre de preparar raciones extras, sin más preguntas, para todos aquellos que habían escrito su nombre con tiza en una marmita dispuesta al efecto a la salida de sus cocinas. Estos invitados no solían permanecer en el mismo sitio más de dos días o, a lo sumo, una semana, si el tiempo estaba especialmente mal. Estos hombres errantes recorrían centenares de kilómetros durante el invierno y, así, servían de reporteros ambulantes llevando noticias y mensajes personales de una parte a otra de las inmensas praderas. Era esa otra de las razones por la que los ranchos y las granjas aisladas, deseosas de saber algo de lo que pasaba en el resto del mundo, les recibían con los brazos abiertos.

Los *cowboys* sin trabajo también solían alojarse en cualquier cabaña o choza abandonada o transitoriamente vacía, con la sola condición de contribuir a su aprovisionamiento: llevar algún saco de harina, algo de leña, alguna pieza de carne o lo que fuera para que el siguiente ocupante encontrara en el refugio lo mínimo indispensable para su subsistencia.

Pese a todo, tener un trabajo de invierno era el sueño de casi todos los *cowboys*, pues eso suponía estar al abrigo de todas las inclemencias del clima, que en las praderas del Norte eran, evidentemente, muchas y muy extremas. Esto era mucho más esencial para los *cowboys* que, cosa rara, tenían una familia a la que sostener. Cuando no había otra cosa, los *cowboys* con familia se empleaban como cazadores para suministrar carne a los mercados locales o bien se convertían en furtivos o, llegado el caso, en cuatreros ocasionales. Casi todos los ganaderos hacían la vista gorda ante el *cowboy* sin trabajo que mataba un buey para alimentarse; otra cosa era el que lo hacía para lucrarse. Estos robos aislados dieron lugar, con el tiempo, a abusos y obligaron a que los ganaderos mantuvieran a más *cowboys* contratados en invierno a fin de vigilar los ranchos y evitar precisamente esos robos.

Con todo, muchos de estos *cowboys* sin trabajo acabaron por engrosar las filas del ejército (casi todos se arrepentían de ello y acababan desertando o intentándolo) o de las bandas de cuatreros y forajidos que tanto abundaban en el Oeste. Pero si se considera que hasta el fin de las expediciones ganaderas hacia el Norte (alrededor de 1885), unos 30.000 *cowboys* sin trabajo se vieron obligados a buscarse la vida por su cuenta cada invierno, que un número muy difícil de evaluar pero seguramente muy elevado de ellos moría a consecuencia de las enfermedades, o quedaba enfermo crónico, extraña que prácticamente no se diera la más mínima acción de protesta ante esa situación.

No obstante, sí que hubo algunos casos, por ejemplo el del jefe de equipo Gus Johnson, que en la primavera de 1880 convocó a todos los *cowboys* despedidos y en paro de Texas a una huelga general, en exigencia de que los rancheros conservaran todo el año contratado a todo el personal que necesitaban en las épocas de máximo trabajo. La reivindicación, aunque conculcaba las costumbres, parecía más o menos justa, pero el hecho era que Johnson, en connivencia con oscuros intereses, lo que trataba era de que miles de becerros se quedasen sin marcar y permitiesen después hacer negocio a sus amigos, que los recogerían y los marcarían como propios. La huelga terminó el 31 de marzo de 1883 con la firma de una proclama por la que los *cowboys* de la cuenca del río Canadian reclamaban un salario de 50 dólares al mes en lugar de los 25 acostumbrados. Pero los rancheros no cedieron y aunque ese año sufrieron graves pérdidas, la huelga como tal fracasó en todos sus objetivos, aunque la mayor parte de los ganaderos elevaron algo sus salarios y despidieron a menos personal al llegar el invierno. También contribuyó a llevar el asunto del robo de ganado a otra dimensión, pues muchos *cowboys*, alentados por las proclamas de los líderes de la huelga, marcaron con sus propios hierros a todos los mavericks que encontraron en las praderas... y a algunos ya previamente marcados.

LA VIDA EN EL RANCHO

Durante los primeros años de la ganadería tejana, la vida en un rancho era tan peligrosa como en el campo abierto y en las sendas ganaderas. Todavía quedaban indios belicosos dispuestos a atacar sin previo aviso cualquier concentración de animales o de *cowboys*. Por lo demás, en términos generales, tópicos aparte, la vida y el trabajo de los ranchos eran más duros, monótonos y aburridos de lo que luego reflejarían la leyenda y el cine. En los ranchos aislados, que eran la gran mayoría, la vida pasaba de tarea en tarea, a cual más agotadora, y siempre montado el *cowboy* en su caballo.

La jornada de trabajo comenzaba a menudo a las dos o tres de la mañana, ya que siempre, en aquellas inmensas fincas, había que hacer un largo viaje para llegar a donde estaba el ganado o a donde se quisiera llevarlo. Tras alimentar con avena y ensillar al caballo que iba a utilizar durante la jornada, el *cowboy* se daba a sí mismo un gran desayuno porque muy probable-

El trabajo no dejaba al *cowboy* mucho tiempo libre para ocuparse de sus propios asuntos y mucho menos para divertirse, cosa, además, harto difícil en un rancho, entre otras razones, porque no había en ellos mucha diversión disponible.

mente ya no volvería a tener oportunidad de comer de nuevo, al menos caliente, hasta última hora de la tarde, si acaso.

Dejando al margen las grandes expediciones, el marcado de los becerros y la selección de los animales listos para ser llevados al mercado, el *cowboy* era ante todo un pastor a caballo, que trataba de proteger su manada contra las fuerzas de la naturaleza, desatadas de continuo en sus diversas formas, y de conservar la hacienda de su patrón. El *cowboy* cuidaba las heridas y las enfermedades, alejaba a los depredadores, atrapaba y domaba los caballos, levantaba y reparaba los cercados, construía casas, cabañas y barracones, excavaba pozos y acequias, luchaba contra los indios y contra los bandidos de todo tipo...

Todo ello no dejaba al *cowboy* mucho tiempo libre para ocuparse de sus propios asuntos y mucho menos para divertirse, cosa, además, harto difícil en un rancho, entre otras razones, porque no había en ellos mucha diversión disponible.

Por otra parte, los *cowboys* de antaño se hacían casi todos los arreos de los caballos que solían usar, ya que no había tiendas donde comprarlos. Por tanto, en aquellos días, buena parte del teórico ocio durante las estancias en el rancho lo empleaba el *cowboy* en fabricar o reparar todo lo que necesitaba para su trabajo.

Fuera del rancho, entregado a sí mismo durante semanas, solo o en pequeños grupos de trabajo, el *cowboy*, además de sus tareas propias con el ganado, debía encontrar y partir leña, reunir ramas y boñigas, buscar y traer agua, caza y pescar, recolectar frutos y bayas silvestres, preparar la comida, lavar la ropa, hacerse la cama, cuidar su material y su equipo, reparar cercados, techos, puertas y ventanas y otras muchas cosas necesarias para soportar la vida a la intemperie en el aislamiento de la naturaleza salvaje. Tal vez por eso, por la fuerza de la costumbre, el *cowboy* era un apasionado de la libertad y la independencia que tole-raba muy mal, si es que lo hacía, todo compromiso que atentara contra ello.

En su actividad cotidiana, el *cowboy* raramente iba a la ciudad y, si lo hacía (por ejemplo, para la compra mensual de provisiones), no solía entretenerse en diversiones que, por otra parte, no dominaba. En términos generales, lo natural era que sus principales diversiones fuesen del tipo de las que se realizan en espacios abiertos y que estuviesen relacionadas con su propio oficio y sus propias habilidades. Lo normal es que el *cowboy* fuera un amante de la caza, como, por otro lado, lo eran casi todos los habitantes del Oeste. Sus armas de caza preferidas eran el rifle, el revólver y el lazo, de las que casi nunca se separaba. Con la cuerda capturaba coyotes, búfalos jóvenes y, bajo espe-ciales condiciones, ciervos, alces e, incluso, antílopes. A veces, el *cowboy* se cruzaba con un oso pardo y, si iba acompañado, no era raro que entre varios lo diesen caza con los lazos.

En su vida cotidiana no se daban ocasiones para bailar y mucho menos con una dama. Si lo hacía, era con otro *cowboy* a los sones de un modesto violín, casi siempre tocado por el cocinero, pese a que casi todos los *cowboys* se atrevían a tocar algún instrumento, aunque fuera una armónica o un arpa de boca, al menos durante las guardias nocturnas. También eran fervientes y ardorosos cantantes, estuvieran o no dota-dos para ese arte. Cantaban un extenso repertorio, dominado por baladas tristes y melancólicas y roman-ces, y el buen cantante alcanzaba mayor consideración incluso que el buen tirador.

El whisky, las mujeres y el juego eran sus otras diversiones, aunque no eran pocos los *cowboys* que no jugaban, pues no hay que olvidar que el objetivo de muchos de ellos era ahorrar lo suficiente para algún día poder poseer su propio rancho. No obstante, casi todos

En términos generales, tópicos aparte, la vida y el trabajo de
los ranchos eran más duros, monótonos y aburridos de lo
que luego reflejarían la leyenda y el cine. Los pocos
momentos de asueto eran la única oportunidad de ocuparse
de uno mismo. Incluso, de cortarse el pelo, aunque fuera a
manos de un compañero inexperto.

se permitían algún dispendio al llegar a las ciudades ganaderas tras finalizar la conducción de ganado anual. También les solían gustar mucho las carreras de caballos y, sobre todo, demostrar públicamente su pericia en aspectos concretos de su profesión. Como les gustaba apostar, pronto se establecían rivalidades entre *cowboys* de diferentes ranchos respecto a quién era capaz de realizar con mayor rapidez o destreza pruebas que tenían una relación directa con su trabajo diario. Entre ellas estaban las de lazar, dominar, derribar y atar las patas a un ternero, separar a una res del resto de la manada, aguantar agarrado con una sola mano sobre un caballo bronco sin silla, etcétera. Con el tiempo, tales demostraciones con apuestas por medio crearon una gran expectación, sobre todo durante las épocas del rodeo del ganado, en que se solían reunir todos los rancheros de condado, y fueron el inicio de lo que más tarde se convertiría en todo un espectáculo deportivo a la medida del *cowboy*: el rodeo de competición.

LAS CONDUCCIONES DE GANADO

Uno de los propósitos del rodeo era reunir la manada de bueyes (las hembras se reservaban para la cría) que sería llevada ese año a los vastos y lejanos mercados. Para acceder a ellos, las reses eran arreadas por tierra con rumbo a las ciudades ganaderas, en las que se hallaban las cabeceras ferroviarias. Desde allí, los animales eran transportados hacia Chicago o cualquier otro gran centro de distribución de productos del Este. En dependencia de los puntos de partida y llegada, una conducción media podía suponer unos 1.500 kilómetros de recorrido y durar de dos a seis meses. Podía ser realizada por el propio ranchero y sus peones regulares, aunque, a menudo, le era encargada a un equipo de *cowboys* especializado en estos menesteres, al que se consignaba la manada, que podían ser de un solo rancho o de varios, por lo que iba siempre perfectamente marcado e identificado también con marcas en las orejas *(road brand)*.

Las expediciones tenían que conseguir un equilibrio entre la velocidad de marcha y el peso del ganado. Aunque las reses podían avanzar a 40 kilómetros por día, yendo a esa marcha perderían tanto peso que resultaría difícil venderlas luego en las ciudades ganaderas. Por lo general, se hacían distancias diarias mucho más cortas, permitiendo varios periodos de descanso y otros más largos a mediodía y por la noche, para que el ganado paciese y se abrevase. Como promedio, una manada mantendría un peso saludable y conveniente desplazándose a unos 24 kilómetros por día. Tal marcha significaba que llevaría como mínimo unos dos meses viajar desde el rancho de origen al punto de destino, si este era una cabecera ferroviaria de Kansas, aunque el viaje desde el sur de Texas a Montana requería entre cuatro y seis meses. Las manadas también eran conducidas desde Oregón y el Territorio de Washington a Wyoming y el este de Montana.

Por regla general, las manadas estaban formadas por unas 2.500 cabezas. Para arrearlas, se necesitaba un equipo de al menos 10 *cowboys*, con tres caballos como mínimo para cada uno. Los cowboys trabajaban por turnos las veinticuatro horas del día, arreando el ganado en la dirección correcta por el día y vigilándolo por la noche para prevenir estampidas y disuadir a los ladrones.

Las manadas que pasaban de los 3.000 animales no eran rentables, debido a las dificultades insuperables que surgían en caso de estampida, ataque de indios o de bandidos, o simplemente para darles de beber. Sin embargo, las hubo. Testigos fidedignos informaron de que, en 1886, un grupo de comanches que operaban en la región de Saba robó de una tacada 10.000 bueyes. En 1869, unos 200 veteranos del ejército sudista llevaron a California 15.000 bueyes y 1.200 caballos. Durante el día, la manada era dividida en cuatro; por la noche la reunían para vigilarla. La expedición más grande que se recuerda fue la dirigida por Print Olive y sus hermanos hacia Nebraska, formada por unos 60.000 animales.

Al frente de la manada marchaba el capataz o *foreman*, que a menudo se adelantaba para reconocer el terreno y escoger pastos, abrevaderos y lugares de acampada y los abrevaderos. A su lado solía viajar el *top hand* o segundo, por lo común un *cowboy* muy experimentado. A ambos lados de la manada se situaban los *swings* y, tras ellos, los *flankers*. Por último, arreando los animales que quedaban rezagados o los más débiles, iban los *drags,* los menos expertos, quienes tenían la tarea más ardua y agotadora, además de más desagradable, puesto que se veían obligados a cabalgar entre la nube de polvo provocada por la manada. Después se situaba el *chuckwagon* o carreta de las provisiones, vehículo en el que se transportaban los alimentos, los utensilios de cocina, la ropa de abrigo y otros repuestos. Cerrando la comitiva se situaba la remuda, grupo de caballos de refresco o especializados en alguna labor concreta, a disposición de los jinetes en número de tres a seis por hombre. Al cuidado de estos caballos iban uno o varios jóvenes que se iniciaban en el oficio, hijos de *cowboys* o simplemente aprendices, que eran llamados genéricamente *horse wranglers* y que solían cobrar unos 25 dólares al mes. Muchos pobladores del Este iniciaron su adaptación a la vida de *cowboy* de esta manera.

La carreta de provisiones o *chuckwagon*

Hacia 1870, las expediciones ganaderas llevaban miles de cabezas a los mercados y había una gran competencia entre los capataces a la hora de contratar a los mejores *cowboys*. El pionero del ganado Charles Goodnight, deseoso de mantener contento a su equipo de *cowboys*, contrató a un buen cocinero, compró una sólida carreta Studebaker del ejército y acopló en su parte trasera una "cocina móvil". Esta novedad, a la que se dio el nombre de *chuckwagon,* se hizo muy popular y casi todos los rancheros y jefes de camino empezaron a imitar su iniciativa.

En el *chuckwagon* se llevaban las provisiones, que consistían principalmente en beicon, tocino y buey seco, harina, judías, frutos secos, jarabe de arce, galletas y café, a lo que se añadían sal, azúcar y bicarbonato de sosa. También llevaba otras muchas cosas, como: mantas, piltras y sacos de dormir, armas y municiones, un sencillo instrumental de cocina y otras muchas herramientas, arneses, piezas de recambio, herraduras y útiles para herrar, medicamentos y leña por si acaso no se encontraba suficiente por el camino. No faltaba nunca un cuero de vaca sin curtir, sujeto por sus cuatro esquinas al lecho de la carreta, que servía a un doble propósito: primero, como bolsón en que guardar todo tipo de cachivaches, y, segundo, como material con que reparar cualquier posible desperfecto en las sillas de montar o en la propia carreta. A sus costados, por fuera, se llevaban bien asegurados dos toneles de agua, indispensables para el viaje. En los casos en que pareciese necesario por la previsible aridez del camino, se llevaban otros barriles de agua en el interior.

La carreta en sí era del tipo más resistente posible, por lo general una gran "goleta de la pradera". Algunas eran verdaderos milagros de orfebrería: iban remendadas, recargadas a tope, retensadas y parcheadas, hasta el punto de que apenas sonaba ya el hierro o la madera que aún quedara, pero, aun así, toda entablillada y remendada con tiras de cuero sin curtir, bamboleándose peligrosamente, con todo tipo de chirridos y gruñidos, amenazando a cada momento con venirse abajo, siempre permanecía de una pieza hasta que algún accidente inesperado requiriese la aplicación de nuevos parches o reparaciones de urgencia.

Esta cocina rodante estaba cubierta de una lona encerada muy resistente para proteger de la intemperie los utensilios, las provisiones y los sacos de dormir del equipo. En la parte trasera de la carreta, sostenida por pértigas durante el viaje, había una especie de caja de 1 metro de ancho y alrededor de 1,60 de alto, que ocupaba aproximadamente la mitad de la longitud del vehículo. Su cara posterior estaba fijada al suelo del vehículo por medio de bisagras que permitían desplegarla y bajarla durante las paradas, constituyendo entonces, sostenida por varias estacas, la mesa de trabajo del cocinero. La caja en sí estaba dividida en numerosas estanterías y cajones; se guardaba en los más grandes, los inferiores, la consabida levadura, la batería de cocina, los cubiertos y los botes de hojalata. En medio, las provisiones: azúcar, tocino, arroz, manteca de cerdo, jamón, judías en conserva y frutos secos. Arriba, sal, pimienta, raspaduras de tocino y otras especias u objetos pequeños.

Además de cocina y pequeño reino privado del cocinero, el *chuckwagon* era el punto de reunión donde todos se encontraban varias veces al día, además de hacer de guardarropa, hospital, centro social y lugar de expansión. Cuando un hombre arrojaba su saco de dormir en la carreta, sellaba su juramento de fidelidad al patrón. Incluso aunque no estuviera satisfecho del equipo o los camaradas, aunque el carácter avinagrado y la torpeza del cocinero lo exasperasen, no dejaba que nada de eso se trasluciera mientras que su nombre figurara en la nómina del equipo.

La carreta era conducida por el cocinero, por lo común un cascarrabias y excéntrico hombre-para-todo, con quien los peones trataban de mantenerse en buena relación, pues no sabían cuándo podrían necesitar sus oficios *artísticos* para que, por ejemplo, aguja de coser en mano, les arreglase algún desaguisado en la ropa o en la piel. Después del capataz, el cocinero era el hombre mejor pagado, más respetado y, sin duda, el más importante. A él le tocaba decidir el tipo y la cantidad de provisiones a llevar, así como el menú diario, que, por lo demás, casi siempre era el mismo. Por lo común, el cocinero solía ser el hombre más viejo y experimentado, y normalmente se trataba de un antiguo vaquero, aunque también podía ser un emigrante extranjero que no entendía nada de ganado (ni, a veces, de cocina).

El cocinero no solo debía cocinar y matar y desollar animales, lo que se daba por supuesto, sino también hacer un poco de todo: conducir la carreta de provisiones, recoger leña, guardar y cuidar las mantas y el resto de la ropa de abrigo, custodiar y reponer el agua potable, cortar el pelo, coser botones y remendar y, a veces, incluso, hacer de dentista o de cirujano. Además, se solía encargar de montar y desmontar diariamente el campamento y, a mediodía, él era quien hacía la llamada para la comida. Contar con uno ordinario o con un buen cocinero a menudo significaba tener un equipo de vaqueros quejosos o, en cambio, felices, aunque el *cowboy* listo se cuidaba mucho de quejarse en público del cocinero por miedo a ser reasignado a ese cometido o a pasar hambre al ver mermar sus raciones, pues el cocinero era el único que podía disponer de la comida.

Por lo general, las comidas consistían en carne de buey y judías, junto con generosas dosis de café. Este debía ser muy fuerte y muy negro (un cuarto de café en granos por litro de agua), sin azúcar ni crema. La receta vaquera para el café era la siguiente: tomar una libra de café, mojarlo bien con agua, hacerlo hervir treinta minutos, arrojar dentro una herradura y, si se hunde, añadir un poco de café. Como los propios *cowboys* decían, un buen café debía dar "un buen respingo en el gaznate". Al buen café de verdad se le solía llamar "de seis tiros", porque se afirmaba que era lo suficientemente fuerte como para que flotara en él un revolver de seis tiros.

Aun cuando el uso de la leche condensada ya se había extendido, el *cowboy* era refractario a tomar "vaca en lata". Su aversión a cualquier tipo de leche y a la crema provenía quizás del temor a tener que ordeñar una vaca o a oler a becerro. Los primeros vaqueros no habían visto nunca azúcar, sino solo jarabes de sorgo. Les producía horror el té y los que lo bebían. Uno de ellos, al volver a su rancho después de haberse encontrado con unos ingleses, describía su estupefacción al ver el espectáculo: "Allí estaban sentados, sorbiendo té con unos silbiditos como si estuvieran haciendo una soldadura".

En las raras ocasiones en que se mataba un buey para comer, el cocinero, además de apartar chuletas y filetes, para completar la dieta se aseguraba de preparar una olla grande de lo que en lenguaje vaquero se llamaba comúnmente "estofado puta-madre", un plato tradicional de misteriosa y variable receta que utilizaba partes del animal que no se solían comer por sí solas, tales como cerebro, lengua, hígado, corazón, riñones, mollejas, pulmones y medula. En palabras de un cocinero de entonces, en su preparación "se pone todo en la olla menos el pelo, los cuernos y los mugidos". Si, cosa rara, había una dama cerca del *chuckwagon,* entonces se le llamaba "guisado de los bufones". Como es lógico, los *cowboys* parecían no cansarse nunca de los bistecs bien asados, con bizcochos para "mojar", pero aborrecían la carne hervida y la sangrante, y más aun la que no fuera de vacuno. Para ellos, "asar cordero" significaba, simplemente, prender fuego a una pradera donde pastaran estos pacíficos rumiantes. A veces, si no había otra cosa, algún *cowboy* temerario se avenía a comer con las manos "costillas de lana" en los restaurantes de las ciudades de la región norte de las praderas. De igual modo, ningún equipo se habría puesto en camino sin una buena provisión de judías secas, de las llamadas indistintamente fríjoles en el Sudoeste. Fáciles de transportar y de hervir, baratas, se les ponían sobrenombres como "fresas de México", "cerezas del Pecos", "músicas" o, incluso, "chismosas" (porque "hablan por la espalda"). Los únicos frutos vegetales que el *cowboy* aceptaba en su plato de hojalata eran los secos, bien se tratara de pasas, ciruelas, manzanas o albaricoques, además de los que formaran parte de tartas, *puddings* y *cakes*. Otro postre muy habitual era el llamado "negro en camisa", una pasta a base de uvas pasas y sebo, espolvoreada con azúcar y canela. Yendo de camino, si la caravana encontraba ciruelas silvestres o bayas, el cocinero solía utilizarlas para hacer *cobblers,* una especie de torta en que los frutos se colocan en un plato hondo con azúcar, recubiertos de pasta, que se cocía al horno o en lo que el cocinero tuviera a su disposición.

Otra de las especialidades más célebres de toda la cocina vaquera era el pan de levadura fermentada o "pan de las praderas" *(sourdough bread).* Ni los bizcochos (ni siquiera los hechos con mantequilla), ni el pan de panadero (que los *cowboys* llamaban "nido de avispas" o "borra de carabina") podían rivalizar con él y la mayoría de los cocineros habrían defendido con su vida sus barriles de levadura. Cocidos en un gran perol, muy profundo y grueso, de hierro fundido, colocado sobre una trébede y herméticamente cerrado por una tapa muy pesada, estos bizcochos tenían que comerse calientes. Innumerables eran los sobrenombres del pan de las praderas e innumerables las historias en que era el personaje principal. Un *cowboy*, mirando un revolcadero de un bisonte, explicó en broma que ese hoyo se debía a alguien que había arrojado uno de esos panes y la tierra no había podido aguantar su peso. Otro contó que había arrojado uno de esos panes al río, que se había ido al fondo y que, desde entonces, los peces no habían vuelto a asomarse a la superficie, pues tenían las muelas partidas de intentar comérselo.

EL VIAJE

La comitiva ocupaba por término medio unos tres kilómetros, dependiendo del tamaño de la manada, del tipo de terreno que se estuviese atravesando y de la velocidad a la que se moviesen los animales. La marcha solía ser más rápida cuando los animales se disponían en formación de a tres o a cuatro por fila. Por lo común, cada res mantenía una misma posición dentro de la manada durante todo el viaje, aunque se solía desarrollar una pauta casi extrañamente coreografiada de adelantamientos y retrocesos dentro del grupo.

Por regla general, había un *cowboy* por cada 250 reses. Su selección se basaba solo en la mayor destreza posible en las tareas propias de un vaquero. Los patronos nunca pedían informes sobre el pasado de los miembros del equipo. El coronel Henry C. Hooker, barón del ganado de Arizona, lo aclaró: "Tomamos un hombre tal como es sin hacerle preguntas inútiles. Cuando ensilla un caballo, vemos si sabe su oficio o no. Cura secularizado, banquero quebrado o salteador de caminos, tanto nos da. Una gran parte de nuestros mejores elementos cometió faltas en un momento u otro de su pasado. Nosotros nos preguntamos tan solo:

¿aguantará?; ¿podrá resistir sesenta horas montado en la silla y reunir los animales que continuamente tratan de dispersarse?"

Algo no demasiado sabido es que la manada despedía un enorme calor y que, si se la dejaba viajar demasiado compacta, las reses perdían mucho peso. Los jinetes situados en el flanco hacia el que soplaba el viento solían comparar la experiencia con la de estar al lado de un horno abierto. No era raro que a esos desafortunados *cowboys* les saliesen ampollas en el rostro y las manos.

Pero peor que el calor era casi el polvo. Los jinetes que viajaban a cola de la manada acababan cada día cubiertos completamente por una espesa capa de polvo. Este era, sin duda, el trabajo más tedioso e incómodo de todos, pues básicamente consistía en ir espoleando a los animales enfermos, cojos u holgazanes que constantemente se dejaban caer del grupo. En el caso de las manadas mixtas, sobre los *drags* que cerraban la marcha de la manada recaía además otra de las tareas más ingratas, cual era atender a las vacas preñadas que se alejaban de la manada para parir. El *cowboy* novato tenía que permanecer a su lado durante todo el proceso. Tan pronto como el ternero nacía, le disparaba, no sin antes apartarlo todo lo posible de la manada para que sus congéneres no olfatearan el olor de la sangre. Hecho lo cual, conducía a la vaca de vuelta a la manada. No había forma de cuidar de un animal que no podía mantener el ritmo del resto de la manada.

Por delante de ellos, a ambos lados de la columna en movimiento, iban los *flankers* y, por delante de éstos, los *swings,* encargados de mantener a la manada en la dirección y a la velocidad deseadas. *Flankers* y *swings* intercambiaban posiciones cada día, pero eso ayudaba poco, pues, a menos que el jefe de expedición ordenase un cambio de dirección, ambos tenían poco que hacer, salvo soportar las muchas incomodidades del trabajo y combatir el aburrimiento y el cansancio.

El jefe de expedición era el responsable máximo del equipo, lo que incluía la toma de decisiones, el mantenimiento de la disciplina y la sobriedad debida, la negociación con colonos, bandidos e indios, la supervisión del equipo, el mantenimiento de un paso que asegurase el cumplimiento de los plazos y, a la vez, que las reses no perderían peso y, en definitiva, el cuidado de que todo el ganado llegase a destino y, a ser posible, en las mismas condiciones o mejores en que le fue confiado. En resumen, era responsable ante el propietario de la manada del buen éxito de la travesía y de su rentabilidad. Consecuentemente, pasaba la mayor parte de su tiempo por delante de la manada, explorando el camino, buscando praderas bien cubiertas de hierba y buenos lugares para acampar, y, sobre todo, localizando buenos abrevaderos, porque era esencial que las reses estuviesen bien hidratadas.

Una vez todo listo, los animales bien marcados y seleccionados y hecho el recuento inicial, llegaba el momento de la partida. La cuadrilla de *cowboys* se ponía a las órdenes del jefe de expedición, quien, tras comprobar que todo estaba en orden, ponía la manada en marcha hacia el norte.

Lo que esperaba por delante eran meses de soledad y monotonía a través de colinas polvorientas y altiplanos pedregosos, de tierras desérticas en las que, en algunos casos, no se encontraba durante muchas millas ni comida ni agua, surcados de tanto en tanto por oasis verdes y húmedos. Pero el trabajo no daba reposo. Las tareas eran muchas: había que reunir las reses extraviadas, ponerlas en la buena pista, evitar cualquier pánico que pudiera desmandarlas y provocar una temible estampida, mantenerlas unidas gracias al flanqueo de los vaqueros que cabalgaban a los costados de la manada...

En el sudoeste de Texas, la partida de las manadas tenía lugar de marzo a abril; en el Noroeste se prolongaba hasta octubre. Cuanto más pronto se pusieran en camino los animales, mejores serían las condiciones en que se haría el viaje, ya que el agua y la hierba serían más abundantes.

Durante los primeros días, la manada se mostraba nerviosa, porque los animales no se conocían aún y añoraban sus pastos familiares. Los jinetes tenían que galopar, gritar y disparar al aire para arrear a los animales sin parar, de modo que, al llegar la noche, estuvieran demasiado fatigados para escapar y regresar al rancho. Por este motivo, no era raro que personal de este último acompañara a los *cowboys* durante algunos días a fin de echarles una mano.

En cada manada se escogían unos centenares de animales que formaban siempre las primeras filas y, entre ellos, una docena, los líderes o bueyes-guía, que iba siempre en cabeza. A éstos se les vigilaba muy de cerca durante la noche y se les apartaba un poco de los demás porque, si ellos se perdían durante una estampida, sería casi imposible reunir de nuevo la manada. A menudo se mezclaban en ésta algunos bueyes viejos que habían perdido su fogosidad y se mantenían siempre tranquilos. En los momentos tranquilos, su presencia, que frenaba los movimientos desordenados, se convertía en un estorbo; pero, sin embargo, en los apuros proporcionaban una ayuda muy valiosa.

Por regla general, se marchaba sin parar los tres o cuatro primeros días, recorriendo cada jornada de 35 a 45 kilómetros. Al cabo de una semana, cuando ya se había impuesto la rutina, la longitud de las etapas bajaba a unos 20 kilómetros.

Por las noches, los *cowboys* daban continuas vueltas alrededor de la manada a una distancia de unos 50 metros. En cuanto observaban señales de agitación, entonaban sus cantos monótonos que tenían sobre los animales el mismo efecto tranquilizador que una nana sobre un niño, de ahí el nombre de *Texas lullabies* ("nanas de Texas") que se les daba. Incluso en las noches de tormenta, las reses permanecían en calma mientras oían voces humanas. Estos cánticos evitaron muchas veces la estampida. Evidentemente, los *cowboys* no tardaron en componer sus propias canciones que vinieron a añadirse al repertorio conocido y tradicional.

En el resto del viaje, cuando había comida y agua en abundancia, la manada permanecía unida y tranquila. Aquí o allá, algunos toros se peleaban, pero eso no asustaba al grupo. Un hombre de cada dos montaba guardia nocturna durante cuatro horas, si todo parecía estar en calma; si no, cada dos. Pero cuanto más duraba el viaje, más penosos eran estos turnos de guardia. Fatigados por tantas noches sin dormir, los hombres debían de esforzarse continuamente por mantenerse despiertos, ya que no había nada más vergonzoso que dormirse en tales circunstancias. El que era sorprendido en flagrante delito era despedido inmediatamente. Así que los *cowboys* agotados, entre otros recursos, se frotaban los ojos con tabaco para que la consiguiente quemadura les mantuviera despiertos.

Durante las primeras semanas reinaba el optimismo, por las noches todo el mundo cantaba, charlaba y bromeaba en torno al fuego del campamento; pero conforme se prolongaba el viaje, los hombres se iban volviendo más silenciosos. La cotidiana repetición de los esfuerzos y los peligros provocaba el aburrimiento. El trabajo se hacía pesado y el final del viaje y la llegada a la ciudad ganadera eran esperados como una liberación.

El día a día de una expedición ganadera

Cada día comenzaba antes del amanecer, cuando el cocinero avisaba a los *cowboys*, generalmente a golpes de cacerola, de que ya estaba preparado el desayuno. Una vez despiertos, los hombres se iban poniendo sus sombreros, su ropa y sus botas (la tradición dictaba que por ese orden) y se arrastraban hacia la carreta de provisiones para tomar el primer café de la mañana. Invariablemente, este traicionaba a su nombre... y también a su condición de líquido bebible. Al rato, tomaban el desayuno, que solía consistir en beicon, judías y más café.

Mientras tanto, los wranglers habían traído los caballos y los habían reunidos entre dos lazos atados por una extremidad a las delanteras y traseras de la carreta, mientras que ellos sostenían el otro extremo, formando así una gran uve. Los vaqueros sabían bien que un caballo no salta jamás una cuerda si no se ve obligado, y que no cocea si no es montado. Por eso, si respetaban esta simple regla, los wranglers no solían resultar heridos por muy inexpertos que fueran.

Inmediatamente después del desayuno, mientras el cocinero recogía sus enseres y deshacía el campamento y el capataz se adelantaba a reconocer el terreno, los *cowboys* seleccionaban, ensillaban y montaban sus respectivos caballos y echaban un vistazo al ganado, que ya comenzaba a mostrar su inquietud. Pronto, la manada estaba de nuevo en marcha, los hombres en sus puestos y, durante el recorrido, constantemente en movimiento para rescatar a los bueyes poco colaboradores y traerlos de nuevo a la manada.

La primera parte de la mañana se desplazaban despacio, aprovechando para ir pastando sobre la marcha. Hacia las nueve o las diez, los animales habían comido hasta saciarse. Entonces, poco a poco, aceleraban el paso. Dos *cowboys* se situaban, uno a cada lado de la manada, *apuntando* a los bueyes guía; y los *swings* se distribuían a lo largo de los flancos, hasta que la manada se alargaba un kilómetro y medio o más formando una estrecha, brillante y multicolor cinta en movimiento que serpenteaba sobre el verde intenso de la colina y el llano. De esa forma, se recorrían fácilmente de 10 a 15 kilómetros hasta mediodía.

Cubierta aproximadamente esa distancia, el capataz avisaba a sus hombres, generalmente desde lejos, del lugar escogido para el descanso para almorzar. Allí se detenían para que el ganado pudiese pacer a voluntad y los hombres comer, cosa que hacían por turnos, para no dejar desatendida a la manada. Después de comer, los chicos fuera de servicio dormitaban a la sombra de la carreta hasta que, poco después de las dos de la tarde, se ensillaba los caballos de refresco y la manada se ponía en pie y en marcha a su propio ritmo, guiada de nuevo por los jinetes.

Por la tarde se recorría normalmente menos camino. Hacia el anochecer, terminaba el trabajo cotidiano. Una vez cubiertos los kilómetros más o menos previstos, el capataz señalaba el lugar de acampada para pasar la noche. Para él, el bienestar de los bueyes era lo primero; por tanto, si ese día los animales no habían bebido lo suficiente, procuraba que la acampada se produjese junto a una corriente de agua para que pudiesen abrevar lo suficiente (aproximadamente, unos 38 litros de agua diarios por cabeza). Tampoco era raro que decidiese acortar o prolongar el recorrido diario para aprovechar un buen abrevadero surgido en el camino. En tal caso, los *cowboys* conducían la manada hacia el agua y distribuían a los animales todo lo posible en la orilla, para que cada res dispusiera de sitio suficiente y pudiese beber agua limpia. Solo después de beber los animales lo podían hacer los hombres y siempre, como es lógico, a contracorriente de las reses.

Llegados al lugar decidido para acampar, el capataz agitaba con suavidad su sombrero, para no espantar a los animales, señalándolo. Los *cowboys* del flanco más cercano al punto indicado, se apartaban y los del otro lado se cerraban sobre la manada, sacando a los animales del camino. Una vez llegados a la pradera elegida, el *top hand* o segundo capataz dirigía al buey-guía de modo que la manada fuese formando un amplio círculo cerrado, lo más concentrado posible, y poco a poco iba deteniendo a los animales.

Mientras tanto, el cocinero iba terminando la cena, que solía consistir en judías, maíz, carne y galletas. Los *cowboys* cenaban de nuevo por turnos, lo que permitía que la manada no se quedase sin vigilancia. Después, los hombres ensillaban su caballo de noche, aquel que preferían para realizar su guardia nocturna, y lo ataban cerca de ellos, de modo que lo pudieran montar sin demora a la primera alerta. Los *cowboys* solían tener la facultad de despertarse con la rapidez del rayo, aunque sin llegar a igualar en eso a mexicanos e indios. El caballo elegido solía ser el de paso más seguro y el más digno de confianza de todos los que dispusiese, pues a menudo durante la guardia nocturna, dada la oscuridad, el *cowboy* tenía que confiar en los instintos del caballo más que en sus propios sentidos. Una tradición, sin mucho fundamento, obligaba a descartar para la guardia nocturna a los caballos blancos pues, al parecer, atraían a los relámpagos.

Cada dos o cuatro horas, se procedía al cambio de la guardia de la manada. Ronda tras ronda, toda la noche había algunos vaqueros cabalgando a su alrededor, haciendo sonar sus espuelas y cantando alguna canción de cuna. Si la noche estaba tormentosa o se preveía que lo estuviera, los vaqueros se olvidaban de las guardias y montaban todos en círculo alrededor del ganado para darle seguridad. En una noche normal, los que tenían tiempo libre se reunían alrededor de una fogata en

BUEYES-GUÍA

Cada manada solía contar con un buey dominante, cuyo instinto le situaba al frente, guiando a todos los demás. Los buenos bueyes-guía eran particularmente valiosos cuando se cruzaba un río: un líder inseguro hacía que los demás se parasen. Si uno de estos bueyes hacía su trabajo bien, no se vendía y se mandaba de vuelta a casa para que guiase a otras manadas hacia el norte.

Charles Goodnight compró uno de estos valiosos bueyes, *Old Blue,* a su colega John Chisum; durante ocho temporadas, este buey guió hacia Dodge City a más de 10.000 reses, que seguían dócilmente el sonido de su cencerro. Según la leyenda, *Old Blue* era capaz de encontrar la mejor agua, la mejor hierba, el mejor paso por donde vadear un río e, incluso, de apaciguar a sus nerviosos compañeros de travesía durante las tormentas sólo con su tranquilizador mugido. Tras su último viaje, *Old Blue* fue retirado para que paciera tranquilo el resto de su vida. Vivió hasta los veinte años de edad y, a su muerte, sus cuernos fueron colocados en un lugar de honor en el despacho principal del rancho de Goodnight.

animada charla, en la que no faltaban las chanzas, los juegos de cartas o las canciones (por ejemplo, la famosa "Oh Susanna!" o la "*Cowboy* Annie", pero sin olvidar la más melancólica "Oh bury, me not on the tone prairie"). Pero la relajación solía durar poco: los vaqueros necesitaban generalmente más descanso que diversión. Sin otras posibilidades, dormían en el suelo, bajo las estrellas, desde bien temprano.

Al alba, la rutina diaria se reiniciaba, y así día tras día. Aunque era preferible esa aburrida monotonía que tener que vérselas con una estampida.

La estampida y otros peligros

Aparte de los inherentes al camino y sus retos orográficos y climatológicos naturales, los problemas, riesgos y amenazas eran casi infinitos. El flujo constante de ganado embarraba tanto el camino que, a veces, el lodazal llegaba a tener 600 metros de anchura. Además, el número tan enorme de animales hacía que el pasto fuera a menudo escaso. Con la idea de animar a los vaqueros que los conducían y de suavizar sus problemas, muchas de las compañías de ferrocarriles publicaron guías que indicaban los sitios en los que había buenos pastos y agua. Pero para lo que no había ayuda posible era para la mala comida, las condiciones de vida muy primarias, el hedor de los animales, los insectos... y los constantes cambios climáticos que ocasionaban años después enfermedades crónicas en los pulmones y el estómago, hernias y reumatismos que acababan por lisiar a muchos antiguos vaqueros.

Los *cowboys* estaban expuestos a multitud de amenazas que los acechaban a cualquier hora del día o de la noche. Eso sin contar con la desobediencia natural de un ganado semisalvaje, propenso por naturaleza a la estampida. Para estos viajes en los cuales se recorrían largas distancias a través de varios estados, se contrataba a muchos hombres, pues eran necesarios muchos ojos, muchas manos y, en su momento, muchos rifles.

Durante los primeros años en que se hicieron travesías, se atravesaban vastas manadas de búfalos. Tanto los caballos como las reses podían olerlos mucho antes que los hombres y, si lo hacían, se ponían muy inquietos. Por ello, el capataz solía enviar a uno de sus hombres a localizar a los búfalos y apartarlos del camino cuanto pudiera. Si se daba el caso de que por la misma inquietud o por cualquier otra causa, las reses salían de estampida y se mezclaban con los búfalos, después era muy difícil volver a separarlos. A mediados de los setenta, sin embargo, ya casi no quedaban grandes manadas de búfalos en las praderas del Sur y, poco a poco, se fue haciendo hasta raro ver siquiera a un búfalo solitario en la Senda de Chisholm.

Otros tres enemigos del *cowboy* eran los incendios, las tormentas y los indios. Incendios y tormentas propiciaban la estampida, la peor de las catástrofes cuando cientos o miles de reses corrían ciega y alocadamente con riesgo de arrollar a los propios vaqueros, quienes además se arriesgaban a perder a unos animales que, desperdigados, serían presa fácil de los coyotes. Con los indios era preferible negociar, pagar un peaje (generalmente de 10 centavos a 1 dólar por res) cuando la caravana atravesaba terrenos de tribus belicosas. A veces, sobre todo en los primeros tiempos, bastaba con regalarles un *wahaw,* es decir, un buey (para lo que se solía elegir a los lisiados o en peor estado), además de otras cosas, como pañuelos de seda para el cuello comprados en México. A veces, los indios se llevaban todos los caballos después de haber matado al joven *cowboy* que los guardaba.

Superado el peligro indio, según se entraba en Kansas, había que conseguir paso seguro por entre las bandas de bandoleros, en su mayoría restos de las guerrillas que habían asolado el territorio antes y durante la Guerra de Secesión. Finalmente, había que vérselas con los grupos de agricultores y granjeros decididos a mantener alejados de sus campos a los cornilargos, portadores de garrapatas que contagiaban la temida piroplasmosis.

Fuera cual fuere la causa, lo cierto es que no había forma de evitar una estampida: unos miles de bueyes cornilargos solo pueden ser controlados si ellos quieren serlo.

Además de las amenazas de origen humano, los *cowboys*, en efecto, se enfrentaban a un impredecible tiempo. A veces hacía frío. Insospechadas tormentas dejaban caer lluvia y granizo, mientras arreciaban el viento y el frío (en ocasiones se bajaba hasta los . Otras veces la temperatura alcanzaba los 40°. Las veleidades del clima ocasionaban a menudo otro de los peligros más temidos: en este caso, las crecidas de los ríos. Ganado, caballos y *cowboys* ponían en riesgo su vida al cruzar un río embravecido. No era raro que algunas expediciones tuvieran que esperar semanas enteras a que las aguas bajasen. Durante las muchas semanas que duraba el viaje, se tenían que cruzar importantes y peligrosos ríos, como el Rojo y el Arkansas, e innumerables riachuelos y arroyos, más los desafíos topográficos representados por cañones, desiertos y cordilleras. El ganado, a menudo temeroso de cruzar un río, tenia que ser empujado para que cruzara, y como la mayor parte de vaqueros no sabía nadar, el miedo a ahogarse no atañía solo a los animales. El *cowboy* no desmontaba del caballo para cruzar; cuando el caballo no hacía pie, el animal nadaba con el *cowboy* encima. Cuando la manada se asustaba, la catástrofe era inevitable: los animales nadaban en círculo y se ahogaban por docenas. En tal caso, los *cowboys* se veían obligados a pasar de un caballo a un toro para guiarlos a la otra orilla.

El río Pecos era especialmente peligroso, sobre todo en el famoso vado de la Cabeza de Caballo, cerca de Fort Stockton, Texas. Aquí, ambas riberas estaban en declive, pero la corriente corría con mucha fuerza. Los caballos y el ganado, débiles por la sed, olían el río y a menudo partían en estampida para meterse de lleno en el río. Al beber sus aguas salinas, hombres y animales enfermaban a menudo; otros, se ahogaban en la veloz corriente. Las arenas movedizas se disimulaban traicioneramente en numerosos ríos y, a menudo, jinete y montura se hundía tan profundamente que había que sacarlos con ayuda de lazos. El paso de las carretas merecería un capítulo aparte. Primero, el tiro y la carga eran llevados a la otra orilla y, luego, el *chuckwagon*, ya vacío, era arrastrado hasta la otra orilla con cuerdas, o bien haciéndole flotar con ayuda de numerosos troncos amarrados a su estructura.

En términos generales, el ganado bovino es desconfiado y excitable cuando está fuera de sus sitios predilectos y, en tal caso, era necesario tratarlo con el mayor de los cuidados para mantenerlo en calma. A medida que la travesía llegaba más al norte, aumentaban la frecuencia y la severidad de las tormentas eléctricas. Y estaban las serpientes de cascabel... Y, por supuesto, las estampidas.

Un estruendo distante y un ocasional atisbo de luz azul en el horizonte del norte solo significaba una cosa para el *cowboy* experimentado: la expectativa de una fría y húmeda noche a caballo, seguida por un día o más reuniendo los animales descarriados tras la inevitable estampida.

Los cornilargos se amontonaban y comenzaban a ralentizar su marcha a medida que se aproximaba el frente húmedo. Si la amenaza aumentaba, los *cowboys* de guardia comenzaban a entonar una *Texas lullaby* ("nana tejana"), incoherente mezcla de gritos agudos y sílabas cantadas con que los vaqueros intentaban calmar a los animales y, tal vez, a ellos mismos. A medida que el tiempo empeoraba, la canción de los *cowboys* iba adquiriendo un tono más y más desesperado, a menudo acompañado del sonido de alguna armónica. Primero un buey, luego otro y después toda la manada comenzaban a olisquear el aire y a removerse inquieta. A veces, la manada emitía una especie de neblinoso y ligero resplandor de electricidad estática (el famoso fuego de San Telmo) que centelleaba entre la punta de sus cuernos. Con o sin estos destellos, según se aproximaba la tormenta, los animales comenzaban a moverse, al principio, silenciosamente, mientras se arremolinaban. De pronto, un agudo flash de luz seguido por el estallido de un trueno ponían en movimiento al unísono a toda la manada. Comenzaba la temible estampida.

Al primer relámpago o trueno, la manada se alborotaba con rapidez y estrépito. Los mugidos de los miles de animales aterrorizados, los crujidos del entrechocar de los cuernos y el estruendo de los cascos hacían temblar el suelo. Los *cowboys* debían meterse en este torbellino, a menudo en una noche tan oscura que no veían dónde estaban más que en el instante en que los relámpagos desgarraban el cielo. Calados hasta los huesos, era una suerte que su caballo no metiera la pata en una madriguera, lo que solía suponer consecuencias generalmente funestas para el jinete.

Las tormentas eran particularmente peligrosas si iban acompañadas de granizo, lo cual era frecuente en Oklahoma, Kansas y Nebraska. A menudo, muchos animales caían fulminados o, más raramente, morían a causa de los golpes del granizo que llegaba a tener el tamaño de una naranja. Un período de lluvias prolongado era lo que causaba más problemas para el *cowboy*, aunque solo fuera porque le hacía el sueño muy difícil, casi imposible. Algunos trataban de dormir montados a caballo e, incluso, en ocasiones, optaban por apoyarse unos contra otros, de tres en tres.

Pero, desgraciadamente, las estampidas no solo eran causadas por las tormentas. Cualquier ruido repentino o cualquier otra cosa que asustara al ganado significaba después, en el mejor de los casos, horas y horas perdidas en reunirlo de nuevo y, en el peor, el terror de verse aplastado bajo sus patas si el vaquero caía accidentalmente del caballo. La estampida podía ser desencadenada por el incidente más nimio. A veces bastaban el resplandor de un cigarrillo o la llama de una cerilla, el crujido de una rama pisada por un casco, el aullido lejano de un coyote, el ruido de los cacharros de la carreta de provisiones, el tintineo de una serpiente de cascabel o, entre otros muchas causas posibles, el estornudo o el ronquido de un vaquero.

De lo que se podía estar seguro era de que una tormenta provocaría el enloquecimiento y la dispersión. Así, cuando, al anochecer, el cielo se presentaba amenazador, nadie se acostaba. Las tormentas en las praderas americanas no pueden compararse a las de Europa. Los relámpagos se suceden sin interrupción, los truenos retumban con un ruido ensordecedor y en las extensiones llanas, desarboladas, sin refugio, el espectáculo es sobrecogedor.

En cierta ocasión, una manada comenzó a correr aterrorizada cuando una brizna de tabaco volada de la bolsa de uno de los *cowboys* fue a caer en el ojo de un buey. Murieron dos vaqueros y bastantes más resultaron heridos. Se calcula que también murieron un 10% de las 4.000 reses que formaban la manada. En Idaho, durante una estampida ocurrida en 1889 murieron un *cowboy* y 341 reses. En 1876, en Nebraska, cuatro *cowboys* intentaron ponerse en cabeza de una estampida, para detenerla; no lo consiguieron y, además, desgraciadamente, uno de ellos fue arrasado por la manada. Todo lo que encontraron de él fueron las cachas de su revólver.

Una de las peores estampidas conocidas ocurrió en julio de 1876, cerca del río Brazos, en Texas. Casi toda la manada se precipitó por un barranco y más de 2.000 reses murieron o desaparecieron. En aquella ocasión, el motivo de la estampida no fue ni siquiera un ruido, sino el eco producido por el entrechocar de los cuernos y el sonido de las pezuñas de las propias reses. Los animales salvajes (coyotes, lobos o bisontes) también podían provocarlas si los guardianes no se daban cuenta a tiempo de su presencia. Finalmente, los ladrones de caballos, indios o blancos, podían asustar intencionadamente a la manada encendiendo una simple cerilla, disparando un tiro o con el crujido de un bastón roto.

Fuera cual fuere la causa, lo cierto es que no había forma de evitar una estampida: unos miles de bueyes cornilargos solo pueden ser controlados si ellos quieren serlo. El problema se complicaba mucho más cuando varias manadas pacían cerca unas de otras y, durante la estampida, se mezclaban. Eso ocurrió en cierta ocasión en que formaron una sola estampida 11 manadas que esperaban a cruzar el crecido río Rojo. Durante diez días, 120 *cowboys* trabajaron intensamente para separar los 33.000 animales en sus correspondientes agrupaciones originales.

Incluso en las raras ocasiones en que una estampida no causaba bajas entre los hombres o los animales, su precio era alto: durante una carrera de, por ejemplo, seis kilómetros, cada buey perdía por término medio unos 25 kilos de peso. Así que no importaba cuán helados, mojados, cansados o profundamente dormidos estuvieran los vaqueros, igualmente tenían que estar preparados para saltar sobre la montura en cuanto oyeran el sordo estruendo que anuncia que el ganado se ha puesto en movimiento. Debían cabalgar a galope tendido durante muchos kilómetros hasta lograr ponerse en cabeza de la manada, a la altura de los bueyes-guía (si es que se habían mantenido en cabeza), para intentar desviarla y hacerla correr en círculo hasta que se detuviera, agotada. Los *cowboys* gritaban, disparaban sus pistolas, agitaban sus sombreros o sus impermeables, se golpeaban los chaps con las cuerdas... Todo valía con tal de ir deteniendo la estampida y de que la manada aterrorizada volviese a ser un compacto grupo de animales agitados, pero en vías de tranquilizarse, lo que marcaba el final de la crisis.

Después, los *cowboys* se quedaban con la manada hasta la madrugada pues, en aquel estado, los animales tenían tendencia a asustarse de nuevo. Se cuenta que una noche, en la Senda Chisholm, uno de ellos se dispersó así hasta 18 veces. Y nada podría luego reemplazar el sueño perdido.

Pero lo más corriente era que la estampida no pudiera ser dominada y que a la mañana siguiente hiciera falta ponerse a buscar y reunir a los animales dispersos, para lo cual se necesitaban muchas jornadas de trabajo, pues no era raro que en su aturdimiento hubieran recorrido de 30 a 40 kilómetros en varias direcciones. Si había ocurrido así, los *cowboys* deberían recorrer al día siguiente unos 300 kilómetros a la redonda para recoger a las reses desperdigadas. Trabajando cada uno en solitario, los hombres se desplegaban en abanico por los campos colindantes. A veces se encontraban pequeños grupos de reses y se los podía traer de vuelta a la manada, pero lo normal era encontrarlas y tener que recuperarlas una a una.

Después de una de estas estampidas, los animales permanecían a menudo nerviosos y excitables durante muchos días. Si era la temporada de lluvias, este estado se prolongaba, provocando entre ellos un terrible adelgazamiento, además de que algunos bueyes, incapaces de tranquilizarse, buscaban cualquier ocasión para huir. En tales casos, el jefe de equipo, si no quería perder toda la manada, se veía obligado a matar a los más nerviosos o, en el mejor de los casos, si era posible, se los llevaba hasta la estación más próxima, donde los vendía a saldo, mientras el resto reposaba.

El ocio al final del camino

En la primera época de la ganadería tejana, el trayecto propiamente dicho terminaba en las puertas de una ciudad de Kansas. Llegados a las proximidades de un mercado, el jefe de ruta buscaba un lugar apropiado donde los animales pudieran permanecer el tiempo necesario descansando de las fatigas del viaje para recuperar los kilos perdidos gracias a la alimenticia hierba y el abundante agua.

La llegada de los *cowboys* a las ciudades ganaderas sumía a éstas en un continuo alboroto. La primera visión de las distantes luces de una ciudad tras pasar meses montado en una silla causaba a los *cowboys* una gran ansiedad que, a menudo, se prolongaba, pues su trabajo no acababa hasta que el ganado era vendido y embarcado hacia el Este. Pero, finalmente, ese momento llegaba y entonces se producía una especie de estampida de vaqueros, casi tan peligrosa e incontenible como la de las reses.

Su llegada se hacía notar de manera ostensible. Una vertiginosa galopada por la calle mayor, acompañada de sonoros aullidos, advertía a ciertos establecimientos y al pueblo en general de la llegada de un nuevo tropel de vaqueros. A veces, esta aparición ecuestre se sazonaba con algunas descargas al aire o a los vaqueros les daba por ejercitar su puntería contra todo tipo de letreros.

El primer deseo de los *cowboys* era, desde luego, desprenderse de todo el polvo del camino. En la primera pensión que encontraban, o a veces en unas salas dispuestas al efecto en las propias instalaciones de algún saloon, el *cowboy* se daba un buen baño y, quizá, se afeitaba y se cortaba el cabello. Una vez aseado, la siguiente parada era una tienda de ropa donde comprar repuestos para su maltrecho y andrajoso atuendo. Tras ello, el *cowboy* se sentía un hombre nuevo, preparado para tomar posesión de la ciudad y, con su paga en el bolsillo, disfrutar de los muchos placeres que, desde su punto de vista ansioso, ésta ofrecía.

Renovado, limpio y, a sus ojos, bien vestido, el incauto se dirigía al saloon, donde el camarero ponía a su vista una botella de whisky (del barato de la Frontera, del de a "25 centavos el trago") y, dentro de unos límites, siempre que siguiera pagando consumiciones, le permitía proseguir con sus bromas, generalmente pesadas y provocadoras, de las que los bravucones y envalentonados vaqueros hacían víctima preferentemente al forastero, ya fuera haciéndole beber mezclas explosivas en cantidades desmesuradas, o disparándole a los pies para que el infeliz *bailara* la más frenética de las danzas. Frecuentemente estas bromas pasadas de tono o de rosca terminaban en una verdadera batalla campal. Después, la calma se restablecía en el saloon y unos y otros, si es que la cosa no había pasado a mayores, celebraban la tregua bebiéndose unas copas más y entonando, en son de paz, alguna canción tradicional del tipo "The Old Chisholm Trail".

Algo mareado tras varios tragos, el infeliz se dirigía hacia una de aquellas chicas que no había dejado de sonreírle y, tras unos minutos de tanteo, la acompañaba escalera arriba, pensando para sí que en aquella conquista no había influido el precio acordado. Chico y chica desaparecían tras una puerta... Pasado un rato, el muchacho reaparecía escaleras abajo, con aire más desahogado y, tras sopesar las opciones, se encaminaba hacia la mesa de póquer, donde un jugador, generalmente de pinta algo hortera y sospechosa, le esperaba sonriente con sus cartas marcadas y algún que otro as en la manga. Según avanzaba la partida, el muchacho no terminaba de comprender cómo era posible que su montón siempre menguara y el de la banca siempre creciera. Finalmente, lo comprendía; se habían cumplido las profecías de sus compañeros más experimentados: le estaban engañando. Pero ya era tarde y ni siquiera podía protestar porque no tenía pruebas de trampa alguna y, sobre todo, porque sabía que aquel hortera sonriente era más peligroso aun con las pistolas que con los ases.

Terminada la partida, derrotado y con los bolsillos vacíos, el incauto se levantaba de la mesa, se iba arrastrando los pies del garito, se montaba en su caballo, recorría al galope la calle principal de aquel villorrio donde le acaban de desplumar todo lo obtenido tras su esfuerzo de meses y, llegado el caso, disparaba de nuevo al aire un par de tiros, esta vez de impotencia y frustración, mientras espoleaba a su caballo y se marchaba a galope tendido hacia la seguridad de su querida pradera.

7

GUERRAS
EN LAS DEHESAS

Los cobardes nunca sobreviven lo bastante
para convertirse en auténticos *cowboys*.

Charles Goodnight (1836-1929), pionero de la ganadería tejana.

LAS ALAMBRADAS Y EL FIN DE LA GANADERÍA CLÁSICA

En mayo de 1873, un granjero de la ciudad de Waterman, Illinois, llamado Henry Rose, patentó una cerca diseñada para impedir el paso del ganado que consistía en un simple listón de madera con puntas de alambre clavadas cada cierto tramo. Ese mismo verano, Rose exhibió su invento en la feria del condado DeKalb, Illinois, lo que indujo a tres residentes de la zona a intentar mejorar, cada uno por separado, su diseño.

De los tres, Isaac L. Ellwood (1833-1910) fue el primero en patentar un prototipo de alambre de espino en febrero de 1874, al espaciar las púas hechas a mano sobre un cable de alambre que luego se rizaba con otro igual, de forma que las púas quedasen firmemente sujetas en su sitio. Pocos después, Joseph Farwell Glidden (1813-1906) presentó su propio diseño, parecido al anterior, pero que utilizaba espinos fabricados curiosamente en un molinillo de granos de café. Ellwood comprendió enseguida que el diseño de Glidden era mejor que el suyo y en julio de 1874, decidido a prosperar en ese negocio, le compró a Glidden el 50% de los derechos de su invento. Juntos, fundaron la Barb Fence Company, con sede en la misma DeKalb, que alcanzó un rápido éxito y cuya producción se elevó de unos 5.000 kilos de alambre el año de la inauguración a más de 1.500.000 en 1876.

El tercer inventor de DeKalb, Jacob Haish (1826-1926), también fundó un negocio de no menor éxito basado en su propia patente, a pesar de que ésta sería revocada por los tribunales en favor de la de Glidden. Y es que desde que este recibió la patente del alambre de espino en 1874 se vio inmerso en una batalla legal sobre ella. Muchos otros reclamaron como suya la invención, por lo que se vio envuelto en un duro litigio que duró tres años. Al final, en 1876, Glidden fue declarado legítimo inventor del alambre de espino, vendió la parte de sus derechos de patente a la Washburn and Moen Manufacturing Company de Worcester, Massachussets, por 60.000 dólares y royalties. Enseguida, la Washburn and Moen se alió con Ellwood para expandir el negocio.

Gracias a los royalties, Glidden se convirtió en uno de los hombres más ricos de los Estados Unidos. A su muerte en 1906, era propietario, entre otros bienes, del hotel Glidden House, del diario *The DeKalb Chronicle,* de una granja de 12 kilómetros cuadrados en Illinois y de un rancho de 1.360 kilómetros cuadrados en Texas, así como de la Glidden Felt Pad Industry y de la fábrica de laminados metálicos de DeKalb, además de vicepresidente del DeKalb National Bank y director de los ferrocarriles North Western.

En 1881, para demostrar la eficacia del alambre, Glidden y su agente de ventas para Texas, Henry B. Sanborn, fundaron el rancho Frying Pan en Bushland,

Texas. Una manada de 12.000 reses fue marcada con la llamada "marca del Panhandle", que los *cowboys* bautizaron como "the frying pan" ("la sartén"). El rancho demostró las ventajas del alambre y cambió la actividad ganadera para siempre. Diez años después, la mayoría de los prados privados estaban cercados con alambre de espino. Esto hizo que surgieran protestas entre los amantes de los animales, que describieron el alambre de espino como "la cuerda del diablo", y entre los nostálgicos de los pastos libres.

En realidad, la decadencia de la ganadería de rancho libre había comenzado al llegar el ferrocarril de Chicago hasta Texas, pero la puntilla se la dio un joven empleado de una ferretería de San Antonio, John Warne Gates (1855-1911), que tuvo la idea de organizar una demostración de la utilidad del alambre de espino de Glidden. Y obtuvo un rotundo éxito. En 1876, para convencer a un consorcio de ganaderos escépticos, Gates organizó la demostración pública mencionada, encerrando para ello a 30 toros en la Military Plaza de San Antonio, Texas, acotada mediante una alambrada. El estruendo intencionado de unos tiros desbandó a los animales, que en su loca carrera se estamparon contra la valla metálica, que resistió la embestida.

Al ver el gran negocio que se abría para aquel nuevo producto, Gates fundó su propia empresa fabricante y, para maximizar beneficios, optó por plagiar el diseño de Glidden, comercializado por la Washburn & Moen Manufacturing Company, aunque *se olvidó* de pagar los correspondientes derechos de utilización de patente. En 1880, la corte de distrito decidió mantener la validez de la patente original de Glidden, lo que sería refrendado por el Tribunal Supremo en 1892. No obstante, Gates contraatacó en 1898 haciéndose con el control accionarial de la Washburn and Moen y creando enseguida la American Steel and Wire, que pronto se convirtió en parte de la United States Steel Corporation. Hombre rudo y ostentoso, Gates dejó al morir una fortuna calculada en 50 millones de dólares de la época. Fue el precio de la muerte del *cowboy*. Los grandes espacios libres habían dejado de existir.

Al permitir la colocación de vallas y la delimitación de terrenos en una tierra en que no había ni madera ni rocas ni tierra con que hacerlas, el alambre de espino revolucionó la vida en las praderas, provocando el fin de la ganadería de campo abierto y pastos libres, y proporcionando a los granjeros un método barato y a prueba de incendio para proteger sus cosechas de la destrucción causada una y otra vez por las hambrientas vacas o las menguantes manadas de búfalos.

En los siguientes veinticinco años, casi todo el campo abierto se fue vallando delimitando las propiedades privadas. Una infinidad de propiedades agropecuarias fueron cercadas con alambre de espino, incluidas muchas de las mayores, para las que no siempre sus supuestos propietarios tenían los necesarios títulos de propiedad que les permitiesen hacer tal cosa. Estos hombres, a falta de títulos, sí tenían mucho dinero y no poca influencia política. Además, existía todavía la sensación de que los pastos eran infinitos y de que había para todos. Si un hombre deseaba levantar una cerca aquí o allá, ¿qué importancia tenía eso?

A quien sí le importaba, y mucho, era al pequeño propietario, que se veía privado de acceso al agua o, incluso, desalojado de los terrenos en que había levantado su hogar con infinito esfuerzo. Pero, de momento, nadie le hacía mucho caso. También le importaba al pequeño emprendedor que había registrado una parcela a su nombre y que, con un maverick *encontrado* aquí o allá, más la paciencia de esperar a que se reprodujera, y quizás con alguna que otra *ayudita* insignificante tomada aquí o allá, había demostrado ser capaz de ir formando con mayor o menor rapidez una manada

Al permitir la colocación de vallas y la delimitación de terrenos en una tierra en que no había ni madera ni rocas ni tierra con que hacerlas, el alambre de espino revolucionó la vida en las praderas, provocando el fin de la ganadería de campo abierto y pastos libres.

propia. A este respecto, las asociaciones de ganaderos recién creadas comenzaron a dictar disposiciones y reglamentos para que no se le permitiera a ningún capataz registrar una propiedad a su nombre. No es que ese hombre no gozara de la presunción de inocencia —desde luego que no—, sino simplemente que al capataz o empleado que hacía tal cosa se le indicaba amablemente que se buscara trabajo en otra parte.

Por estas y otras similares pequeñas controversias, comenzó a surgir una cierta antipatía entre los grandes propietarios y los más pequeños, especialmente en los pastos del norte, donde estallarían algunas pequeñas pero sangrientas guerras locales entre los barones y los pequeños propietarios, acusados ambos por la otra facción de cuatreros. Ambos sabían muy bien de qué hablaban. En resumen, se trataba del viejo conflicto tan habitual en la colonización del Oeste entre los derechos de propiedad y de independencia humana. De esa forma, se comenzó a hablar de cercar los caminos y de mantener todas las cabañas del norte dentro de terrenos vallados.

El alambre de espino, que al principio fue utilizado sobre todo por los grandes terratenientes, se convirtió finalmente en el gran aliado de los pequeños ganaderos. Éstos, que al principio, dadas las condiciones legales, tuvieron que conformarse con las tierras más áridas, poco a poco fueron apartándose más y más de las líneas ferroviarias y el alambre les permitió localizar por su cuenta buenas tierras y buenos manantiales que registrar a su nombre e inmediatamente vallar para su uso exclusivo.

En los terrenos circundantes de los antiguos campamentos de las sendas ganaderas y de los asentamientos de colonos que no aspiraban a ser catalogados como campamentos ganaderos, los colonos vallaron sus propiedades. Así, por todas las praderas del Sur comenzaron a extenderse vallas y cercas, que se constituyeron en barreras artificiales a las conducciones de reses a larga distancia.

Es difícil decir si el mayor acicate para ello en la mente de los rancheros de Colorado y Kansas fue el miedo a los competidores tejanos o a la fiebre de Texas que propagaban sus animales. Pero las leyes de cuarentena promulgadas en 1885 casi acabaron ese mismo año con las expediciones ganaderas a larga distancia. Se comenzó a hablar de vallar todas las sendas y mantener las manadas del Norte dentro de esas cercas, algo obviamente imposible. Los ferrocarriles pronto acabaron con el debate. Sus agentes bajaron a Texas y convencieron a los tratantes de que les sería más barato y seguro poner sus vacas en convoyes ferroviarios de ganado y enviarlas directamente a los prados del Norte para luego despacharlas de allí. Enseguida, los raíles comenzaron a extenderse a todo lo largo de las llamadas Llanuras Estacadas, dentro del corazón mismo de las praderas tejanas, y los trenes comenzaron a transportar la mayoría del ganado. Eso significó el final de las viejas sendas ganaderas.

UN NUEVO ORDEN

Una terrible sequía azotó Texas en 1883, justo cuando se acababa la época de las grandes expediciones y la mayoría de los ganaderos habían establecido ya ranchos permanentes, aboliendo el régimen de prados libres. Los días de los cornilargos salvajes estaban contados; ya no quedaban más que pequeñas manadas dispersas por los más recónditos rincones de maleza espinosa. La cría industrial había sustituido a la captura, por lo que la actividad se había regulado mucho mejor y sin tantos altibajos.

Ya no se trataba de errar en busca de nuevas praderas y nuevos puntos de abastecimiento de agua, sino de organizar el racional aprovechamiento de los recursos a mano dentro de cada finca ganadera. La invención del alambre de espino, que por sí solo permitía este nuevo sistema de explotación ganadera, llegó en el momento justo. Las bobinas eran fáciles de transportar y no exigían, en estas regiones de escasa madera, más que muy pocas estacas, que apenas se estropeaban debido a la sequedad del clima. En 1882, el rancho Frying Pan de Joseph F. Glidden, el inventor del alambre de espino, se gastó 39.000 dólares de la época para cercar sus 101.167 hectáreas y demostrar a sus clientes la eficacia de su invento.

A la terrible sequía de 1883 mencionada siguió, lógicamente, una temporada de grandes incendios en las praderas. Cualquier descuido con una hoguera, la pavesa de una locomotora, un cigarrillo mal apagado..., casi cualquier cosa daba lugar a una enorme devastación. El ganado estaba terriblemente hambriento y se desgarraba la boca intentando comer plantas espinosas. Pero peor aun era la sed. Los ríos se fueron desecando en centenares de kilómetros de su cauce. Las otrora grandes corrientes, difíciles de vadear, como el Brazos y el Colorado, se convirtieron en plácidos riachuelos, que se podían cruzar saltando de piedra en piedra, sin mojarse los pies.

Los pequeños ganaderos fueron los más afectados. Los de más recursos intentaron llevar sus reses a zonas con mejores praderas, pero los animales estaban muy debilitados y eran difíciles de controlar. Aquel fue el fin de muchos ganaderos, a los que solo les quedó utilizar algunos cartuchos para abreviar el sufrimiento de su ganado. Además, los estragos fueron mayores de los debidos porque la bonanza de los años inmediatamente anteriores a la sequía, con un fuerte alza continuada de los precios de la carne, les habían llevado a muchos a exceder el número de animales aconsejable por hectárea, o bien a endeudarse más de lo debido para ampliar su inversión en tierras, cabañas o instalaciones suplementarias. Las tasas de interés de los créditos subieron hasta el 24%, a la vez que muchos capitales extranjeros oportunistas afluyeron al nuevo negocio, y especialmente al tejano.

Cuando vinieron, nunca mejor dicho, las vacas flacas, muchos se dieron cuenta de que la escasa agua y las decrecientes praderas aprovechables estaban ya bien cercadas y en manos privadas. Pero entonces ya era tarde. Las alambradas se convirtieron al poco de instalarlas en trincheras por encima de las cuales empezaron a volar las balas, al agudizarse la lucha por la supervivencia. El ancestral enfrentamiento entre pastores nómadas y ganaderos sedentarios se reprodujo, en toda su crudeza, como si todo estuviera ya escrito de antemano, en todo el Oeste.

Los propietarios de grandes manadas, pero no de la tierra ni del agua, se aliaron con los granjeros en el partido político Texas Greenback y tomaron como símbolo de sus reivindicaciones el alambre de espino con que los monopolistas de recursos intentaban avasallarles y echarles del negocio. El blanco preferente de sus iras era el capital extranjero, precisamente aquel que ellos habían reclamado y al que habían dado la bienvenida años antes. A ellos se sumaron un buen número de *cowboys* desocupados, que no veían ya solo amenazado su oficio y su manutención, sino también sus valores y su propia existencia. Y al cóctel se añadieron un buen número de cuatreros y otros forajidos, también perjudicados en su *negocio* por el alambre de espino.

Algunos grandes propietarios no se recataron a la hora de cercar no solo sus propiedades legalmente constituidas, sino también terrenos que nunca habían adquirido legalmente, parcelas sin dueño y otras pertenecientes a sus vecinos menos poderosos. Hasta se dio el caso de encerrar totalmente dentro de propiedades comunidades enteras a cuyos habitantes luego no se daba permiso de paso hacia el exterior, ni siquiera para que los niños fueran a la escuela o para que sus habitantes pudieran salir a comprar suministros o a reunirse en sus iglesias. En los condados Archer y Jones, hasta los edificios de la administración local, incluidos los tribunales, quedaron dentro de grandes fincas cercadas, inaccesibles si no se cortaba la alambrada. En el condado Gonzales, el correo no llegaba porque la carretera por la que debía viajar el furgón postal estaba cortada por cercas. Además, muchos de los que se apresuraron a vallar su propiedad, dieron tiempo antes para que sus manadas agotasen las praderas comunales de las cercanías. Una vez esquilmados aquellos recursos comunitarios, levantaron temporalmente las cercas y llevaron a sus animales a alimentarse a los prados del interior de sus fincas, aún intactos e inaccesibles a los demás.

Los miles de quejas, peticiones, sentencias y amenazas sirvieron de muy poco. Ni tribunales, ni jueces, ni autoridades civiles consiguieron nada y, por eso, llegó una vez más el momento en que gran parte de los que estaban en disposición de ello empezaran a tomarse la justicia por su mano. Todo tipo de personas contrarias a las alambradas se comenzaron a conjurar y a organizar en grupos más o menos clandestinos que se dedicaban a cortar los alambres que interrumpían el paso, aunque muchas veces, ya que estaban, incendiaban praderas o envenenaban pozos, en venganza. Al principio, se despejaron así las rutas y vías de acceso; pero los motivos no tardaron en ser más inconfesables. A la "legítima defensa" siguió la acumulación de odios y la pura revancha, así como la avidez interesada de ladrones y oportunistas y el desquite de los pequeños propietarios y granjeros que, tras perder todo, querían algo, aunque fuera unos cuantos animales sin marcar o, por lo menos, el desquite del mal ajeno.

Los grandes rancheros encontraron en esas actividades la excusa perfecta para incrementar sus pequeños ejércitos particulares de *cowboys* armados que velaban por sus intereses de cualquier manera, incluida la de colgar con la más mínima excusa a cualquier sospechoso de atentar contra ellos. Los comentarios interesados y las noticias sesgadas de los periódicos hicieron coro con el silencio de los políticos, los juristas y las autoridades de todos los niveles. En algunos casos, pocos, las partes en conflicto lograron llegar a algún tipo de compromiso que acabó con las hostilidades. Pero, en general, no fue así.

El aumento de la conflictividad detuvo en secó la afluencia de nuevos emigrantes a las regiones afectadas, que eran muchas, al igual que animó la marcha de muchos colonos ya establecidos. Finalmente, a las autoridades no les quedó más remedio que intervenir: el gobernado de Texas, por ejemplo, solicitó de la asamblea estatal normas contra los cortadores de alambradas. Mientras algunas leyes limitaban algo el levantamiento de nuevas alambradas bajo pena de multa, en enero de 1884 se decidió que los que cortaran las ya instaladas serían castigados con una pena de uno a cinco años de cárcel.

Las abundantes lluvias de la primavera de 1884 calmaron un poco los ánimos en ambos bandos, pero el corte de alambradas siguió siendo habitual al menos durante otros diez años. Aunque los conflictos no sobrepasaron nunca el ámbito local, el que se desató en 1888 en el condado tejano de Navarro amenazó con desbordarse y tomar las proporciones de una guerra civil. Los rangers infiltraron a agentes en ambos bandos y descubrieron que el *sheriff* del condado dirigía a los cortadores de alambradas, suministraba alambre de espino de estraperlo y mantenía bien informada de todo a una banda de ladrones, todo a la vez. Tras algunas escaramuzas más, el enfrentamiento perdió fuerza y finalizó. Los últimos brotes de violencia se produjeron en 1893 en el condado Uvalde y, en 1898, en Brown, y ambos exigieron la intervención pacificadora de los rangers. En otros estados como Colorado, Wyoming, Dakota, Nebraska y Montana, las guerras de los cercados, aunque menos extendidas, provocaron no pocas escaramuzas, teñidas siempre de sangre. En todos los casos, el final fue el mismo: definitiva desaparición de los espacios libres y paso progresivo al modelo de praderas cercadas, proceso ante el que el *cowboy* no opuso resistencia organizada. Muchos perdieron su trabajo y algunos mostraron su rebeldía y su desacuerdo con el trato recibido pasándose al otro lado de la ley. Las guerras de las dehesas y de los cercados fueron, pues, una de las últimas manifestaciones del final de un orden social y el alumbramiento de uno nuevo, ajustado ya en casi todo a los métodos de organización capitalistas.

La industrialización de la ganadería

En las inmensas praderas, al otro lado de las alambradas, fueron surgiendo los primeros imperios de ganadería industrial moderna, en que se reemplazaba la audacia de los primeros barones por la intervención masiva del dinero; la armonía del orden natural, por los criterios de racionalización del trabajo; la diversidad individual, por la estandarización... En esta evolución jugaron un gran papel los capitales europeos, especialmente los británicos y particularmente los escoceses, que, hasta 1882, invirtieron más de 30 millones de dólares en distintas sociedades ganaderas.

Las ganaderías perfectamente organizadas y racionalizadas disminuyeron en gran medida los costes de producción gracias al redimensionamiento de las plantillas, a la vez que mejoraban la productividad y los beneficios mediante la mejora de la raza del ganado. Así, se abandonaron los cornilargos tejanos, sustituidos por herefords de mayor productividad en carne, y pronto las vacas cornicortas de cabeza blanca inundaron las praderas de todo el Oeste. Desde 1883, el peso medio de una res pasó de 317 kilogramos a 362 en Wyoming; de 300 a 380 en Dakota, y de 310 a 373 en Colorado. Los *cornicortos* mejoraban los rendimientos al tener una mejor relación grasa-masa muscular y al ser más dóciles y manejables. No obstante, pese a su mayor rendimiento cárnico, no eran tan resistentes como los cornilargos, así que el cruce científico entre ambas razas produjo unos animales igual de adaptados al hábitat, pero más adecuados al mercado.

La llegada masiva de otras razas más productivas destinadas al cruce comenzó realmente en 1873, cuando la línea Missouri-Kansas-Texas trajo unos 200 vagones de ganado de cruce para los ranchos de Texas. En 1876, W. D. y George Reynolds, del condado Shackelford, llevaron ganado durham desde Colorado a su rancho Clear Fork. Charles Goodnight introdujo la misma sangre en el cañón de Palo Duro ese mismo año. William S. Ikard se trajo una decena de reses hereford a Illinois, tras haberlas visto en el Philadelphia Centennial en 1876. Aunque solo dos ejemplares sobrevivieron al viaje, en unos pocos años Ikard había desarrollado la primera manada de herefords inmunes a la fiebre de Texas registrados en el estado. Así, hacia 1885, el viejo longhorn tejano parecía en vías de extinguirse, sustituido por las nuevas razas híbridas. Afortunadamente, se salvó gracias a que unos pocos rancheros tejanos mantuvieron pequeñas manadas por razones en gran medida sentimentales.

La definitiva transformación de la ganadería en industria comenzó precisamente por esas mismas fechas, cuando las grandes expediciones se estaban extinguiendo. Los nuevos métodos, importados en su mayoría desde Europa, atrajeron a muchos nuevos colonos y enseguida fueron imitados por muchos más. Allí donde no había agua, bastó por lo general con instalar un motor de viento, que extraía por término medio el agua subterránea necesaria para que abrevasen 300 cabezas de ganado. Si la hierba faltaba en invierno, se echaba mano de los depósitos de heno seco rellenados en otoño y se llegaba a acuerdos de suministro con los pequeños granjeros del contorno.

Los rancheros de pasado nómada que no se acostumbraron a este nuevo modelo sedentario y profesionalizado, abandonaron el negocio y la región y buscaron nuevas aventuras, a menudo allende los mares, en Sudáfrica, Australia, Nueva Zelanda y las selvas del Extremo Oriente. Otros trasladaron sus negocios a Canadá, México y Centro o Sudamérica. Igual hicieron los *cowboys*: muchos se fueron al extranjero; otros mantuvieron su actividad errante mientras hubo espacios libres por los que moverse; unos pocos más se acogieron a las leyes de colonización y se transformaron en granjeros, reuniendo con paciencia pequeñas manadas, sin dejar por ello de añorar la vida en la pradera perdida, y también hubo *cowboys* que acabaron en el ejército, en los yacimientos de oro de Alaska, en los muelles de San Francisco o, sorprendentemente, en puestos administrativos de empresas. Finalmente, algunos nunca se desmontaron y trataron de perpetuarse, sin rendirse nunca.

Una ordenanza de las asociaciones ganaderas de Wyoming de 1884 prohibió a los *cowboys* crear sus propias marcas y, por tanto, poseer ganaderías propias. Esto condenó a todos los vaqueros excedentarios a vagar en busca de trabajo, en el mejor de los casos, o, en el peor, a cambiar de oficio. Lo que buscaba la ordenanza, oficialmente, era limitar los robos, que habían alcanzado cotas muy preocupantes. Se nombró un inspector en cada condado que, ayudado por un

Las ganaderías perfectamente organizadas y racionalizadas
mejoraron la productividad y los beneficios mediante la
mejora de la raza del ganado. Los cornilargos tejanos fueron
sustituidos por herefords de mayor productividad en carne,
y pronto las vacas cornicortas de cabeza blanca inundaron
las praderas de todo el Oeste.

pequeño grupo de detectives, vigilara el cumplimiento de la ordenanza. Pero ésta, lejos de aclarar el negocio, aun lo embrolló más, al acabar con la igualdad de oportunidades y la libre iniciativa, pilares del sistema hasta entonces imperante. En la práctica, colocó en el mismo saco al cuatrero y al pequeño propietario, a los que casi obligó a aliarse, con el respaldo de la opinión pública, en contra del nuevo enemigo común: las asociaciones de grandes propietarios. Esta clara delimitación de dos bandos traería lógicamente la consecuencia del surgimiento de tensiones y conflictos, que irían aumentando de intensidad y gravedad.

Cuando John Clay, presidente de la asociación dominada por los grandes ganaderos británicos, declaró no válidos los 8.000 hierros de Wyoming, los inspectores recibieron la orden de encarcelar a todos aquellos que marcaran *mavericks* sin pertenecer al personal de un rancho. Durante los diez primeros meses, los inspectores confiscaron 16.306 animales. Irritados, los colonos y muchos juristas proclamaron que eso no era más que un robo legalizado. Pero los rancheros, lejos de recular, respondieron con medidas aun más duras. Para empezar, escogieron a un cabeza de turco, Porter Young, pequeño propietario ganadero, detenido en realidad porque pesaba sobre él una orden de busca y captura por un asesinato cometido en el Este, y le pasearon en tren por Omaha, Denver y el sur de Texas para que todos vieran cómo se trataba a los ladrones de ganado en Wyoming.

En el verano y el otoño del año siguiente se produjeron fuertes lluvias que redujeron el valor nutritivo de los pastos. En primavera, los animales que subsistían se encontraban en un estado lamentable. Sin embargo, el sol primaveral hizo que resurgiera un nuevo optimismo que llevó a muchos a endeudarse con nuevas inversiones en tierras y animales, con la perforación de pozos o con el tendido de alambradas.

Cuando algunos de los barones avisaron de que eso pondría en riesgo la industria en las praderas del Norte, nadie les tomó en serio y, si acaso, les acusaron de no querer que la prosperidad se extendiese fuera de sus propiedades.

EL FIN DE LA GANADERÍA ITINERANTE

Con todo, en un principio, los ganaderos impusieron sus tesis, pero, debido a una simple cuestión demográfica, los agricultores acabarían por imponer las suyas. En el Norte se promulgaron leyes que obligaban a vallar las propiedades. Ello significó el fin definitivo de la ganadería itinerante. Muchos grandes ranchos tuvieron que cerrar; otros se adaptaron a las nuevas circunstancias y sus descendientes aún viven de las vacas. También hubo otro gran contingente de agricultores que tuvo que emigrar a otras zonas del país, no solo por los continuos conflictos, sino también porque la agricultura a pequeña escala no se adaptaba a las grandes extensiones despobladas de Wyoming o Montana.

A finales de la década de 1880, un nuevo desastre se abatió sobre la industria ganadera en forma de sobreexplotación de pastos, empeoramiento del clima, competencia con los ovejeros y caída de los precios, producida al deshacerse los rancheros de su ganado y vender sus manadas en un mercado a la baja. La cría de ovejas demostró que éstas eran más fáciles de alimentar y necesitaban menos agua, pero también que provocaban la invasión de las llanuras por hierbas foráneas y el incremento de la erosión del suelo.

En 1885, la nueva ley restrictiva sobre el ganado que se promulgó en Kansas no solo puso fin a la prosperidad que este comercio había aportado al estado, sino que también cerró toda su frontera sur a los longhorns tejanos. Al pedírseles que prestaran su apoyo, los rancheros del Norte empezaron por mantenerse neutrales, porque aún tenían necesidad del ganado del Sur para reforzar sus propias ganaderías, pero cuando los tejanos formaron una asociación para defender sus intereses y reclamaron al Servicio de Ganadería federal una vía de acceso libre hacia el norte (la llamada Senda Nacional), les dejaron solos, al comprender que el porvenir les pertenecía a ellos, así como a sus praderas cercadas.

En noviembre de 1884 tuvo lugar en Saint Louis la Primera Convención Nacional de Ganaderos, que agrupó a vaqueros venidos de todas las partes del país para determinar la evolución de la industria en los siguientes años. Los tejanos, liderados por Richard King, pidieron, en primer lugar, el paso libre a través de Kansas y Colorado. Como no lograron que se aprobara su moción, King propuso que la asociación de criadores tejanos comprara una banda de terreno de 10 kilómetros de anchura, que bordeara todos los estados hasta la frontera canadiense. Pero los estrategas de los mataderos de Chicago hicieron saber que ellos preferían cubrir sus necesidades con compras realizadas en el Norte. Tras su fracaso, los tejanos, que luchaban al filo de la navaja para defender sus intereses, vieron que nadie estaba dispuesto a ayudarles. Su batalla por la Senda Nacional llegó hasta el Congreso federal, donde provocó violentas discusiones. Los tejanos amenazaban con abrirse un camino por la fuerza de las armas y los habitantes de Kansas con impedírselo con los mismos medios, invocando de nuevo la fiebre de Texas. Finalmente, el tejano Martín Culver logró obtener de Washington una banda de terreno neutral que iba hacia el norte a través del este de Colorado, evitando Kansas. Sin embargo, cuando los tejanos quisieron hacer pasar 25.000 longhorns divididos en nueve manadas por este camino, las gentes de Colorado y Kansas se unieron para detenerles. Los tejanos

El invierno 1886-1887 fue extraordinariamente riguroso.
El ganado, ya en dificultades por la reducción de los pastos,
murió a miles. Muchos grandes ganaderos acabaron en
bancarrota y otros sufrieron pérdidas muy graves.

telegrafiaron a Washington comunicando que era inminente una prueba de fuerza. Las autoridades dispusieron el envío de una escolta para ellos, que, por esta vez, de momento, ganaron el pulso y continuaron con sus expediciones ganaderas al Norte.

Pero el golpe de gracia a éstas lo dio el invierno extraordinariamente riguroso de 1886-1887, tras el cual las praderas libres no se recuperaron jamás por completo. El ganado doméstico, ya en dificultades por la reducción de los pastos, murió a miles. Muchos grandes ganaderos acabaron en bancarrota y otros sufrieron pérdidas muy graves. El invierno comenzó con una terrible ventisca que cubrió las praderas del Norte con una espesa capa de nieve. Las temperaturas bajaron hasta límites desconocidos, sin que parasen de sucederse las ventiscas, que llevaron a los animales a intentar protegerse en las torrenteras o los valles, donde perecieron por decenas de miles. El deshielo primaveral permitió constatar que muchos de los grandes rancheros, ahogados por las deudas, estaban condenados a la quiebra, mientras que la ruina de los pequeños arrastraría al desastre financiero a muchos otros. El pintor y *cowboy* Charles M. Russell (1864-1926), empleado en un rancho al cuidado de una manada de 5.000 reses propiedad de un grupo de inversores del Este, respondió a la pregunta de éstos sobre el alcance de los daños enviándoles un cuadro suyo, que se haría muy famoso, en que se ve a una vaca hundida en la nieve, acosada por los lobos y reveladoramente titulado *El último de los 5.000.*

Pasado aquel mal momento, los rancheros terminaron de vallar sus tierras y negociaron arrendamientos individualizados con el Gobierno a fin de poder llevar un mejor control de los pastos a disposición de sus propios animales. Pero, pese a su poder, fue pasando el tiempo y los barones se tuvieron que enfrentar a un creciente número de retos a su estilo autocrático de hacer negocios. El primero provino de su propia avaricia y de su desconocimiento empresarial: al hacer caso omiso de la aridez natural de las llanuras, permitieron que sus manadas crecieran tanto que los pastos comenzaron a estar sobre-explotados. Esta mala práctica redujo la calidad de los pastos, a pesar de la matanza simultánea de bisontes en marcha. Además, las ingentes cantidades de ganado comenzaron a ser una tentación demasiado fuerte para los cuatreros, muchos de los cuales se trasladaron a la zona y comenzaron a poner en marcha un rentable y peligroso negocio de jornada completa.

La temporada 1891 asistió al último éxodo bovino masivo de los que a lo largo de más de dos décadas habían dado empleo a un gran número de trabajadores del Oeste. Desde entonces, ya solo circularon hacia el norte algunas manadas esporádicas; la última, que partió del rancho XIT en 1897, bajo la dirección de "Scandalous" John McCanless, supuso una serie casi ininterrumpida de disputas, con algunas batallas campales incluidas, aunque finalmente la manada llegó a destino sin perder ni un animal. En lo sucesivo, las únicas manadas que emprendieron su lento paso por las otrora populosas sendas ganaderas serían las de crías llevadas durante la temporada veraniega desde el clima cálido tejano al Norte, bordeando las faldas de las Rocosas, para alcanzar, tras seis meses de viaje, las tierras altas de suelos alimenticios de Wyoming y Montana que, uno o dos años después, deshacían parte del camino y eran enviadas al mercado final.

APARECEN LAS PISTOLAS

Hoy resulta extraño que con tanta tierra disponible, los colonizadores del Oeste lucharan y se mataran por ella. Pero esto es exactamente lo que ocurrió.

Cuando un hombre ponía su marca en su tierra o en su ganado contaba con que los demás la respetaran. Al principio, los grandes ganaderos toleraban con mejor o peor humor los pequeños robos de terneros aún no marcados por parte de sus iguales, pero a los extranjeros o a los pequeños rancheros que robaban sus reses extraviadas, como mínimo, les quemaban sus casas. Muy a menudo contrataban a pistoleros profesionales que les hicieran ese trabajo sucio. Camuflados como detectives o inspectores de ganado, los matones deambulaban por los prados, disparando a cualquiera al que pillaran con ganado sin marcar, sin detenerse a preguntar quién era y qué estaba haciendo realmente. Los más cotizados de estos *inspectores* llegaban a cobrar 500 dólares por cuatrero o sospechoso muerto.

La venganza, un recurso muy común en los conflictos entre los primeros colonos y los indios, era evidente también en muchos de los enfrentamientos entre los hombres de frontera blancos. Así, lo que nacía como una controversia, acababa convirtiéndose en una auténtica *vendetta*. En las zonas de escasa densidad de población en que la ley estatutaria era débil, algunas familias o facciones se sintieron impelidas a buscar lo que creían que era justo mediante la reparación en sangre de los agravios. Cuando esto provocaba la reacción de la otra parte, lo que sucedía a menudo, el enfrentamiento se convertía en una guerra local que se mantenía durante años.

A falta de leyes locales o federales, los barones dictaron las suyas propias, que en la mayoría de los casos eran las del más fuerte. Los *cowboys* no consideraban ilegal expulsar a tiros un rebaño de ovejas que competía por los pastos con sus reses, ni tampoco matar a unos cuatreros. Los derechos de agua y pastoreo y las eternas disputas entre ganaderos, pastores y agricultores era una forma segura de empezar una riña que pronto desembocaba en un conflicto que hacia que la enemistad inicial se enquistara. Además, el ingrediente añadido de la incesante llegada de nuevos colonos acabó provocando pequeñas guerras abiertas de carácter local basadas en la ambición de poder y el ansia por ser terrateniente.

El hombre del Oeste estaba acostumbrado a defenderse a sí mismo y era reticente a las restricciones gubernamentales a esa costumbre. A menudo prevalecía la ley personalizada sobre la organizada maquinaria de la justicia. Ese método funcionaba mejor en tanto en cuanto fuera directo y efectivo. Desde ese punto de vista, las numerosas y heterogéneas guerras locales que brotaron por todo el Oeste ganadero fueron resultado no solo de la violencia incontrolada, sino de multitud de lagunas o inhibiciones legales.

Tras la Guerra de Secesión, se podría decir que en Texas el gran dilema moral era matar o ser matado. Y si alguno de esos homicidios y asesinatos quedaba sin respuesta legal, daba lugar ineludiblemente a una *vendetta*. No era, sin embargo, una situación que chocase mucho a personas acostumbradas a las armas desde jóvenes. Muchos escolares tejanos de aquella época iban armados al colegio. Igual pasaba con los hombres de iglesia, que subían al púlpito con su fusil, o con los jueces, que no entraban en sus juzgados sin sus armas, o los recepcionistas de los hoteles y los camareros, que no atendían desde detrás del mostrador sin tener su arma a mano. No es que no se combatieran los desmanes y excesos de los forajidos y *desperados,* pero lo cierto es que no se ponía freno a la violencia en sí ni al excesivamente fácil recurso a las armas en la vida cotidiana. Como resumió el ganadero Howard C. McNarney: "Que haya hombres que quieran imponer su voluntad a otros no es tan malo. Lo malo es que muchos exigen que se ceda sin resistencia. (...) No es cuestión de buen sentido, ni de amor al prójimo, ni siquiera de justicia e injusticia. Por eso no permito a nadie que me imponga su modo de ver lo que está bien o mal cuando mi honor está de por medio".

Las guerras de las dehesas demuestran que llegó un momento en que nadie fue capaz de poner coto al desencadenamiento de la violencia y en que la *justicia* ya no fue más que una excusa inventada para crímenes que, a su vez, arrastraban en su espiral a otros grupos que respondían al terror con el terror. Una y otra vez, esta espiral sangrienta llegaba a su fin solo por el exterminio de uno de los dos bandos o por la intervención de una autoridad superior armada. Bien se tratara de pequeñas o grandes guerras, de enfrentamientos entre pastores de ovejas y ganaderos vacunos por cuestiones como los cercados o los abrevaderos, o entre grupos de intereses rivales, o incluso de robos de ganado a gran escala, lo cierto es que demasiadas ocasiones se rompió el código de honor y la vida humana dejó de tener valor. Prender fuego a una casa, tal vez con sus habitantes dentro, pasó a ser un acto más de una estrategia global. Expulsar a alguien de un territorio solo con lo que llevaba puesto, un acto de clemencia. Matar a alguien al que ya se había advertido, un acto de legítima defensa...

Lo cierto es que, en el Oeste ganadero, se daban más oportunidades a los malhechores para cometer sus crímenes que a la ley para impedírselos o, al menos, castigárselos. En abril de 1870, el gobernador de Texas, E. J. Davis, logró que la asamblea aprobara la creación de una milicia estatal, que se ocupara de mantener el orden público, y de una policía estatal, que reprimiera los desórdenes locales. Desde su implantación, estos cuerpos policiales serenaron la violencia, pero también cometieron arbitrariedades, animados por el propio gobernador, y provocaron, en consecuencia, la reacción popular, que causaría consecutivamente más brutalidades, linchamientos y *vendettas*.

En paralelo al fin de las grandes expediciones ganaderas al norte, se efectuó el paso de los espacios libres a los pastos cercados. Se hizo común la tarea de los *cowboys* que vigilaban los límites de las propiedades para evitar la entrada de reses extrañas y, sobre todo, para impedir la salida de las propias o la incursión de personas ajenas. Los frecuentes periodos de sequía venían acompañados, inevitablemente, de conflictos comúnmente armados que podían conducir a una pequeña guerra, ya que el instinto de conservación no dejaba sitio al acuerdo. En tales casos, el *cowboy* colocaba casi siempre su fidelidad a su rancho por encima de su amistad con sus colegas de profesión.

Las grandes dehesas fueron testigos de amargos enfrentamientos por la tierra, que condujeron a guerras entre facciones. Para algunos, aquello se convirtió en una manera de vivir y una profesión y el Oeste se llenó de *cowboys*-pistoleros. La tierra en la que pastaban los animales estaba bien provista de hierba y agua, y era cultivable. Los hombres estaban dispuestos a luchar por mantenerla o por conseguir su parte. Pero los ganaderos consideraban a los colonos, que perseguían el mismo sueño y la misma ambición que ellos, usurpadores y lucharon con todas sus fuerzas, influencias y armas por mantenerlos alejados. En aquel contexto, la codicia, el dinero y el poder se antepusieron a las personas y a la prosperidad general. Como resultado, se produjeron derramamientos de sangre y mucho sufrimiento durante varias generaciones.

Si la afluencia de pequeños agricultores y granjeros era ya en sí misma una amenaza definitiva, al restringir cada vez más la libertad de movimientos en el interior y el exterior de los ranchos, la progresión de las líneas férreas provocó cada año más y más conflictos, al intensificar la colonización. Otra lucha a la que los ganaderos hubieron de hacer frente fue a la emprendida contra las bandas de ladrones de ganado, formadas en su gran mayoría por ex combatientes de la Guerra de Secesión inadaptados a la vida de posguerra. Una de ellas, autodenominada, no sin ironía, "Los Inocentes", dirigida secretamente por el *sheriff* Henry Plummer, se convirtió en una plaga para los ganaderos de Montana. Como solía ser habitual, los propios ganaderos crearon un grupo armado de vigilantes que se dedicó a la caza del malhechor. Los Inocentes fueron capturados y colgados uno a uno. De la venganza no se salvó ni el *sheriff* Plummer, contra el que se acumularon pruebas tan concluyentes que su ahorcamiento se convirtió en todo un espectáculo público. Entre ejecuciones, asesinatos y linchamientos, la lucha contra Los Inocentes dio un balance de 60 muertos.

Sin embargo, estaba claro que los rancheros llevaban siempre las de perder, al menos a largo plazo, en estos conflictos con los cuatreros y en los que mantenían con los ovejeros, con los pequeños propietarios y granjeros e, incluso, en los motivados por sus novedosas ambiciones de poder político.

Cuatreros, pastores y ganaderos

Con el tiempo, la región delimitada por Kansas y Colorado, en el sur, y Montana y Dakota, en el norte, se infestó de cuatreros, de forma tal que el robo de ganado se convirtió en una industria de cierto valor. En una primera época, solo se había castigado con pena de muerte el robo de caballos; matar o robar algunos bueyes apenas manchaba el honor de quien lo hacía y apropiarse de ganado sin marcar tampoco era considerada un robo. Pero, tras la Guerra de Secesión, el asunto tomó otra dimensión y llegó a convertirse, en algunas zonas y en algunos momentos, en un grave problema que arruinó a más de un ganadero.

Cuando un hombre ponía su marca en su tierra o en su ganado contaba con que los demás la respetaran.
Al principio, los grandes ganaderos toleraron con mejor o peor humor los pequeños robos de terneros aún no marcados, pero pronto comenzaron a contratar ejércitos particulares para defender, por las bravas, sus intereses.

Otra complicación provino de que algunos rancheros, escasos de fondos con que pagar a sus *cowboys*, permitían que éstos se marcaran como propia una pequeña manada, que luego cuidaban y comercializaban junto a la de su patrón. Esta costumbre provocó, sobre todo en el Norte, muchas controversias e, incluso, algún brote local de violencia.

Por otra parte, mientras los búfalos llenaron las praderas, todo el mundo pudo autoabastecerse de carne. Pero, una vez que desaparecieron, la carne de vacuno se convirtió en la forma más sencilla, aunque más arriesgada, de combatir el hambre. Por si fuera poco, la avalancha de colonos y granjeros que inundó el Oeste halló en la sustracción de alguna res una forma inmejorable de convertirse en pequeños ganaderos o, al menos, de abastecerse por sí mismos de carne. Así, el robo de ganado se fue convirtiendo en una profesión y surgió la figura del cuatrero, que ya no se contentaba con la sustracción esporádica de alguna res, sino que intentaba robar manadas enteras. Esta actividad tuvo hasta un cierto soporte político, pues no faltaron quienes, en aras de conseguir más votos, proclamaban que las inmensas manadas de reses eran una riqueza nacional de cuyo uso y disfrute no se podía privar a nadie.

En todo caso, el cuatrerismo, esta nueva profesión, se fue convirtiendo también en un delito muy perseguido, al que se combatía no solo con las armas de la justicia, sino también con las más inmediatas y resolutivas fabricadas por Colt, Winchester y competencia, así como con la soga en manos de particulares. A partir de 1868, grupos de ganaderos tejanos formaron asociaciones de defensa locales contra el tráfico de los comancheros y ladrones de ganado mexicanos. Sus éxitos incitaron a crear organizaciones más ambiciosas en 1872. Tras ponerse de acuerdo entre ellas, las diversas asociaciones ganaderas organizaron un servicio de detectives, compuesto principalmente por *cowboys*, al que se encargó reconocer toda la región para descubrir a los forajidos en sus escondites, o bien para detectar cualquier marca falsificada o ficticia en las estaciones ferroviarias en que embarcaban las reses. Así se recuperó gran cantidad de ganado robado y muchos ladrones fueron aprehendidos y puestos a disposición de las autoridades y de la justicia. Cuando se los apresaba fuera de los límites de los condados organizados, se les aplicaba la justicia ciudadana, más expeditiva. En tales casos, el ganadero y los *cowboys* suplantaban, de una tacada, a jueces, jurado, testigos, abogados, policías y verdugos. Cuando se pronunciaba un veredicto de culpabilidad, una robusta cuerda y una tumba sin ataúd ni mortaja, cerraban todo el procedimiento.

Pero, pese a todas las medidas y actuaciones en contra, el robo de ganado siguió creciendo. Los ladrones se llevaban a las reses a algún valle apartado, preferentemente de montaña. Allí sacrificaban a los animales y los vendían como carne a comancheros y otros comerciantes clandestinos que llevaban su mercancía a las reservas indias. Otras veces se vendían vivos a los nuevos colonos para que estableciesen sus propias cabañas. Incluso, como el país parecía tener una capacidad ilimitada para absorber el tráfico ilegal de reses robadas y, ya que el ganado de los distintos propietarios se entremezclaba libremente en los vastos prados, era relativamente fácil y seguro para los forajidos hacerse con grupos aislados de reses separadas de la manada principal. De ese modo, hubo momentos y lugares en que la compraventa de ganado robado tomó un auge comparable al de la ganadería *regular.* Por un tiempo, pudo dudarse de quién prosperaba más, si el ganadero o el cuatrero.

Aunque formalmente se perseguía, era difícil que la ley penase realmente a los ladrones. Casi todos los jurados populares estaban formados por los mayoritarios colonos que, quien más y quien menos, eran los clientes finales de este mercado de "ganado de segunda mano". Por esto, los rancheros comenzaron a no recurrir a la justicia cuando apresaban a un cuatrero, sino a tomársela por sus propias manos. Los tiroteos y los linchamientos se fueron poniendo a la orden del día. Además, en general, los diarios y, con ellos, la opinión pública, estuvieron en contra de los barones y los grandes propietarios, acusados de acaparar demasiada tierra y demasiado poder, en detrimento de la expansión y el progreso del país y de la prosperidad de muchas familias de colonos que en esos inmensos reinos ganaderos hubieran podido hallar su medio de vida.

Pronto comenzó a surgir una irreconciliable antipatía entre los grandes y los pequeños ganaderos, especialmente en los prados del Norte. Los barones acusaban de cuatreros a los pequeños, mientras que éstos les reprochaban a ellos haber hecho lo mismo, pero a lo grande, desde hacia muchos años y haberse hecho ricos con ello.

El conflicto entre vaqueros y ovejeros

Otro caso era el de los conflictos entre criadores de bueyes y de corderos que eran, más bien, la expresión de una rivalidad económica entre dos grupos por el uso y disfrute de las cantidades siempre limitadas de agua y hierba que proporcionaba la pradera. Para afirmar su derecho a la existencia, cada bando empleaba los peores procedimientos y, como último recurso, la violencia más salvaje, partiendo de la premisa de que el fin justifica los medios.

La situación de partida era que en casi todas partes el agua y la hierba eran de uso exclusivo de los criadores de ganado mayor, por lo que para ellos los ovejeros siempre serían unos intrusos. La defensa de éstos últimos era que las praderas donde pastaban sus animales eran de dominio público. Como legalmente no pudieron hacerles mucha mella a los pastores, los ganaderos decidieron pronto pasar a la acción y hacerles la vida imposible o, incluso, a menudo, matarles los animales, cuando no a ellos mismos.

La repulsión casi patológica de los *cowboys* hacia las ovejas y los pastores tenía numerosas causas. En primer lugar, según ellos, estos animales devoraban la hierba hasta las raíces, de modo que no volvía a crecer, o solo lo hacía al cabo de muchos años. El olor penetrante del sebo impregnaba a los pastores, así que su presencia ante los *cowboys* se tenía por una afrenta. A esto se unía el rumor de que los pastores mantenían relaciones sexuales con las ovejas, lo que estaba por encima del entendimiento del *cowboy* y rebajaba a sus ojos al hombre a la categoría de animal. En consecuencia, el oficio de pastor, para el que ni siquiera se necesitaba caballo, no era digno siquiera de un hombre.

Los pastores, rechazando por absurdas tales acusaciones, contraatacaban aduciendo que eran numerosas las praderas en que hacía años que pastaban los corderos y en las que la hierba seguía siendo abundante. Los estudios científicos de la época daban cierta razón a ambas partes, concluyendo, literalmente, que las praderas en que pastaban las ovejas sobrevivían si solo se les dejaba dar un mordisco a cada brizna de hierba. Esos resultados no convencían, desde luego, a los vaqueros, para quienes las ovejas eran una especie de "langostas con pezuñas" a erradicar. En consecuencia, utilizaron cuantos métodos se les ocurrieron para atemorizar e intentar expulsar a los ovejeros. Bandas de jinetes armados, y a menudo enmascarados, atacaban sus campamentos, quemaban sus carretas y sus tiendas, les amenazaban o agredían y, a veces, les mataban. Penetraban en los rebaños, mataban las ovejas a mazazos, o a tiros, o con cartuchos de dinamita, o prendiendo fuego a la pradera, o envenenándola, al igual que las charcas de agua, provocando estampidas y conduciendo a los animales hacia los torrentes o los acantilados... Para el *cowboy*, el pastor era el paria de la pradera y no merecía la pena ni dirigirle la palabra. El pastor, a menudo solo o en muy pequeños grupos, estaba prácticamente indefenso y era presa fácil de cualquier ataque mínimamente organizado. La tensión llegó a tal extremo que el simple hecho de pedir carne de ovino en un restaurante pasó a ser considerado una provocación.

Hacia 1885, aumentó la llegada de los criadores de ovejas desde California y Oregón, lo que dio como resultado nuevos conflictos. Los rancheros delimitaron los pastos con límites arbitrarios o imaginarios que el pastor solo debía cruzar bajo su propia responsabilidad. Todo aquel que no cediera, corría el riesgo de ser visitado cualquier noche por jinetes enmascarados, los conocidos como *gunnysackers* ("hombres del saco"), en referencia a los capirotes de arpillera con que ocultaban el rostro. Los más pacíficos se limitaban a espantar sus rebaños; otros recurrían a la violencia más extrema y cruel: los valiosos perros pastores eran abatidos a tiros y las ovejas eran apaleadas, disparadas, dinamitadas, quemadas o despeñadas. En un incidente ocurrido en Rifle, Colorado, los asaltantes ahogaron a unas 4.000 ovejas.

Aunque la mayoría de los pastos en litigio eran propiedad gubernamental, los vaqueros querían ser "desovejados" antes de que los rebaños devorasen la hierba y polucionasen las corrientes. El conflicto generalizado alcanzaría su punto culminante entre 1880 y 1890 en los estados de Texas, Nuevo México, Arizona y Colorado.

En el condado tejano de Brown, el criador de ovejas Charles Hanna, introductor del primer cordero en 1869, fue una mañana al redil rodeado de una cerca de piedra en que guardaba a sus 300 ovejas y se encontró con que todas habían sido degolladas. En 1880, en las colinas de San Saba, unos jinetes nocturnos asaltaron el redil de los hermanos Ramsay y mataron a sus 1.300 ovejas a palos, tiros, cortándolas el cuello o ahogadas en un torrente. Tres años después, los *cowboys* ordenaron a varios ovejeros que se fueran del condado Brown tras quemar sus casas, sus corrales y a muchas de sus ovejas. Los que se mudaron, se encontraron con los mismos problemas en sus nuevos destinos. Ese mismo año, los ganaderos ordenaron a otros ovejeros abandonar el condado Hamilton y, al negarse éstos, mataron, lisiaron o dispersaron a sus animales.

En la mayoría de los casos, los criadores de ovejas desistían y se marchaban. Pero por cada 500 borregos que se iban llegaban 5.000 nuevos. En agosto de 1883, los ovejeros, acorralados, decidieron crear una asociación que velase por sus intereses y cuyo primer acto fue enviar al gobernador de Texas una petición de amparo, lo que no impidió que su situación, su negocio e incluso su vida siguieran estando en peligro continuo, al menos desde el golfo de México a California. En 1884, el conflicto alcanzó unas cotas insoportables en Nuevo México y Arizona. Arcadio Sais fue asesinado a orillas del río Carrizoso y sus 700 ovejas exterminadas. Ese mismo año, en el condado San Francisco Mountain, unos vaqueros reunieron una manada de más de 100 caballos salvajes, colgaron en los cuellos de algunos cencerros y ataron cueros sin curtir a las colas de otros. Luego, gritando y disparando sus pistolas, los espantaron contra 10 rebaños de ovejas, en total unas 25.000, que dormían. Llevó una semana reunir y separar a las supervivientes. En el prado de Little Colorado, unos *cowboys* arrearon a más de 4.000 ovejas hacia el río, en cuyas arenas movedizas murieron centenares de ellas. El año siguiente, en el condado Lincoln, unos asaltantes quemaron los corrales de un pastor que se negaba a irse. En Arizona, los rebaños de D. A. Sanford también fueron incendiados.

Los pastores eran apaleados, colgados de los pies, medio ahorcados, obligados a beber agua de estercolero y, entre otras barbaridades, enterrados desnudos en el propio estiércol, además de ver cómo todas sus pertenencias eran arrasadas por el fuego y sus rebaños muertos.

Los vaqueros de Colorado fueron igualmente intolerantes con las ovejas, incluso aunque en 1869 se calculó que su territorio albergaba dos veces más ovejas que reses. En 1874, unos asaltantes nocturnos entraron en el corral de John T. Collins y mataron a todos sus carneros merinos importados, que costaban 1.000 dólares cada uno. En el condado Bent ese mismo año, Jeremiah Booth encontró a 234 de sus ovejas cotswolds envenenadas y dinamitadas, a la vez que unos hombres le ordenaban abandonar el lugar antes de diez días. En el condado Garfield en 1894, unos asaltantes mataron a 3.800 ovejas provocando una estampida y conduciéndolas hacia un risco en la garganta Parachute. Tiempo después, en el mismo condado, solo una oveja lisiada sobrevivió a la matanza de un rebaño de cerca de 1.500.

En el invierno de 1875-1876 un rebaño de corderos propiedad del gobernador de Nuevo México se introdujo por error en los prados de un ausente Charles Goodnight. Su administrador, Dave McCormick, ordenó a los pastores que se marcharan lo más deprisa que pudieran; pero al ver que tardaban mucho en hacerlo, ordenó a sus *cowboys* que arrearan a los casi 500 corderos del gobernador hasta el río Canadian, en el que todos murieron ahogados o hundidos en las arenas movedizas. El tribunal de Las Vegas condenó a Goodnight a pagar daños y perjuicios e intereses, por lo que el barón ganadero decidió negociar con los pastores y cederles una parte de su inmensa finca para que criaran allí a sus ovejas, eso sí, sin mezclarse con sus vacas. Y es que Goodnight fue el primero en comprender que el avance lanar no podía ser detenido, puesto que el precio de la lana no dejaba de subir en los mercados de todo el mundo.

Similares problemas se abatieron sobre los ovejeros más al norte. En Idaho en 1896, dos pastores acampados en Shoshone Basin fueron muertos a tiros mientras sus rebaños eran desperdigados. En Montana, cuatro años después, 11 *cowboys* mataron a todo el rebaño de 3.000 ovejas de R. R. Selway. En Wyoming, asaltantes mataron a cerca de 12.000 ovejas en una sola noche. También se produjeron allí episodios de despeñamientos o envenenamientos de ovejas, e incluso unos asaltantes prendieron fuego a la lana de las 2.600 ovejas de Charles Herbert, matando a la mayoría de ellas.

No obstante, poco a poco, los dos tipos de ganaderos iban llegando a acuerdos locales en Texas, Nuevo México y Arizona. Pero los conflictos de esta misma índole continuaron desde Colorado a Wyoming y Montana. En Iowa, Dakota e Idaho se encendieron varias guerras locales y los choques sangrientos se multiplicaron. Los rancheros contrataban pistoleros profesionales y asesinos a sueldo que disparaban contra todos los ovejeros con que topaban. Estos ataques duraron al menos hasta 1904. En Wyoming, donde se estimó que, en las dos últimas décadas del siglo XIX, no menos de 100.000 ovejas murieron violentamente, abundó la dinamita como arma homicida. Pese a ello, este estado se convirtió pronto en el mayor productor de lana de Estados Unidos.

Mientras tanto en Texas, poco a poco, muchos barones del ganado bovino comenzaron a formar sus propios rebaños de ovejas e, inesperadamente, los *cowboys* llegaron hasta a comer carne de cordero. Muchos criadores de ganado vacuno comenzaron a tolerar un rebaño de ovejas como seguro hipotecario y como salvaguardia contra la bajada de precios de la carne vacuna. Con el tiempo las viejas heridas cicatrizaron y los despreciados pastores, que raramente montaban a caballo y aun más raramente iban armados, salieron vencedores. En realidad, hoy sabemos que la oveja mejora el suelo con sus pezuñas y sus deposiciones fertilizan la hierba. También comen parte de la hierba que las vacas no pueden alcanzar y ciertas malas hierbas que los bovinos desprecian. En el fondo de todo, los vaqueros estaban descontentos porque pagaban unos impuestos cinco veces superiores por una vaca que lo que se pagaba por una oveja.

Pero, con ser graves, los enfrentamientos entre vaqueros y ovejeros no fueron los únicos que llenaron de violencia y sangre el Oeste ganadero. Desde los años setenta, la creciente presión sobre la tierra originada por las infinitas manadas y por las oleadas de nuevos colonos provocó una creciente hostilidad entre todos los protagonistas de este escenario. Los barones usaban todo tipo de subterfugios para apropiarse de más y más terreno y de los recursos de agua que contenían. Por ejemplo, presentaban primero reclamaciones de propiedad sobre las parcelas a colonizar que se hallaban junto a corrientes de agua y luego ordenaban a sus empleados del rancho que rellenaran, también fraudulentamente, las reclamaciones sobre las tierras contiguas. Como siempre en el Oeste, cuando la propiedad estaba en juego, el recurso a la violencia no se hacía esperar. Las disputas que habían ido degenerando durante años estallaban de pronto en forma de sangrientos tiroteos y de encarnizadas guerras a muerte de carácter local, en las que los ganaderos y los *cowboys* se procuraban su justicia por sus propias manos. Se trató de las llamadas genéricamente "guerras de las dehesas".

LAS GUERRAS DE LAS DEHESAS

Por si el Viejo Oeste no hubiera tenido ya la suficiente violencia (guerras indias, duelos, tiroteos, asaltos, emboscadas, ajustes de cuentas, linchamientos...), pronto se añadió otro tipo de suceso común: las frecuentes guerras de las dehesas que, junto a muchas enemistades familiares y conflictos políticos de carácter local, generaron aun más sangría en el Salvaje Oeste. A veces estos enfrentamientos eran resultado de antiguas discusiones o discrepancias entre dos grupos de personas, especialmente familias o clanes, surgidos décadas atrás por culpa del más nimio asunto. Una cosa conducía a la otra y las represalias se prolongaban durante generaciones. Sin embargo, la inmensa mayoría de ellos fueron resultado de confrontaciones políticas o de luchas por el control de la tierra. Para los implicados, sus acciones eran el medio de conseguir alguna clase de justicia y orden en un mundo en el que el caos tendía a prevalecer. Con independencia de los motivos, estas *guerras* daban como resultado docenas de muertos en batallas o escaramuzas más o menos abiertas que se prolongaban durante años. Los ejemplos fueron casi infinitos.

La llamada Guerra Taylor-Sutton, un conflicto de índole familiar, surgió durante los difíciles tiempos posteriores a la Guerra de Secesión en el condado tejano de Dewitt y fue uno de los más prolongados y sangrientos de los ocurridos en este estado, ya que duró unos treinta años e implicó a más de 3.000 personas. El condado, una zona boscosa, con profusión de arbustos espinosos y cactus, situado entre San Antonio y la costa, fue el punto de partida de numerosas expediciones ganaderas desde los primeros años del siglo XIX y centro de las plantaciones algodoneras tejanas. Pronto se vio agitado por problemas raciales entre anglonorteamericanos, mexicanos y negros. Tras la

Guerra de Secesión y la consiguiente liberación de los esclavos negros, éstos se adueñaron de la zona, negándose a trabajar. A falta de mano de obra, las manadas de longhorns volvieron a su estado salvaje, mientras que las plantaciones y los cultivos se arruinaron. Además, el ejército de ocupación situó una de sus guarniciones en la principal ciudad del condado, Clinton, al cuidado de la frontera.

En aquel ambiente, pronto comenzaron a medrar los *cowboys*, al igual que los cuatreros y ladrones de ganado y todo tipo de resentidos de la guerra, dispuestos a preocuparse exclusivamente de sus propios intereses. El clan de los Taylor, venido de Virginia, y el de los Sutton, originario de Maryland, pertenecían en realidad a un mismo sustrato social y comenzaron a enemistarse por algunos asuntos turbios que se fueron embrollando hasta que las hostilidades se hicieron ya irreversibles. Todo empezó un día del verano de 1866, cuando dos hijos de un Taylor fueron de compras a Clinton. Uno de ellos, Hays Taylor, leía plácidamente un periódico en la plaza principal del pueblo mientras esperaba a su hermano cuando un soldado negro comenzó a molestarlo. A la segunda ocasión, Hays, sin decir palabra, se levantó, desenfundó su pistola y mató al soldado. Viendo que se disponía a disparar a Hays, su hermano, Doboy, mató al sargento del pelotón. Los muchachos huyeron del lugar del crimen y, desde ese momento, ellos y cualquier de su amplia familia que los ayudase se convirtieron en proscritos. El ejército, la policía de Texas, los agentes de la Union League, los aventureros yanquis y los negros comenzaron a perseguirlos encarnizadamente.

Mientras tanto, los Sutton se vieron involucrados cuando Bill Sutton, de veintidós años, ayudante del *sheriff* del condado, recibió el encargo de perseguir a unos cuatreros. Cumplió su misión matando a dos de ellos, que resultaron ser dos de los Taylor.

Poco después, un nutrido grupo de miembros de este clan se presentó en Clinton y se enzarzó en un tiroteo con el clan Sutton. Varios miembros de uno y otro bando, y algún transeúnte, murieron en aquel intercambio de disparos. Desde 1867 a 1873, la *vendetta* entre ambas familias llenó de sangre el condado Dewitt. Muchos de los involucrados en la reyerta murieron en su transcurso, incluidos familiares y allegados muy lejanos. Se produjeron todo tipo de actos delictivos, además de los asesinatos, como robos de ganado y de caballos, incendios, linchamientos, amenazas y extorsiones.

Finalmente, Bill Sutton decidió marcharse de Texas con toda su familia, camino de Nueva Orleans. Sin embargo, antes de iniciar el viaje, fue asesinado por dos Taylor. Al enterarse, los Sutton reaccionaron con ira y brutalidad desatadas. A tal grado se llegó que murieron personas de apellido Taylor, pero sin parentesco con los involucrados en la querella. A otros les lincharon por haber comprado caballos a los Taylor... El estallido de brutalidad sin medida hizo que por fin los rangers reaccionaran y enviaran un destacamento de 50 hombres, al mando del capitán McNelly, quien, al cabo de unas semanas, hubo de pedir refuerzos. Finalmente, los rangers impusieron el principio de autoridad. 1875 transcurrió con mucha mayor tranquilidad hasta el 15 de septiembre en que Bill Taylor, asesino convicto de Bill Sutton, logró evadirse de la cárcel aprovechando los destrozos producidos por un huracán. Dos meses después, cinco hombres mataron al *sheriff* que lo había encarcelado. Un mes después, se produjo un nuevo desquite en Clinton: una docena de partidarios de los Taylor intentó en vano quemar el tribunal. Tres de ellos murieron en el fallido asalto, incluido el cabecilla, Jim Taylor, de solo veintitrés años. Afortunadamente, su muerte trajo la calma y la paz entre los clanes.

La Guerra del condado Mason o Guerra Hoodoo enfrentó a los inmigrantes de origen alemán con los tejanos nativos a causa de lo ocurrido cuando una gran cantidad de ganado vacuno comenzó a aparecer muerta o a desaparecer. El mayor John B. Jones, al mando de los rangers de Texas, visitó la zona en 1874 y encontró el pueblo enfrentado a causa de los robos de ganado. Aunque lo intentó, fue incapaz de proceder a algún arresto que hubiera podido calmar los ánimos. A comienzos de 1875, el *sheriff* John Clark arrestó a cinco hombres acusados de robo de ganado y los encerró en la cárcel de Mason. Por la noche, una multitud de hombres enmascarados se reunió frente a la cárcel exigiendo que les fueran entregados los prisioneros y amenazando con entrar a por ellos. Cuando la puerta de la prisión cedió, el grupo se hizo con los presuntos cuatreros y partió en dirección sur, camino de Fredericksburg. El *sheriff* organizó una partida y salió tras ellos, pero les alcanzó demasiado tarde. Uno de los prisioneros había escapado, otro había muerto por disparos y los otros tres habían sido colgados.

Dos meses después, Tim Williamson, un conocido ganadero, fue arrestado bajo la misma acusación. Cuando uno de los ayudantes del *sheriff* le conducía hacia el juzgado, otra partida de hombres enmascarados se acercó a ellos. El ayudante, en vez de intentar proteger al prisionero, le abandonó a su suerte, que fue fatal. Este suceso indignó a los muchos amigos de Williamson, especialmente a Scott Cooley, un antiguo ranger, que había trabajado para él. Días después, Cooley y sus amigos mataron a dos de los hombres que habían atacado a Williamson y a John Worley, al que, además, arrancaron el cabello. En los siguientes meses, bandas rivales recorrieron a fuego y sangre el condado, muriendo no menos de 50 personas. Por fin se llamó a los rangers y algunos de los participantes en los disturbios fueron arrestados y enviados a prisión.

Otros huyeron del estado y Cooley se trasladó a otro condado, donde le protegieron amigos suyos. Después de dos años de tumultos, el condado Mason recuperó la calma y la paz. Sin embargo, en la noche del 21 de enero de 1877, el juzgado del condado ardió, perdiéndose todos los archivos relativos a la *guerra*.

Por su parte, la Guerra Horrell-Higgins enfrentó en el condado tejano de Lampasas a dos familias que se acusaban mutuamente de ladrones de ganado. El enfrentamiento surgió en 1873, cuando comenzaron a actuar unos cuatreros, a los que no era fácil localizar dada la espesura de algunos bosques cercanos de robles y cedros. Se comenzó a sospechar de la familia de rancheros Horrell. Cuando resultó muerto el *sheriff* del condado al intentar detener a uno de ellos, una escuadra de policías estatales fue enviada a Lampasas "a barrer a los Horrell". En el Gem Saloon, los policías les encontraron junto con sus amigos. Tras cruzarse unas palabras, comenzó el tiroteo. Cuatro de los ocho policías resultaron muertos o heridos de muerte y Mart Horrell herido. Este fue encarcelado en Georgetown, hasta que unos amigos le liberaron. Para evitar nuevas dificultades, todos los hermanos Horrell reunieron a sus manadas y se fueron con ellas a Nuevo México, pero los problemas les persiguieron y decidieron regresar a Texas. Dos de los Horrell fueron juzgados y absueltos por la muerte de los policías, pero la familia Higgins, antiguos vecinos y amigos, les acusaron de robarles ganado. El jefe de la familia Higgins prometió que si eso continuaba mataría a todos y cada uno de los Horrell. En efecto, poco después, en enero de 1877, disparó y mató a Merritt Horrell en el Gem Saloon. En una noche de junio, alguien irrumpió en el juzgado y robó todos los archivos del caso. Tres días después, las dos facciones se enfrentaron a tiros durante varias horas en las calles de Lampasas. Un transeúnte inocente resultó muerto mientras intentaba quitarse de en medio y uno de los amigos de los Higgins fue herido.

En julio, los rangers comenzaron a actuar. El sargento N. O. Reynolds, al mando de un pequeño destacamento, salió en dirección al rancho de los Horrell. Justo antes del amanecer, los rangers llamaron a la puerta del rancho. Al sorprenderlos dormidos, pudieron desarmar y detener a todos sin resistencia. Mientras tanto, otros rangers reunieron al clan Higgins. Tras muchas discusiones, miembros de ambos grupos sellaron un pacto de paz que, sorprendentemente, fue cumplido casi a rajatabla.

Al menos igual de cruenta y encarnizada fue la Guerra del valle Pleasant, que enfrentó en aquel valle de Arizona a los miembros de la familia de ganaderos vacunos Graham contra la de los ovejeros Tewksbury. Murieron todos los miembros de ambas familias menos uno. El bostoniano de origen y californiano de adopción John D. Tewsksbury se instaló en 1880 a orillas del Cherry Creek con sus tres hijos, Edwin, John y James. Por su parte, los hermanos Thomas, John y William Graham, nacidos en Iowa, pero procedentes también de California, se instalaron en la misma región en 1882. En principio, ambas familias se pusieron al servicio del barón ganadero Stinson, aunque deseosas de poner en marcha sus propias ganaderías. En la primavera de 1884 se produjo el primer altercado entre ambas familias, acusadas por Stinson de robarle *mavericks*. En los tribunales nada se pudo probar, entre otras razones porque a esas alturas todos habían tejido ya sendos grupos de apoyo.

En 1886, Edwin Tewsksbury mató al administrador de Stinson, que le acusaba de robarle unos caballos. La creciente tensión entre ambas facciones fue aprovechada por los hermanos Daggs, que tenían en los montes Mogollón más corderos que los que podrían guardar en invierno y andaban a la busca de

Muchos otros graves conflictos se produjeron entre
criadores de bueyes y de corderos que eran, más bien,
la expresión de una rivalidad económica entre dos grupos
por el uso y disfrute de las cantidades siempre limitadas de
agua y hierba que proporcionaba la pradera.

más pastos. Los Daggs convencieron a los Tewsksbury y a su amigo William Jacon no solo de que había mucho dinero a ganar con las ovejas, sino de que podían contar con la ayuda efectiva de todos los ovejeros en sus conflictos locales. Los rancheros de la zona primero se asombraron y luego se indignaron cuando vieron en otoño sus praderas inundadas de grandes rebaños de ovejas comiéndose la hierba con la que ellos pensaban alimentar a sus reses durante el invierno. Muchos hicieron causa común con los Graham en su antiguo litigio contra los Tewsksbury, lo que transformó la disputa, hasta entonces de dos clanes enfrentados, en una pequeña guerra de exterminio entre ovejeros y vaqueros.

En julio de 1887, el viejo Mark Blevans se internó en las montañas y nunca más se le volvió a ver. El 10 de agosto, Jim Tewsksbury mató a dos vaqueros y huyó a las montañas, donde se atrincheró. En los años siguientes perecerían 27 hombres de ambos bandos y solo Edwin Tewsksbury escapó a la matanza porque estaba encarcelado en Phoenix.

En el valle Pleasent, se impusieron, de momento, las tesis de los vaqueros, pero no ocurrió lo mismo en el río Little Colorado, al oeste de Hollbrook, donde un pastor infligió una derrota inesperada a algunos rancheros que lo habían sorprendido vendiendo carne de buey muerto en un bosque de cedros. Tras dejarlo medio muerto a golpes de lazo, le cortaron una marca en las orejas y le obligaron a marcharse de aquel territorio. Pero él regresó dos años después convertido en un hábil abogado y, por si acaso, con dos revólveres bien dispuestos. Al final, los rancheros prefirieron pagar 10.000 dólares de indemnización para evitar el proceso con el que se les amenazaba.

Pero las dos guerras de las dehesas más importantes o que, al menos, han recibido más atención histórica, son, sin duda, las de los condados Lincoln y Johnson.

LA GUERRA DEL CONDADO LINCOLN

Tras la Guerra de Secesión, el veterano James Joshua Dolan (1848-1898), un inmigrante irlandés que había llegado a los Estados Unidos con su familia a los cinco años, se enroló en el Primer Regimiento de Voluntarios de Nuevo México y fue acantonado en Fort Stanton, donde se licenció en abril de 1869. Allí conoció a otro inmigrante irlandés llamado Lawrence Murphy (1831 o 1834-1878), que era propietario de una tienda de abastos junto con un tercer veterano, este de origen alemán, llamado Emil Fritz. En abril de 1869, nada más licenciarse, Dolan comenzó a trabajar como oficinista en el negocio de Murphy, en el que se familiarizó con los turbios métodos de hacer negocio de sus jefes. Aprovechando sus muchos contactos militares, Murphy obtuvo muchos contratos gubernamentales para abastecer de carne vacuna, vegetales y otros muchos artículos al fuerte militar y a la agencia de la cercana reserva de apaches mescaleros. Pero la mejor parte de su negocio consistía en vender fraudulentamente tierra de la que no eran legalmente propietarios a nuevos colonos y cobrarles en especies, con las que luego surtían a sus clientes. A los que no podían pagarles, les despojaban de sus bienes (cosechas, ganado, etc.), que revendían a otros incautos. Sus actividades comerciales estaban respaldadas por los sinuosos y no menos deshonestos miembros de un poderoso grupo de empresarios y políticos, conocido como Círculo de Santa Fe.

Enseguida, Murphy hizo hombre de confianza a Dolan. Ambos fueron desplazando poco a poco de la gestión al segundo socio, Fritz, que, además, contrajo una grave enfermedad de riñón y hubo de vender a Murphy su parte en un negocio que no dejó de crecer.

En mayo de 1873, el exaltado Dolan intentó matar a un capitán de Fort Stanton, llamado James

Randlett. En septiembre, L. G. Murphy & Co. fue desalojada de Fort Stanton, en parte a consecuencia del suceso, pero también debido a las acusaciones sobre alteración de precios y otros muchos chanchullos que pesaban sobre los comerciantes. Sorprendentemente, Murphy no perdió sus contratos gubernamentales y rápidamente hizo nuevos planes de ampliar el negocio. En abril de 1874, Murphy y Dolan se trasladaron a Lincoln, Nuevo México, y, ya como socios, fundaron, junto a John H. Riley, otro inmigrante irlandés, una tienda, el Murphy & Dolan Mercantile and Banking Operation y varios ranchos ganaderos. La compañía, que pronto pasó a ser conocida como "The House" ("La Casa"), obtuvo un gran éxito en sus muy diferentes negocios, además de conseguir nuevos contratos de abastecimiento para Fort Sumner, que comenzaron a cumplir con sus mismos métodos fraudulentos de siempre.

Muy poco después, la nueva compañía ya monopolizaba casi todo el comercio del condado (por entonces, el mayor de todo el país, pues cubría un quinto del territorio de Nuevo México), controlando los precios a conveniencia y obteniendo enormes beneficios gracias a su intervención en prácticamente cualquier operación que en él se realizara. Su poderío alcanzó tal magnitud que nadie podía encontrar trabajo ni comprar un pedazo de tierra sin su conformidad. De acuerdo con su socio, Murphy había asegurado metódica e implacablemente su monopolio. El gobernador recibió importantes préstamos sin interés; el procurador general del territorio era miembro de su círculo mercantil y participaba de sus beneficios, al igual que el procurador de los condados Lincoln y Doña Ana, el *sheriff* del condado y el comandante de Fort Stanton, que recibía de continuo *sobres,* además de que los socios pagaban las deudas de juego de los oficiales colaboradores. Incluso tenían en nómina a una banda de forajidos y cuatreros que les vendían el ganado que robaban, para que ellos lo revendieran, además de usarlos como matones cuando era necesario. Además, para casos especiales, siempre contaba con los servicios del *sheriff* y sus ayudantes. En cuanto a la prensa, se había asegurado la benevolencia de los diarios de Santa Fe y de algunos otros del territorio, gracias a generosos anticipos.

En mayo de 1877, Dolan asesinó a uno de sus empleados, Hilario Jaramillo, al que acusó de atacarle con un cuchillo. Tras una farsa de juicio, fue absuelto del crimen.

Por razones obvias, a los pequeños granjeros del condado no les caían muy bien Murphy y Dolan, sobre todo porque les obligaban a pagar altos precios por las mercancías que necesitaban, pero, a la vez, les pagaban unos precios irrisorios por sus productos agropecuarios, especialmente por su ganado. Sin embargo, el peor y más peligroso enemigo de Murphy y Dolan pronto se encarnó en la persona de John Henry Tunstall (1853-1878), un joven inmigrante inglés de buena familia, bien abastecido de fondos por su padre, un rico empresario londinense. Tunstall estaba decidido a tener éxito en Estados Unidos, por las buenas o por las malas. Bien entrenado en todas las artimañas propias de los negocios, su actividad combinaba las tácticas maquiavélicas con los resortes del más puro capitalismo. Además, contaba con el apoyo de un abogado militar, Alexander McSween (1843-1878), un canadiense de origen escocés no demasiado familiarizado con la ética mercantil y empeñado en labrarse su propia fortuna. A ambos les respaldaba un gran barón del ganado, el legendario John Chisum, que por entonces ya poseía más de 100.000 cabezas de ganado y que estaba interesado en asegurar los límites de su imperio y en acabar con los cuatreros que continuamente reducían sus, por otra parte, enormes beneficios. Los tres formaron una asociación informal, cuyos fines eran que Tunstall asegurara los territorios del condado Lincoln, mientras Chisum aportaba suministros, fondos, hombres y, sobre todo, la fuerza e integridad de su reputación, y McSween se hacía cargo de todos los asuntos legales del grupo.

Para poner en marcha su estrategia, el grupo Tunstall-Chisum abrió un banco y un almacén que hacía la competencia de los de The House. Este desafío comercial se basó en los acuerdos cerrados con los pequeños agricultores y ganaderos, a los que se les contrató todo el ganado que se criase en el condado. Además se cerraron otros varios acuerdos con diversos colonos, que permitieron que Tunstall pronto tuviera el control efectivo de todos los derechos de riego, lo cual en una región semidesértica como aquella permitía dominar todos los pastos existentes en muchos kilómetros a la redonda. Ingenuamente, Tunstall esperaba que la batalla contra Murphy y Dolan se librase en los tribunales, como solía ser norma en las guerras comerciales de Europa y la Costa Este estadounidense. Pero aquello era el Oeste y los agravios se solían solventar a punta de pistola. Furioso por la marcha de los acontecimientos, el iracundo Dolan intentó incitar a Tunstall a un duelo a pistola. Sin embargo, este rehusó el uso de la violencia por sí mismo, pero enseguida contrató a Billy el Niño y otros pistoleros, oficialmente como *cowboys*.

En los años 1876 y 1877, la guerra fría entre ambos bandos llegó a tener tal aspereza que todo varón del condado de Lincoln hubo de romper su neutralidad y afiliarse a uno de los dos bandos, si quería sobrevivir. En esta situación, que equivalía en la práctica a una movilización general, dos incidentes ocurridos consecutivamente desencadenaron la guerra abierta. El 18 de enero de 1878, el *Mesilla Independent* publicó una carta abierta de Tunstall, en la que acusaba al *sheriff*

William Brady, afecto al bando contrario, de haberse apropiado de una parte sustancial de los impuestos. En represalia, ocho días más tarde, el tribunal del distrito, dominado por Murphy, ordenó la confiscación de los bienes de McSween y Tunstall, con el pretexto de unas presuntas malversaciones cometidas por McSween con motivo del reparto de la herencia del antiguo socio de Murphy, Emil Fritz. Cuando Tunstall se negó a la confiscación, el *sheriff* Brady formó una partida dirigida por su ayudante William Morton para proceder al embargo, de la que también formaban parte Tom Hill y el célebre forajido y cuatrero Jesse Evans, más algunos de sus compinches en la banda conocida como "The Boys", que el último dirigía desde tiempo atrás. El 18 de febrero, tras protestar por la presencia de la partida de hombres armados en sus tierras, Tunstall recibió un disparo mortal en la cabeza. El incidente dio inicio a lo que históricamente se llamaría la Guerra del condado Lincoln, que duraría dos años y que se libraría a veces en los tribunales, pero más a menudo mediante robos de ganado, tiroteos y asesinatos (unos 300).

Billy el Niño se mostró hondamente afectado por el asesinato de su jefe, una de las pocas personas que en su corta vida le habían tratado bien. En el funeral de Tunstall juró premonitoriamente: "Encontraré a todos los hijos de puta que ayudaron a matar a John, aunque eso sea lo último que haga". Sin embargo, Billy no pudo cumplir su promesa de inmediato, pues fue encarcelado brevemente por el *sheriff* Brady. Tras ser puesto en libertad, con apoyo de McSween, reunió enseguida una partida dirigida por Dick Brewer, el capataz del rancho de Tunstall, que fue llamada "los Reguladores", con la intención inicial de dar caza al asesino material de su jefe, William Morton. En marzo de 1878, los reguladores hallaron el rastro del huido Morton cerca del río Peñasco. Tras una persecución a tiro limpio durante siete u ocho kilómetros, Morton se rindió con la condición de que su compinche, Frank Baker, también ayudante del *sheriff*, pudiera regresar sano y salvo a Lincoln. Sin embargo, al tercer día de viaje de vuelta, los reguladores, en circunstancias nunca aclaradas, mataron a los prisioneros y a uno de sus compañeros que había intentado ayudarles. Casualmente, ese mismo día, otros dos de los asesinos de Tunstall, Tom Hill y Jesse Evans, se enzarzaron a tiros mientras asaltaban a un pastor de ovejas cerca de Tularosa, Nuevo México. Hill resultó muerto y Evans gravemente herido. Ya en el hospital, Evans fue arrestado por una antigua orden de búsqueda federal por robar ganado de una reserva india.

Tres semanas después, Billy y varios reguladores más se escondieron en el almacén de Tunstall, mientras el *sheriff* Brady buscaba a los asesinos de sus ayudantes. Los reguladores tendieron una emboscada al *sheriff* y sus hombres, durante la cual mataron a Brady e hirieron mortalmente a uno de sus alguaciles. Tres días después, los reguladores prosiguieron con su búsqueda de los implicados en el asesinato de Tunstall y fueron a por el ranchero Buckshot Roberts. En el consiguiente tiroteo, Roberts fue herido de muerte, pero no antes de que matara al capitán de los reguladores, Dick Brewer, e hiriese a otros tres. Muerto Brewer, la jefatura de los reguladores pasó a Frank McNab. El 29 de abril de 1878, una partida de pistoleros a las órdenes de Murphy y Dolan y bajo la dirección del nuevo *sheriff* y empleado de ambos, George Peppin, tendió una emboscada en el rancho Fritz y mató a McNab e hirió y apresó a otros dos reguladores. El 30 de abril, cuatro matones de Murphy y Dolan resultaron muertos en un nuevo tiroteo en Lincoln, aunque no se pudo probar que en tal intercambio de disparos estuvieran implicados los reguladores. El 15 de mayo, éstos encontraron el rastro de otro pistolero enemigo,

Manuel Segovia, presunto asesino material de McNab, y lo mataron.

El 15 de julio de 1878, McSween, el antiguo socio de Tunstall, reunió a todos sus seguidores para comunicarles su decisión de abandonar el país. Todos los participantes en la reunión, entre los que estaba Billy el Niño, fueron sitiados por el *sheriff* Peppin y un grupo de alguaciles en tres distintos lugares de la ciudad y sus alrededores. La llegada el segundo día de tropas del ejército, hizo que buena parte de los reguladores y los vaqueros mexicanos que les ayudaban huyeran de la ciudad, dejando al resto abandonados a su suerte. Al tercer día de asedio, la casa de McSween fue incendiada y todos los que salían de la casa en llamas fueron abatidos a tiros, incluido un desarmado Alexander McSween.

El presidente de los Estados Unidos Rutherford B. Hayes destituyó al corrupto gobernador de Nuevo México, Axtell, y puso en su lugar a Lewis Wallace —quien, por cierto, desarrollaría una importante carrera de novelista, siendo autor, entre otras obras, de la celebérrima *Ben Hur*—. El 20 de octubre de 1878, Murphy, el cerebro en la sombra de todo lo que estaba sucediendo en Lincoln, murió circunstancialmente de cáncer en Santa Fe. El 13 de noviembre, el nuevo gobernador dictó una amnistía general para todos los participantes en la Guerra de Lincoln. Sin embargo, la medida de gracia, que dio por finalizada aquella guerra local, después de 19 muertos, no incluyó a Billy el Niño, que, acusado injustamente de matar personalmente al *sheriff* Brady, fue declarado proscrito.

La viuda de McSween contrató al abogado Huston Chapman, para que investigara la muerte de su marido, pero el letrado fue asesinado en febrero de 1879, antes que de pudiera llevar adelante su investigación. James Dolan fue acusado de este nuevo asesinato, pero una vez más, con ayuda de sus poderosos amigos, se libró de una condena, lo que le dio la oportunidad de comprar todas las antiguas propiedades de su gran enemigo John Tunstall, incluidos su almacén y su rancho. Sorprendentemente, Dolan sería nombrado posteriormente Tesorero General del condado Lincoln e, incluso, senador territorial, antes de morir en su rancho en febrero de 1898, probablemente a consecuencia de su fuerte adicción al alcohol. Como se sabe, el proscrito Billy el Niño formó una banda de cuatreros, mientras era activamente perseguido por el *sheriff* Pat Garrett, que finalmente le capturó, junto a buena parte de su banda el 23 de diciembre de 1880. Billy fue condenado a morir en la horca, pero logró fugarse, tras matar a dos guardias. Garrett le volvió a seguir la pista, le encontró en un rancho de un amigo a las afueras de Fort Sumner, y le mató el 14 de julio de 1881.

La guerra del condado Johnson

Por su parte, la Guerra del condado Johnson tuvo también todos los ingredientes que han atraído siempre a los novelistas y los directores de cine dedicados al Oeste: rudos pero nobles vaqueros, pistoleros despiadados, astutos ladrones de caballos, colonos obcecados, dictatoriales barones ganaderos y, finalmente, como siempre, soldados de caballería.

La animosidad que existía en Wyoming entre ganaderos y colonos había ido creciendo con los años y vino a estallar con gran virulencia en aquel condado situado a unos 400 kilómetros al noroeste de la ciudad de Cheyenne, que contenía unas tierras excelentes para la cría de ganado. La gran demanda de carne hizo que algunos de los mayores grupos ganaderos se encontraran faltos de mano de obra cuando sus vaqueros se despidieron y aprovecharon la Ley de Asentamientos de 1862 para poner en marcha sus propieda-

Los ganaderos del condado de Johnson, Wyoming, formaron un ejército de 50 pistoleros dispuestos a limpiar el área de cuatreros, ovejeros y labradores. Los asesinos a sueldo, que serían conocidos como "Los Invasores" o "Los Reguladores", cobraban cinco dólares al día como sueldo base, más un *bonus* de 50 por cada cuatrero eliminado.

des personales. Los ganaderos locales, como los de todas partes, eran muy celosos de sus posesiones y de su posición. A pesar de la legalidad de las solicitudes de tierras, algunos de ellos pensaron que estaban por encima de la ley. Sus dominios eran auténticos *imperios* y, para ellos, los pequeños propietarios eran unos intrusos o unos parásitos aborrecibles, equiparables por completo a los cuatreros, que tantos quebraderos de cabeza les daban. Cuando los empleados de los barones capturaban a un cuatrero o a un agricultor sospechoso de robar ganado, le ahorcaban sin más o, si tenía mucha suerte, se contentaban con darle una paliza inolvidable, con quemar sus chozas, con quitarle su rebaño o con llevarle a juicio. A menudo, todo esto lo hacía el capataz en nombre del ganadero, muchas veces porque este era un terrateniente ausente, que vivía en Inglaterra o Escocia, o, en todo caso, un hombre poderoso que no quería ensuciarse las manos. Este sistema cuasifeudal no contaba con muchas simpatías populares y, en particular, los jurados se resistían a declarar culpables a supuestos ladrones del ganado de unos propietarios que residían muy lejos o que ya poseían más de lo que nadie puede disfrutar. Para agravar el panorama, la superabundancia de ganado en las dehesas de Wyoming acabó en 1886, cuando se encadenaron dos desastres consecutivos que cambiaron las cosas para siempre. Primero fue una gran sequía, seguida al año siguiente por un temporal de ventisca y nieve, que acabó durante el invierno de 1886-1887 casi por completo con muchas de las manadas. Al mismo tiempo, los precios ganaderos se desplomaron, haciendo que sus beneficios se redujeran al mínimo, hasta el punto de que no pocos cayeron en la bancarrota. Todo esto produjo un cambio completo en las actitudes. Fue el punto final de la ganadería a la vieja usanza y, a la vez, de uno de los capítulos más movidos de la historia estadounidense. Las manadas que se pudieron rehacer pasaron a ser controladas cuidadosamente, vigilándose en todo momento las zonas en que pastaban. Fue entonces cuando la tensión y los conflictos llegaron al límite en el condado Johnson.

Por entonces, los grandes rancheros eran superados ampliamente en número por los pequeños y los colonos, que, como es natural, tenían poca simpatía por sus problemas. Coordinados por la poderosa Wyoming Stock Grower's Association, entre cuyos miembros estaban algunos de los barones y políticos locales más ricos e influyentes, los grandes ganaderos decidieron pasar a la acción e intentar por todos los medios que el *status quo,* para ellos tan beneficioso, no se alterase. Para combatir a los ladrones, se invocó una ley no escrita que permitía que todo animal no marcado que se encontrara en tierras de un socio se convirtiera en propiedad suya. Además, se dictaron nuevas normas que hacían muy difícil el registro y la legalización de nuevas marcas. Además, decididos a acabar de una vez por todas con los cuatreros, reales y supuestos, los barones contrataron a pequeños ejércitos de detectives-pistoleros, incentivados con un plus de 250 dólares por cada ladrón capturado que fuese juzgado. Entre aquellos detectives se encontraba personajes de la calaña de Frank Canton (1849-1927), atracador de bancos, ladrón de caballos y pistolero, y que, años después de su actuación en el condado Johnson, llegaría a ser marshal federal y a ocupar varios cargos políticos.

Cuando Albert John Bothwell (1855-1928), uno de los más prósperos barones, reclamó unas tierras en las que los colonos James Averill y Ella "Cattle Kate" Watson habían construido sus respectivas casas, ambos dejaron muy claro lo que pensaban de él. Inmediatamente, Bothwell, autoproclamado juez y verdugo, decidió ahorcarles escudándose en que eran ladrones de ganado, lo cual, por lo demás, era probablemente cierto, sobre todo en el caso de él. Descrito como un hombre arrogante, Bothwell siempre había dejado pastar a sus animales en terrenos sin dueño. En eso, en 1886, llegaron Averill y "Cattle Kate" y presentaron una reclamación sobre la propiedad de uno de los mejores prados, que venía utilizando unilateralmente el ganadero para alimentar a sus manadas. Bothwell estaba tan seguro de que nadie reclamaría esas tierras que incluso había llegado a cercar con alambre de espino buena parte de aquel terreno que no le pertenecía.

Cuando Averill, un juez de paz que regentaba un almacén y un saloon, y su novia se mudaron al condado, el uso ilegal de la propiedad por parte de Bothwell provocó lógicamente repetidas disputas entre la pareja y el gran barón. Averill publicó una carta abierta en el *Casper Daily Mail* criticando a Bothwell y protestando por el excesivo poder que detentaban los barones del ganado; Bothwell respondió alegando que Averill y su novia estaban robándole ganado, y que

"Cattle Kate" era una prostituta que a veces aceptaba ganado robado como pago de sus servicios.

A medida que la discusión fue subiendo de tono durante varios meses, Bothwell convenció a otros propietarios de la zona de que la pareja era culpable y, el 20 de julio de 1889, acompañado de otros cinco hombres, fue a su granja y les colgó en un pequeño cañón cercano al río Sweetwater. Aunque los seis linchadores fueron acusados de asesinato, los testigos claves del caso comenzaron a morir o a desaparecer misteriosamente y, finalmente, todos fueron absueltos por falta de pruebas. A cambio, tanto Averill como "Cattle Kate" fueron *juzgados* en la prensa, que era propiedad o estaba muy influida por los barones del ganado, que les calificó, en el mejor de los casos, de forajidos.

Tiempo después, el propio Bothwell adquirió las propiedades de sus víctimas. Posteriores investigaciones parecen haber demostrado que ni Averill ni su novia eran culpables. Bothwell se retiró a Los Ángeles, California, donde murió en marzo de 1928.

Tras el linchamiento de Averill y "Cattle Kate", aunque los pequeños rancheros se encolerizaron, la intimidación continuó. Dos años después, Rom Waggoner, colono y criador de caballos de origen alemán con reputación de honradez, fue raptado en su casa y ahorcado por un grupo de pistoleros al mando de Tom Smith y al servicio de los grandes rancheros. Tras ser detenido, Smith declaró que Waggoner había robado 1.000 caballos; poco después, ante la presión popular, se retractaría y confesaría que, en realidad, Waggoner fue ahorcado porque "sabía demasiado". Unos meses más tarde, dos *cowboys* intentaron matar a los pequeños propietarios Ross Gilbertson y Nathan D. "Nate" Champion mientras dormían en una cabaña cercana al río Powder, pero este último se despertó a tiempo y repelió el ataque, hiriendo a dos de los asaltantes y haciéndoles huir. Champion presentó una queja formal, en la que declaraba haber reconocido entre los asaltantes a Frank Canton, Tom Smith, Joe Elliott y un pistolero llamado Coates. Solo Elliott fue encarcelado, pero fue puesto en libertad tras abonar una fianza de 5.000 dólares. Los demás lograron huir. A partir de entonces, el tejano Nate Champion (1857-1892), que gozaba de gran prestigio entre los granjeros por su honestidad y su franqueza, fue un hombre marcado para siempre. Los barones, en su afán de desprestigiarle, comenzaron a llamarle públicamente "Rey de los cuatreros" y a señalarle como cabecilla de los rebeldes granjeros.

En noviembre de 1891, Orley E. "Ranger" Jones, un joven domador de caballos broncos del rancho CY, murió durante una emboscada mientras volvía a casa desde Buffalo. Pocos días después, John A. Tisdale, que volvía a su rancho también desde Buffalo con provisiones para su familia y juguetes navideños para sus hijos, murió en una nueva emboscada. Estos asesinatos indignaron a los vecinos del condado, pero nadie fue juzgado por ellos. Finalmente, en la primavera de 1892, los pequeños propietarios, hartos, decidieron poner en marcha su propia asociación, Northern Wyoming Farmers & Stock Growers Association. Por su parte, los barones contrataron un pequeño ejército de pistoleros para eliminar a los supuestos cuatreros del condado. Al frente de esa operación pusieron al mayor Frank Wolcott, ranchero y antiguo oficial del ejército, que reclutó a 23 pistoleros tejanos, a los que se unirían cinco locales, incluido Frank Canton.

Los pistoleros tejanos se reunieron en la localidad de Paris, desde donde marcharon a Cheyenne y, ya reunidos con todos los demás, tomaron un tren fletado especialmente por los barones con dirección a Buffalo. En el convoy viajaba también un grupo de dignatarios de la WSGA y de Wyoming, incluido el senador estatal

Robert Tisdale y un cirujano, Charles Penrose, como médico de la expedición, así como el director del periódico de la WSGA y dos reporteros del *Chicago Herald* y del *Cheyenne Sun*. En total, 50 hombres, todos a las órdenes operativas del pistolero Frank Canton, quien llevaba una lista de docenas de supuestos cuatreros a eliminar. Los asesinos a sueldo —que pronto serían conocidos como "Los Invasores" o "Los Reguladores"— cobrarían cinco dólares al día como sueldo base, más un bonus de 50 dólares por cada cuatrero eliminado.

La expedición llegó a Cheyenne en la tarde del 5 de abril de 1892, a bordo de un tren abarrotado con todo tipo de suministros, como tiendas de campaña, rifles, mucha munición, dinamita y estricnina. Un alertado testigo de la llegada del tren intentó telegrafiar al *sheriff* del condado Johnson, W. G. Red Angus, pero el cable había sido cortado; no obstante, le envió una carta. Los organizadores de la expedición habían puesto en antecedentes de sus planes al gobernador Amos W. Barber, quien, al parecer, los aprobó, ya que los altos mandos de la Guardia Nacional de Wyoming instruyeron a todas las unidades de no actuar salvo orden en contra del cuartel general.

Tras un viaje nocturno hasta las afueras de la localidad de Casper, el grupo descargó su equipo y cabalgó hacia el norte, donde pasó otra noche en un rancho amigo de South Fork, en el río Powder, cuyo capataz les informó de que dos de los hombres que buscaban, Nick Ray y Nate D. Champion estaban en el rancho KC de Notan, a unos 65 kilómetros más al norte. Poco después del amanecer del 9 de abril, el grupo de pistoleros alcanzó y rodeó la cabaña en que aún dormían los dos hombres que buscaban. Cuando dos tramperos que habían pasado la noche en el rancho salieron a por agua, les capturaron y se cercioraron de que Ray y Champion estaban en la cabaña.

Unos minutos después, Ray salió de la casa y se encontró con una lluvia de balas. Herido de gravedad en la cabeza, intentó recular, pero otro disparo lo derrumbó. Entonces, Champion salió como una flecha y le arrastró con una mano, mientras con la otra abría fuego con su pistola. Durante varias horas, Champion consiguió rechazar una y otra vez a sus atacantes, matando a cuatro de los sitiadores, mientras atendía al moribundo Ray y, a la vez, dejaba constancia por escrito de lo que estaba pasando. Casi a la vez que Ray fallecía, Champion pudo ver cómo los reguladores apresaban a dos cazadores, que pasaban casualmente por la zona. Al rato, los atacantes lanzaron contra la cabaña un carro en llamas cargado de heno y piñas, propagando el fuego a la casa. Desesperado, Champion salió de su refugio disparando con su rifle, dio unos pasos y se desplomó con su cuerpo agujereado por 28 balazos.

Antes de que finalizara el asedio, los cazadores retenidos por los pistoleros lograron escapar y galoparon hacia Buffalo para informar al *sheriff* Angus de lo que estaban haciendo los matones y de sus intenciones posteriores. La noticia le corroboró al *sheriff* lo que acababa de leer en la misiva que había recibido desde Cheyenne. Tras solicitar infructuosamente la ayuda de la Guardia Nacional y del cercano Fort McKinney, decidió partir a la mañana siguiente con un grupo de 200 voluntarios al encuentro de los pistoleros. Cuando estos supieron de la numerosa partida encabezada por el *sheriff*, decidieron refugiarse en el rancho TA de Crazy Woman Creek, propiedad del doctor Harris, un barón ganadero amigo, y se prepararon para recibirlos, levantando barricadas. En la consiguiente batalla, los voluntarios sitiaron a los pistoleros y se hicieron con sus carretas de abastecimiento. No obstante, la situación se mantuvo equilibrada hasta que uno de los reguladores se escabulló y galopó para informar al gobernador de la inesperada situación. En el menor tiempo posible, tres escuadrones del 6º de Caballería de Fort McKinney llegaron al rancho para mediar entre los bandos, cosa que logró cuando los voluntarios se disponían a lanzar contra el refugio de los pistoleros un carro cargado de heno y dinamita. En la mañana del 13 de abril, los pistoleros se rindieron.

Dos días después, se celebraron en Buffalo unos servicios funerarios por Nate Champion y Nick Ray. Mientras tanto, los pistoleros fueron custodiados por la caballería hasta Fort Fetterman, donde tomarían un tren especial hasta Fort D. A. Russell, cerca de Cheyenne. En espera de juicio, sus abogados lograron comprar el silencio de los dos principales testigos de la acusación, los tramperos, con sendos cheques (que después resultarían falsos). Además, tras pagar la fianza, los pistoleros tejanos desaparecieron inmediatamente. El resto de los acusados fueron absueltos rápidamente por falta de pruebas y el caso fue sobreseído, pues las autoridades adujeron falta de fondos con que acometer un proceso más largo. El gobierno federal envió al condado a un grupo de marshals federales para calmar los ánimos. Lo consiguieron, pero el resentimiento entre las dos facciones duró años y pasó a la leyenda del Oeste. Colonos indignados se reunieron en asamblea en Buffalo, Glenrock y Casper para protestar por la *invasión*. Finalmente, los granjeros y pequeños ganaderos presentaron un partido en las elecciones de 1892 y, tras su éxito en las urnas, pudieron establecer sus derechos.

Esta fue la última gran guerra de las dehesas ocurrida en el Lejano Oeste. Con ella desapareció una época de libertad individual, caracterizada porque ambos bandos defendían y destruían a la vez la grandeza de la ganadería y su concepción heroica de la vida como una aventura. Puso término, en fin, tanto a la libertad de los pequeños propietarios como a la soberanía de los grandes. Fue, de alguna manera, el acto final de una época clásica, a la que seguiría, esa imperecedera, la leyenda.

El ejército de asesinos a sueldo se ensañó con el tejano
Nate Champion (1857-1892), un pequeño propietario
al que tildaron de cuatrero, cuando su único
delito había sido oponerse a la dictadura del
terror de los barones del ganado.

8

EL CREPÚSCULO DEL *COWBOY* CLÁSICO

Llegará el día del gran encuentro en el que los *cowboys* serán escogidos uno a uno por los Jinetes del Juicio Final, que conocen bien todos los hierros de marcar.

Antigua canción vaquera.

EL FINAL DE UNA ERA

Hacia 1880, la expansión de la industria ganadera dio como resultado la necesidad de más prados de libre disposición. Así, muchos rancheros se expandieron hacia el Nordeste, donde había grandes extensiones de pastos no utilizados. El ganado tejano fue arreado hacia allí, ocupando crecientes zonas comprendidas entre el oeste de las montañas Rocosas al Territorio de Dakota. Sin embargo, hacia 1890, los ferrocarriles ya se habían expandido para cubrir la mayor parte de la nación y, después, el mismo Texas, lo que permitía el transporte de ganado y de carne a mayor distancia, sobre todo gracias a la invención de los vagones frigoríficos. Mientras tanto, ciudades y territorios siguieron imponiendo leyes restrictivas y cuarentenas al paso de las reses tejanas, infestadas de la fiebre de Texas.

A medida que los colonos se fueron trasladando más al oeste, iban plantando sus cosechas en tierras sin dueño por las que antes discurrían las sendas ganaderas. En ocasiones, las manadas destrozaban esos campos sembrados, causando numerosos y cruentos enfrentamientos entre los *cowboys* y los *anidadores,* como llamaban aquéllos a agricultores y granjeros. Simultáneamente, se fueron abriendo plantas fabriles de procesado de carne enlatada cada vez más cerca de las principales zonas ganaderas. Todo ello, y sobre todo los alambres de espino que los agricultores y pequeños propietarios utilizaron para mantener alejado al ganado de sus propiedades y para impedir el acceso a sus prados y manantiales particulares, hizo que las conducciones de ganado a larga distancia resultaran ya innecesarias.

A partir de entonces, no todos los prados abiertos se fueron convirtiendo en tierras de labranza, pero muchos se habían puesto en irrigación o daban más o menos buenos rendimientos como tierra de secano. El hombre que disponía de agua en las áridas tierras del Oeste pudo cambiar por completo el aspecto de aquel vasto territorio y, con ello, también sus actividades económicas. Hectáreas de tierra ganados al desierto para la agricultura fueron obtenidos en detrimento de la industria ganadera sustentada por los *cowboys*. Las conducciones de ganado de corta distancia continuaron al menos hasta 1940, en la medida en que los ganaderos, antes de que aparecieran los modernos camiones, aún necesitaban acercarlo a las cabeceras ferroviarias locales para su transporte a los corrales, los mataderos y las plantas de procesado. Aún hoy en día, se sigue arreando animales para reunirlos dentro de los límites de cada rancho y para trasladarlo de un prado a otro, un proceso que, por regla general, dura al menos varios días. Además, en muchos lugares aún se utilizan caballos, especialmente donde el terreno es accidentado y montañoso.

EL *COWBOY* Y EL MUNDO MODERNO

Desde luego, el jinete de las praderas se sentía muy superior al yanqui anglonorteamericano, ese que amaba el dólar y no la vida, ese que seguía condenado a moverse a pie, ese que, como sabían casi todos los *cowboys*, algún día les impediría seguir existiendo. Con el progreso de la colonización debido a la extensión de las vías férreas y la consecuente disminución de las enormes distancias se introdujo un orden social de una naturaleza completamente diferente en el rudo medio, esencialmente masculino, de los jinetes aventureros, de los *cowboys* clásicos.

Montados en las pesadas carretas de techo de lona penetraron en el país herramientas y utensilios domésticos desconocidos, vestidos y modos de vida extraños, así como ideas e ideales absolutamente diferentes. Al cornilargo se opuso el arado; al jinete, el peatón; al revólver, el hacha; a la silla de montar, la mecedora; al calzón de cuero, el colchón de plumas; al hierro de marcar, la horca para el estiércol; al caballo, el cerdo y la gallina... El mundo itinerante de la senda ganadera, el *chuckwagon* y el fuego de campamento se vio de pronto enfrentado al sedentario de la escuela, la iglesia, el tribunal y la cárcel. La despensa del *cowboy* se hubo de enfrentar a la del colono, en la que no faltaban novedades tan celebradas como la mantequilla, el queso, los pasteles, la confitura, los huevos y hasta las verduras. Al mundo del *cowboy*, en el que se había de bailar, beber y divertirse en toda ocasión propicia, por si acaso no se repetía, se antepuso el puritano anglosajón, en que lo primero era el trabajo duro y el examen de conciencia, la oración y los oficios religiosos, y lo último, algo casi demoníaco, el baile.

Y entre ambos mundos, un abismo de incomprensión, recelos, hostilidad y hasta odio. Sentimientos negativos basados fundamentalmente en la radical ignorancia. El *cowboy* no sabía nada de las ciudades del Este, ni de su industriosidad y su progreso. No conocía los rascacielos, las máquinas, los vehículos, las maravillas científicas y médicas ni la apertura comercial, intelectual y política al mundo. Y, según lo iba descubriendo, iba abominando de la prisa, las esclavitudes del pretendido progreso (esclavitud al tiempo, al dinero, a la búsqueda del éxito...), las ataduras de la vida reglada, la soledad y la insolidaridad urbanas. Ante tanto becerro de oro, él siguió prefiriendo su propio becerro de cuero y cuernos. Para él, todo lo que estaba fuera de las praderas, los caballos y las reses estaba fuera no solo de *su* mundo, sino *del* mundo.

Por su parte, el colono era incapaz de comprender el descreimiento religioso del vaquero, su falta de temor de Dios y su único deseo, impío y pagano, de asegurarse la felicidad en este mundo, en el que él, más sabio y culto, veía un valle de lágrimas, cuando no un supermercado de méritos para la otra vida. Y no digamos el habitante del Este urbano, para quien el *cowboy* era un zafio, pendenciero, borrachuzo, inculto y primitivo ser, vestigio en extinción de un mundo tiempo ha desaparecido. Un salvaje en medio de un mundo civilizado. Una antigualla a extinguir.

Pero la superioridad con que el *cowboy* observaba y despreciaba al, para él, "boñiguero" no se fundaba solo en asuntos intangibles como la imaginación o la ideología. Para él era indigno que un hombre no se supiera orientar en un terreno desconocido ni supiera siquiera relatar a otro un camino por el que solo había pasado una vez. Él, el *cowboy*, sabía leer con precisión los signos de la naturaleza y, al observar que el colono ignoraba este simple y absolutamente necesario alfabeto, no tuvo por menos que asombrarse y rechazar la

Algunos *cowboys* se resistieron al paso del tiempo y
se retiraron a las regiones más remotas, las de condiciones
de vida y trabajo más duras. Hubo algunos que optaron por
acolcharse en su nostalgia y en el inútil sueño de la vuelta
atrás. Y, en fin, no faltaron los que, heridos, quisieron
devolver el golpe y se pasaron a las filas de los forajidos.
Sobre estos no cayó el telón, sino la horca.
Pero, unos y otros, todos, se amortajaron en la leyenda.

ignorancia del recién llegado. Un colono que, aislado y solo en el pequeño mundo de su granja, en su cárcel de ovejas, alambre de espinos y cortinas de encaje, ignoraba también las *noticias* de las praderas (epidemias e incendios, sequías e inundaciones, compraventa de manadas, asesinatos y muertes...) que tanto importaban al *cowboy*. Un colono que temía, pues desconocía, aquella inmensidad natural, llena, para el *cowboy*, de riquezas y, para él, temeroso y timorato, de peligros. Lo peor era que el colono *ignorante* ignoraba hasta su ignorancia.

Visiones y puntos de vista aparte, el colono tenía una inmensa e invencible fuerza a su favor: su capacidad de reproducción. A los que se enfrentó el *cowboy* eran solo la avanzadilla de las oleadas de población que pronto se precipitarían sobre el imperio del ganado. Téngase en cuenta que si las dos Dakotas solo contaban hacia 1870 con 14.000 habitantes, ya eran 719.000 en 1890. Durante ese mismo periodo, la población de Nebraska pasaría de 122.000 a 1.058.000 personas; la de Kansas de 364.000 a 1.427.000 y la de Texas de 818.000 a 2.235.000. Por tanto, de la noche a la mañana, por así decir, el *cowboy* dejó de poder ignorar al colono y demás *forasteros*.

Aquella gran ventaja numérica de los colonos estaba íntimamente relacionada con el mayor de sus atractivos, a ojos del *cowboy*. Los colonos tenían mujeres y, sobre todo, hijas casaderas. Una gran y envidiable riqueza para el solitario *cowboy*, que pronto halló maneras de optar a ella. Sin perder tiempo, el *cowboy* aprendió a cortejarlas, así como a ganarse para su causa a los hijos pequeños, que pronto comenzaron a jugar a "vaqueros e indios", no haciendo falta decir quiénes eran los héroes de esos juegos, a efectos históricos, tan *educativos*.

Lo cierto es que los colonos fueron enseguida mayoría. Las aldeas y ciudades crecieron como hongos en las praderas, mientras las buenas tierras se iban parcelando y comenzaban a escasear. Las difíciles cosechas iban rindiendo cada vez mejores frutos y aquellas colectividades iban prosperando, ante el asombro y la creciente admiración de los austeros vaqueros. A su vez, el colono fue aprendiendo a conocer y apreciar el duro oficio del *cowboy*, así como su generosidad, su integridad, su honradez y su férreo código moral de conducta. En ambas partes, iban aprendiendo a respetarse.

Todo ello fue favoreciendo la fusión de ambos mundos de una forma acelerada, a la par que la ganadería se iba haciendo casi completamente sedentaria e industrial. Pero esta nueva época dejó muchos *cowboys* desocupados. La gran mayoría de ellos se instaló en las pequeñas ciudades del Oeste, ejerciendo sobre todo tres oficios relacionados con su antigua profesión: o abrían una carnicería, que se solía autoabastecer, o una caballeriza o un bar, en el que reunir a sus viejos amigos y perdurar su viejo mundo. Fueron tres oficios en cierta forma mal elegidos, pues no tardarían mucho en desaparecer en aras de la industria cárnica, del automóvil y de la prohibición de las bebidas alcohólicas que pronto se impondría en gran parte de los Estados Unidos.

Otros muchos viejos *cowboys* se resistieron al paso del tiempo y se retiraron a las regiones más remotas, que también eran, por lo común, las de condiciones de vida y trabajo más duras. Hubo algunos que optaron por acolcharse en su nostalgia y en el inútil sueño de la vuelta atrás. Y, en fin, no faltaron los que, heridos por la sociedad que les quitó la razón de ser, quisieron devolverles el golpe y se pasaron a las filas de los forajidos, en las que eran muy provechosas sus habilidades de caballistas y pistoleros. Sobre estos últimos no cayó el telón, sino la horca. Pero, aun así, unos y otros, todos, se amortajaron en la leyenda.

LA LEYENDA DEL *COWBOY*

Los días de gloria del *cowboy*, como los de otras figuras míticas del Oeste, fueron breves: solo duraron poco más de veinte años. Pero en esas dos décadas, el *cowboy* se convertiría no solo en el más célebre arquetipo del Oeste, sino también en el héroe folclórico de una nación y en un referente iconográfico de buena parte del mundo occidental.

Entre los años 1866 y 1886, unos 40.000 *cowboys* acarrearon más de 9.000.000 de cabezas de ganado desde Texas a muchas otras zonas del país, y especialmente a las cabeceras ferroviarias de Kansas, desde donde eran embarcadas hacia los mataderos de Chicago y otras ciudades del Este para ser sacrificadas y convertidas en carne con que alimentar a la nación y a buena parte del mundo. Pero, al final de ese periodo, los trenes se expandieron hasta cubrir la mayor parte de la nación, haciendo innecesaria la conducción a larga distancia del ganado hasta los nudos ferroviarios.

Por otra parte, la implantación del alambre de espino permitió que el ganado fuera confinado en áreas designadas para prevenir el exceso de pastoreo de la pradera, que había provocado la hambruna generalizada, particularmente durante el duro invierno de 1886-1887. Por consiguiente, la era del ganado itinerante y los pastos libres acabó y las grandes conducciones de ganado terminaron.

No obstante, los ranchos de pequeño y mediano tamaño se multiplicaron por todo el desarrollado Oeste, dejando que, de momento, las tasas de empleo de los *cowboys* siguieran siendo altas y su trabajo casi igual de duro e ingrato, si bien peor pagado y algo más sedentario.

Pero, a medida que se fue cerrando la Frontera y su trabajo se hacía más rutinario, la vida del *cowboy* se fue idealizando en otros contextos. La consecuente

La larga sombra legendaria del *cowboy* aún llega con fuerza
al mundo actual, perviviendo en el cine, en la música
popular, en el mundo del espectáculo, en la moda y en el
vocabulario. A millones de personas de todo el mundo les
gusta reconocer algo de ellos mismos en ese jinete solitario
que, valiente, caballeroso e independiente, cabalga por la
pradera hacia la puesta de sol, seguido por la atenta
mirada de la chica inútilmente enamorada.

decadencia del *cowboy* se refugió en el circo, en el rodeo, en la demostración de la doma de broncos para solaz de unos espectadores para quienes los auténticos *cowboys,* los que conquistaron la pradera, eran ya pura leyenda.

El *cowboy* perdió, pues, presencia real en el Oeste, pero, a cambio, ganó proyección en la leyenda y la mitología que comenzaron a retratarlo como un individuo a caballo de carácter recio y modales rudos, que llevaba su solitaria vida en libertad sin someterse a otras reglas que las de la naturaleza, afrontando diariamente todo tipo de retos y peligros con valentía y total honestidad, y siempre enmarcado por un fantástico paisaje. Esa es, evidentemente, una imagen romántica de un personaje que, aunque en muchos aspectos se pareció mucho a esa descripción, tenía otros muchos ribetes que la iconografía ha olvidado o soslayado.

La larga sombra legendaria del *cowboy* aún llega con fuerza al mundo actual, perviviendo en el cine, en la música popular, en el mundo del espectáculo, en la moda y en el vocabulario. A millones de personas de todo el mundo les gusta reconocer algo de ellos mismos en ese jinete solitario que, valiente, caballeroso e independiente, cabalga por la pradera hacia la puesta de sol, seguido por la atenta mirada de la chica inútilmente enamorada.

Pero el Viejo Oeste también tiene otra tradición de violencia y sangre representada con igualdad de méritos por los *cowboys*, los pistoleros, los asesinos a sueldo, los cazarrecompensas y los *sheriffs*. En aquel mundo fronterizo hubo de repente muchas riquezas que conseguir. El forajido, el fuerte y el poco escrupuloso se dispusieron a cosechar como solo ellos podían hacerlo lo que no habían sembrado. Si aquí o allá aparecía una tumba jalonando la senda o en los límites de la ciudad desordenada, eso preocupaba poco. Si los jugadores y los *desperados* de las ciudades vaqueras desplumaban día tras día a un primo con espuelas, eso importaba poco. A los demás les seguía yendo bien. La vida es larga, pensaban, y despreocupada, y el derramamiento de sangre solo es un incidente menor. Lo que pasa es que en el Oeste hubo muchos, demasiados incidentes y mucha, demasiada sangre.

Quizá la culpa de ese falso encubrimiento de un personaje real no fue solo de la industria cinematográfica; posiblemente, el cine solo llevó a la pantalla al personaje desvirtuado que ya habían creado sus propios contemporáneos. Es cierto que el *cowboy* era, por lo común, un ser obligadamente frío y valiente, pero, de ningún modo, era *obligadamente* un matón, un provocador o un pendenciero. Hay que tener en cuenta que por el simple hecho de vivir y trabajar en un contexto peligroso debía ganarse la estima y la camaradería de sus compañeros. Tenía que ser un hombre recto y honesto y, si no era capaz de adaptarse al rancho y a sus compañeros, se le expulsaba rápidamente, lo cual implicaba la pérdida de trabajo y de salario. Esta necesaria rectitud dio pie a un código de honor que algunos autores han comparado con el de los caballeros medievales. Un admirador llegó a escribir: "Los *cowboys* son galantes como los caballeros de la antigüedad; puede que sean algo toscos y que no sean lo que se dice unos maestros en los bailes de etiqueta, pero no hay caballeros que muestren una reverencia semejante hacia las damas. Sienten una total devoción por los intereses de sus patronos. No se ha visto jamás un empleado tan leal". Seguramente estos elogios algo exagerados tenían bastante de verdad.

En 1871, un periodista de Texas escribió en tono mucho menos laudatorio: "Está claro que son analfabetos, incultos, con algunas carencias y con exigua ambición. Se alimentan de tabaco de mascar y whisky barato y solo sueñan con el juego y las mujeres... Normalmente llevan un par de revólveres que utilizan con la misma facilidad contra un animal que contra un hombre. Un tipo así es peligroso". Quizá esta es la descripción de un *cowboy* que muchos darían por válida, por ser la que más ha popularizado la gran pantalla, lo cual demuestra el gran desconocimiento incluso entre sus propios contemporáneos de la realidad de ese personaje.

Una descripción parecida aunque algo mas ajustada fue la de un ranchero tejano que, en 1874, escribió: "Viven en condiciones duras, sin una palabra de queja; en lo esencial son gente con mucho aguante, trabajan mucho, tienen muy pocas comodidades y aún menos necesidades. No poseen apenas interés alguno por la lectura. Disfrutan con los chistes groseros y las historias obscenas; aman el peligro, pero aborrecen el trabajo corriente y rutinario; nunca se cansan de montar a caballo y no les gusta caminar aunque la distancia sea corta. Prefieren las peleas a la oración, y adoran el tabaco, el alcohol y las mujeres. Su vida se asemeja a la de los indios. Si alguna vez leen algo, es alguna noticia sangrienta o sensacionalista. Paladean su pipa, gastan bromas a sus compañeros o cuentan algún chisme en el que abunde la vulgaridad".

Pero también se dijeron otras muchas cosas. Por ejemplo, que el *cowboy* podía ser áspero e inculto, pero mantenía las riendas apretadas sobre su lengua si hay niños, mujeres u hombres *respetables* delante. Le gustaba la vida tanto como a cualquiera, pero si un matón amenazaba a alguien, sobre todo a alguien más débil, un verdadero vaquero no vacilaba en entrar en su defensa. Era alguien que no tenía miedo a aceptar grandes y peligrosos desafíos, pero, al mismo tiempo, también era un romántico incurable que se quitaba el sombrero y elevaba una oración de gracias cuando veía una hermosa puesta del sol. Era grosero, pero siempre un caballero. Le gustaba tener un buen caballo como compañero, ver un becerro retozar y saltar por el

Desde sus primeros ejemplos, el cine del Oeste, el *western* y
sus héroes (en la foto el actor Roy Rogers, uno de los
primeros mitos) crearon un arquetipo falso, por exagerado y
parcial, pero no del todo desenfocado de lo que fueron estos
aristócratas analfabetos de la pradera.

campo, sentir el viento y la lluvia sobre su cara y el toque de la mano de una mujer en su rostro. Si daba su palabra, se podía tomar por algo seguro. Podía ser el mejor amigo o el peor enemigo. En definitiva, era lo que todos los muchachos, en lo más profundo, les gustaría ser.

La imagen de estos hombres que todos tenemos en nuestras mentes es la que construyó la industria cinematográfica, que creó (o, al menos, fijó) un personaje de ficción, hecho a su medida, para convertirlo en un héroe legendario, fuente de inagotables historias y relatos. Si bien es cierto que gracias a esta industria, la imagen del *cowboy* se divulgó y popularizó por todo al mundo, también es cierto que esa imagen poco tuvo que ver con la realidad diaria del *cowboy*. Se puede decir que la industria cinematográfica desvirtuó tanto la imagen del *cowboy* como la del indio.

Los clichés y tópicos al uso entre novelistas y cineastas desde que el fantasioso Ned Buntline comenzara a narrar las hazañas de estos héroes sin miedo ni tacha, y desde que el ingenioso Thomas Alva Edison filmara en 1903 la primera película calificable de western, cual fue *The great Train Robbery* ("El gran robo del tren"), lo retratan como ese hombre más alto de lo normal, beligerante, ávido de dinero y éxito, con el dedo sobre el gatillo, o taciturno, dominador e invencible, de una moralidad ejemplar y una nobleza insuperable, mojigato en el amor, filósofo en la conquista y creyente del "¡Ayúdate a ti mismo y el cielo te ayudará!". Pero, en realidad, hubo tantos tipos de *cowboys* como vaqueros. Su única característica común, porque ni siquiera la raza lo fue, eran sus piernas arqueadas propias de quien pasa más tiempo montado a caballo que de pie. Un grupo humano extremadamente heterogéneo, como era lógico en aquella sociedad de aluvión y en aquel oficio esforzado, que solo mostraba afinidades en su comportamiento, su código de conducta y, ante todo, su extremado indivi-dualismo, no egoísta, sino responsable y comprome-tido con todo lo que suceda a su alrededor.

El carácter del *cowboy*, especialmente del tejano, era una intrincada mezcla de un sacrosanto sentido del honor personal con una pudibundez y una austeridad emocional hoy apenas concebibles. Su personal y característico entendimiento de la equidad y la justicia se ajustaba a un código no escrito pero fijo, cuyos rasgos fundamentales y, a la vez, más característicos y reconocibles eran el reconocimiento del derecho a la vida, la pasión por la lucha y el desprecio de la muerte. Su siempre exagerada violencia se podría reducir a un exacerbado sentido de la legítima defensa y del mejor morir que huir. El *cowboy* rechazaba todo asesinato ordenado desde las alturas y no aceptaba más que los motivos personales. El cine, adoptando sin examen la moral puritana, representó al *cowboy*, para quien el revólver no era otra cosa que una herramienta coti-diana, como un vagabundo primitivo y violento. Pero, en realidad, solo era un defensor del derecho a utilizar la fuerza en la resolución de los conflictos, sobre todo para conquistar o defender la propia libertad, y odiaba el monopolio de la fuerza por parte de las autoridades de cualquier tipo.

Para el puritanismo yanqui, el retorno del hombre al enfrentamiento con la naturaleza salvaje no era otra cosa que una regresión cultural, mientras que para el *cowboy* se trataba más bien de un rejuvenecimiento cultural. Por eso, tal vez, su sombra, su eco y su re-cuerdo siguen tan lozanos.

BIBLIOGRAFÍA

ABELLA, Rafael. *La conquista del Oeste.* Barcelona: Planeta, 1990.

ANÓNIMO. *Buffalo Bill Museum.* Wyoming: Buffalo Bill Historical Center, 1995.

---. *Lawmen & Outlaws.* Denver Public Library Western Collection. Salt Lake City, Utah: Great Mountain West Supply, 1997.

ASIMOV, Isaac. *Los Estados Unidos desde 1816 hasta la Guerra Civil.* Madrid: Alianza Editorial, Madrid, 2003.

---. *El nacimiento de los Estados Unidos. 1763-1816.* Madrid: Alianza Editorial, 2006.

---. *La formación de América del Norte.* Madrid: Alianza Editorial, 2007.

BROWN, Dee. *The Wild West.* Warner Books.

DAVIS, William C. *La Conquista del Oeste. Pioneros, colonos y vaqueros. 1800-1899.* Libsa, 1994.

---, y ROSA, Joseph G. (coords.). *El Oeste.* Libsa, 1995.

ENSS, Chris. *Tales behind the tombstones. The deaths and burials of the Old West's most nefarious outlaws, notorious women, and celebrated lawmen*. Guilford, Conneticut: Twodot Book, 2007.

FOOTE, Stella. *Letters from "Buffalo Bill"*. Billings, Montana: Foote Pub., 1954.

RUTTER, Michael. *Myths and mysteries of the Old West*. Guilford, Conneticut: Twodot Book, 2005.

SMITH, Robert Barr. *Tough Towns. True tales from the gritty streets of the Old West*. Guilford, Conneticut: Twodot Book, 2007

STAMMEL, H. J. *La gran aventura de los cowboys*. Barcelona: Noguer, 1975

TRACHTMAN, Paul. *The gunfighters*. Alexandria, Virginia: Time-Life Books, 1974.

TRUE WEST MAGAZINE. True tales and amazing legends of the Old West. Nueva York: Clarkson Potter/Publishers, 2005

WILSON, R. Michael. *Great train robberies of the Old West*. Guilford, Conneticut: Twodot Book, 2007.